图书在版编目(CIP)数据

从慷慨外推到文明对话 / 沈清松著. -- 上海 : 东
方出版中心， 2024. 10. -- (比较哲学翻译与研究).
ISBN 978-7-5473-2330-4

Ⅰ. B

中国国家版本馆 CIP 数据核字第 2024UU9626 号

从慷慨外推到文明对话

著　　者　沈清松
丛书策划　刘佩英
特约编辑　刘　旭
责任编辑　肖春茂
封面设计　周伟伟

出 版 人　陈义望
出版发行　东方出版中心
地　　址　上海市仙霞路 345 号
邮政编码　200336
电　　话　021 - 62417400
印 刷 者　山东韵杰文化科技有限公司

开　　本　890mm×1240mm　1/32
印　　张　13.25
字　　数　250 千字
版　　次　2024 年 11 月第 1 版
印　　次　2024 年 11 月第 1 次印刷
定　　价　98.00 元

比较哲学翻译与研究丛书

丛书主编 吴根友 万百安

到文明对话

沈清松 著

From Ontological Strangification to Intercultural Dialogue

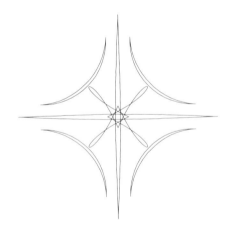

中国出版集团
东方出版中心

《比较哲学翻译与研究丛书》

总　序

　　近四百年来，人类社会出现的巨大变化之一就是资本主义生产-生活方式的兴起与发展。一方面，资本主义生产-生活方式的出现，给人类带来了巨大的物质财富、新的科学技术及对自然与人类自身富有广度和深度的认识视野；另一方面也给人类带来了前所未有的灾难、痛苦与极其严重的环境破坏，而且使人类陷入长期的焦虑与困惑之中。巨大的物质财富，就其绝对数量而言，可以让全世界70余亿人口过上小康式的生活，但当今全世界的贫困人口仍然有13亿之多，其中赤贫人口有8亿之多。民族、国家之间的冲突、战争不断，文化与文明之间的矛盾冲突也是此起彼伏。造成这诸多极不如人意的社会生活现状的原因，无疑是多元的，但根本性的原因仍然是资本主义主导的生产-生活方式。想要解决这些世界范围内的极不如人意的生活乱象，方法与途径也将是多元的，而从学术、文化层面加强沟通与理解，增进不同文化、文明共同体之间的合作与信任，是其中重要的方法与途径。本套《比较哲学翻译与研究丛书》，本着深远的学术济世宏愿，着眼于极其具体、细小的学术工作，希望能对全球化时代人们的和平、幸福生活，作出一点微薄的贡献。

简要回顾中西哲学与文化比较研究的历史，大约需要从16世纪耶稣会传教士来华的时代算起。一方面，来华传教士将中国的社会、历史文化情况发回欧洲，引起了17世纪以后欧洲对于中国文化的持续兴趣；另一方面，来华传教士带来的欧洲学术、科学、思想文化成果，也引起了中国社会少数有识之士的关注。清代康熙年间的"历法之争"，是中西文化交流过程中的一股逆流，但此股逆流所反映出的外来文化与本土文化之间的关系问题，却是真实而持久的。此一问题，在佛教传入中国的过程中也曾经长期存在过，但当时印度与中华文明都处在农业文明阶段，不涉及文明之间的生死存亡之争的问题。因而在漫长的佛教中国化过程中，逐渐解决了此问题。耶稣会传教士带来的欧洲文化，无论是其中的一神教的思想，还是一些科学的思维方式，对于古老而悠久的中国文化来说，都是一种强有力的挑战。从17世纪初到19世纪中叶，可以被视为中国哲学、文化与欧洲哲学、文化之间比较研究的第一个历史时期。这一时期，由于政治、经济上的自主性，中国哲学与文化也保持着自己的精神主体地位。而在中国大地上进行传教的耶稣会士们，则是主动地让基督教文化向中国哲学、文化靠拢，在中国哲学、文化传统里寻找到有利于他们传教的文化因子，如坚持适应路线的传教领袖利玛窦就努力在中国传统哲学、文化里寻找与上帝相一致的"帝"观念，以证明基督教的上帝与中国儒家传统有内在的一致性。与此同时，欧洲的一些启

蒙思想家,如莱布尼茨、沃尔夫、伏尔泰、魁奈等人,则努力从中国哲学与文化里寻找"自然理性"之光,以对抗基督教的"天启之光",将遥远的中国哲学与文化视为欧洲启蒙文化的同盟军。

1840年鸦片战争以后,特别是第二次鸦片战争、甲午海战等接二连三失败以后,近代中国人在政治上的自主性迅速丧失。伴随而来的是文化上的自信心的丧失。可以说,直到1949年新中国成立以前,中国百年近代史就是一部丧权辱国史,也是一部中华民族不断丧失自己文化自信心,在精神上不断被动和主动地阉割自己的历史。对于哲学、文化的研究,就其主流形态而言,是一段甘当西方甚至日本哲学、文化的小学生的历史。其中也有一些比较研究的成分,但其比较的结果,就其主要的面向说,都是对自己哲学、文化中专制的、落后的内容进行反思与检讨。只有少数被称为"文化保守主义者"的学者,在努力地发掘中国哲学、文化的自身价值。早年的严复在思想上基本属于革新派,他在1895年发表的《论世变之亟》一文,深刻地反省了中国文化在近代以来失败的原因,认为其主要原因就是:在政教方面,中国历代圣贤皆未能以自由立教①。

新文化运动之初,还未接受马克思主义的陈独秀,曾发表过一篇有关中西哲学与文化比较的文章,文中虽然泛用"东洋"与"西洋"两词,实际上就是讨论中国哲学、文化与西方哲学、文化。

----

① 严复此文中的一段话很长,其要义是:"夫自由一言,真中国历古圣贤之所深畏,而从未尝立以为教者也。"(《严复全集》卷七,福州:福建教育出版社,2014年版,第12页。)

陈独秀在该篇文章里一共从三个方面对中国与西方的哲学、文化作了比较,而在整体上都是从否定的角度来评价中国哲学与文化精神的。如第一个方面,"西洋民族以战争为本位,东洋民族以安息为本位"①,其最后的结论是:"西洋民族性,恶侮辱、宁斗死。东洋民族性,恶斗死、宁忍辱。民族而具如斯卑劣无耻之根性,尚有何等颜面,而高谈礼教文明而不羞愧!"第二个方面,"西洋民族以个人为本位,东洋民族以家族为本位",其结论是:"西洋民族,自古迄今,彻头彻尾,个人主义之民族也。""举一切伦理,道德,政治,法律,社会之所向往,国家之所祈求,拥护个人之自由权利与幸福而已。思想言论之自由,谋个性之发展也。"②"东洋民族,自游牧社会,进而为宗法社会,至今无以异焉;自酋长政治,进而为封建政治,至今亦无以异焉。宗法社会,以家族为本位,而个人无权利,一家之人,听命家长。"③而被中国传统儒家视为文明象征的忠孝伦理与道德,在陈独秀看来,是一种半开化民族的"一贯之精神",此精神有四大害处:一是"损坏个人独立自尊之人格";二是"窒碍个人意思之自由";三是"剥夺个人法律上平等之权利";四是"养成依赖性,戕贼个人之生产力"。而整个"东洋民族社会中种种卑劣不法残酷衰微之象,皆以此四者为之因"④。第三个方面,"西洋民族以法治为本位,以实利为本位;东洋民族以感情

---

① 陈独秀:《东西民族根本思想之差异》,《独秀文存》,合肥:安徽人民出版社,1987年版,第27页。
② 同上书,第28页。
③ 同上。
④ 同上书,第29页。

为本位,以虚文为本位"①。而东洋民族以感情、虚文为本位的结果是:"多外饰厚情,内恒愤忌。以君子始,以小人终,受之者习为贪惰,自促其生以弱其群耳。"②

上述陈独秀在比较哲学与比较文化的视野里,对中国文化全面的批评与否定,可以视为激愤之词,在学术性上也有很多有待商榷之处,在当时中国处于列强环伺、瓜分豆剖之际,可以激发国人深沉自省、洗心革面、奋发向上。今天,伴随着我们对西方文化的深入了解,我们可以更加客观、理性地看待中西文明的各自优劣之处。同时,对近代以来资本主义以殖民的方式对世界各国文化所造成的巨大破坏,以武力侵略的方式对整个人类所造成的各种骇人听闻的惨剧,也不应该加以掩盖。

近百年的中国历史,在政治上是受屈辱的历史,在经济上是被侵略的历史,在文化上则是新旧斗争、中西斗争最激烈的历史。一些被称为"文化保守主义者"的学者,在面对西方文化的强势冲击时,努力地维护中国传统哲学、文化的自尊。他们所要维护的有些具体内容未必是正确的,但这种"民族精神自卫"的思维方式与情感倾向,从整体上看是可取的。几乎与五四新文化运动同步,20世纪20年代,一批信奉儒家思想的现代新儒家们也成长起来,其中,以梁漱溟的《东西方文化及其哲学》(1921年)一书为标志,在中、西、印哲学与文化的比较方面,开始

---

① 陈独秀:《东西民族根本思想之差异》,《独秀文存》,合肥:安徽人民出版社,1987年版,第28页。
② 同上书,第30页。

了系统的、哲学性的思考。梁氏从精神生活、社会生活、物质生活三个方面出发①，对中、西、印三大文化系统的异同、优劣、未来可能的走向进行分析，并对世界文化的发展方向作出预测。他认为，"西方化是以意欲向前要求为其根本精神的"，或者说"西方化是由意欲向前要求的精神产生'塞恩斯'与'德谟克拉西'两大异采的文化"②。"中国文化是以意欲自为调和、持中为其根本精神的。""印度文化是以意欲反身向后要求为其根本精神的。"③而经过西方近代文化发展阶段之后的未来世界文化发展方向，则是"中国文化的复兴，有似希腊文化在近世的复兴那样"④。梁氏的具体论断与其结论，当然都有许多值得商榷的地方，但他真正从比较哲学的形而上学角度思考了人类几大哲学、文化系统的异同，并对三大文明系统的走向作出了自己的论断。由梁氏所代表的现代新儒家的比较哲学与比较文化的思想表明，20世纪的文化保守主义恰恰为保留自己民族文化的自信提供了一些有益的思想启迪。而从维护全球文化的多元化，反对现代文化的同质化方面，亦为世界文化的丰富性作出了自己的独特贡献。

在回顾20世纪中西比较哲学与文化研究的过程中，我们不应该忘记中国共产党人在学术与思想上所作出的贡献。作为中国共产党人集体思想结晶的宏文《新民主主义论》，虽然不是专门的比较哲学与比较文化的论著，但其中涉及的中国新文化发展的

---

① 梁漱溟：《东西文化及其哲学》，北京：商务印书馆，1999年版，第19页。
② 同上书，第33页。
③ 同上书，第63页。
④ 同上书，第202页。

从慷慨外推到文明对话

大问题,特别是面对外来文化时,恰恰为当代中国的比较哲学与文化研究,提供了一个基本的思想原则。在该文里,毛泽东说道:"这种新民主主义的文化是民族的。它是反对帝国主义压迫,主张中华民族的尊严和独立的。"①面对外来文化,毛泽东说道:

> 中国应该大量吸收外国的进步文化,作为自己文化食粮的原料,这种工作过去还做得不够。这不但是当前的社会主义文化和新民主主义文化,还有外国的古代文化,例如各资本主义国家启蒙时代的文化,凡属我们今天用得着的东西,都应该吸收。②

毛泽东所代表的中国共产党人,在20世纪40年代就已经站在本民族文化的再造与创新的高度,触及了中西比较哲学、文化研究的根本方向和历史任务的大问题。当今中国学术界、思想界所从事的比较哲学与比较文化研究,也不是为了比较而比较,恰恰是为了中国当代哲学与文化创新而从事中西比较、中外比较,尽可能广泛地吸收世界上各民族创造的一切有价值的文化成果,从而为当代中国的哲学与文化建设事业服务。

实际上,在20世纪比较哲学与文化的领域里,可谓名家辈出,荦荦大者有王国维、胡适、金岳霖、钱锺书、张岱年、侯外庐,以

---

① 毛泽东:《新民主主义论》,《毛泽东选集》第二卷,北京:人民出版社,1991年版,第706页。
② 同上书,第706—707页。

及整个现代新儒家群体,他们的比较哲学与比较文化的研究成果,扩大了中国人的思想视野与知识视野,丰富了中国人的精神内涵,增强了中国哲学与文化的自身活力与创新能力。自20世纪80年代以来,伴随着中国社会的改革开放,比较哲学与比较文化研究工作,一方面处在恢复发展阶段,另一方面也表现出一些新的特点。除了一些学者个人凭借自己的学术兴趣、语言优势,继续从事比较哲学与文化的研究工作外,如海德格尔与中国哲学、解释学与中国的解释学等研究成果,一些大型的丛书与杂志也在持续出版,在更大的范围内影响着当代中国的学术、思想与文化。最典型的系列丛书有:乐黛云所开创并主持的比较文学研究丛书,刘东主持的《海外汉学研究丛书》,任继愈主编的《国际汉学》系列论文集等。而对于中西哲学比较研究史第一次较为系统的梳理与研究,当以许苏民的皇皇巨著《中西哲学比较研究史》为典型代表。当代中国这些新的比较哲学与比较文化研究形态与具体成果表明,伴随着中国与世界的关系越来越密切,比较哲学与文化的研究也越来越深入、越广泛。但就笔者目前所知的情况来看,比较系统、专门地介绍现代西方比较哲学与文化研究,同时又以此主题展开研究的丛书,目前似乎还未出现。因此,我们希望通过此套丛书一辑、二辑及至多辑的出版,将当代中国的比较哲学与比较文化研究由比较分散的状态,带向一个相对较为集中、专业的方向,进而为推动当代中国哲学与文化的创新,作一点微薄的贡献。

相对于当代中国哲学与文化的创新与发展的主题而言,比较哲学与比较文化的研究只是一种学术助缘与手段。但在全球化的漫长过程中,比较哲学与比较文化研究将是一个需要有众多学人长期进行耕耘的广阔的学术领域。近四百年来西方文化在此领域所取得的成就,从整体上看要超过中国。不可否认,西方现代文化在其发轫期充满着一种对东方及其他非西方文化、文明的傲慢,而在比较哲学与比较文化研究的领域里,有些结论也带有明显的文化偏见与傲慢,像黑格尔、马克斯·韦伯等人对东方哲学、中国哲学的一些贬低性的认识与评论,在西方与国际学术界均产生了相当不好但非常有力的影响,即使是当代中国的有些学人,还深受这些观念的影响。但我们需要全面、系统地了解现代西方学术中比较哲学与比较文明研究的成果,像李约瑟、斯宾格勒、汤因比、雅斯贝尔斯、布罗代尔等人的研究成果,就需要我们系统地研究与翻译,而马克思、恩格斯以及法兰克福学派的一些有关全球化的反思与论述,也是我们从事比较哲学研究者需要加以认真研读的系列作品。

正在全面走向世界,并将为世界文化作出新的、更大贡献的中国,需要有更加开放的胸怀,学习、吸纳西方哲学与文化,同时还应该放宽眼界,学习、吸纳全世界所有民族的优秀思想与文化。我们还应该对中东、非洲、南美洲的思想与文化传统有所研究与了解,未来的比较哲学与文化翻译和研究丛书中,也应该有这些地区、国家的思想、文化研究成果。中国的现代化,中华民族文化的现代化,应当是吸收欧美现代化、现代文化的一切优良成果,摒弃其中的殖民主义、霸权主义、资本主义唯利是图、垄断等一切不好的内容,从人类一体化、人类命运休戚相关的高度,来发展自己民族的现代化,来创新自己民族的现代文化,为造福世界作出中华民族的贡献。

我们希望有更多胸怀天下的学术青年,加入到比较哲学与文化的翻译和研究的领域之中,在现在及未来的相当长的一个时间段里,这将是一个有着勃勃生机、充满希望的学术领域;但也是一个充满艰辛劳作的学术领域,因为在这一领域里工作,要比在其他领域付出更多的学术努力,要有良好的外语水平,要阅读大量的文献,甚至还要深入异域文化地区进行实地了解,而不只是做书斋里的学问。通过比较哲学与文化的长期研究,我们也会不断地扩展自己的知识视野与思想视野,丰富内在精神,从而使自己在精神上真正成为文化上有根的世界公民。这或许是比较哲学与文化研究事业所具有的独特魅力!

是为序!

丛书主编

2019 年 1 月 30 日

目　录

从慷慨外推到文明对话

第一编

第一节　从比较哲学到跨文化哲学[①]

一、引言

在今天,不同哲学传统的相互比较、诠释与对话,需摆脱排他性的国族主义,或东方主义、学术殖民的观点,将其放在各文化传统和政治社会团体在全球化历程中向外延伸并与多元他者(many others)相遇、互动的脉络中来进行。本人把"全球化"定义为:"一个跨越界域的历史进程,在此过程中,人的欲望、内在关联性与可普性在整个地球上突现出来,并在现今与不久的将来体现为扩张至全世界的市场、跨国际的政治秩序和文化的全球化(globalism)。"[②]在全球化历程中,不同的哲学与宗教传统都需走出自身,走向多元他者,与之相逢与对话。如此一来,应可在理想上达至相互丰富;要不然,也很有可能在对立与抗争中一再面对冲突。

人们都是生活在其文化传统之中的,然而,在一文化传统中最核心、最深沉的部分,是其哲学与宗教。如何让不同文化传统中最核心、最深沉的哲学与宗教相互沟通、相互对话、相互交谈,乃至相互丰富,正是本书的主要关心所在。哲学虽不同于宗教,但往往延伸至宗教。为此,本书虽主要关心哲学,但亦从哲学观点讨论宗教哲学议题。

---

① 选自沈清松:《跨文化哲学论》,北京:人民出版社,2014年版,第3—23页。
② 沈清松关于 Michael Hart and Antonio Negri 著 *Empire*（Cambridge：Harvard University Press，2000，478 pages＋xvii)一书的书评,台北:《哲学与文化月刊》2004 年第 361 期,第 109—112 页。

我们正生活在一个全球性的多元文化时代。目前世局的任何重要议题,如经济、政治、疾病防治、犯罪防治、移民安全、环保等等,都不是在一个国家内部、用一套办法就能解决的。相反地,没有一项议题不需要多国的参与,多管齐下,这就涉及不同观念、文化做法的协调与合作。更由于全球性人口快速迁移,人们为了工作、求学、商务、交流、生活等种种理由而远赴异域,造成不同国家、地区、城市,都有不同族群、国籍或不同文化的人存在,以至于形成多元文化的状况。我认为,"多元文化"这一概念,诚如泰勒(Ch. Taylor)所强调,应包含尊重文化认同和文化差异的意思,然也不能仅限于此。泰勒的立场使他对于"多元文化"的理解局限于"相互承认"的政治①。对我来说,"多元文化"虽含有每一文化皆有其文化主体性并应尊重彼此的差异,然更进一步,更应意味着不同文化传统经由彼此的差异与互补,到"相互丰富",进而共同寻求可普化的成分②。我认为只有透过不同文化传统的相互交谈,才能获得对于多元文化较高层次的理解。不同传统进行哲学思索的不同路径,将可开拓我们对于多方位、多层次的实在界的视野。尤其在当前这一急剧变化的时代,任何一种足堪面对时代挑战的哲学,都必须具有跨文化的向度。

我认为,今后中国哲学必须通过跨文化哲学的学习与考验,

① See Charles Taylor, "Politics of Recognition", in *Multiculturalism*, edited and introduced by A. Gutmann (Princeton: Princeton University Press, 1994), pp.25 – 36.

② See Vincent Shen(沈清松), *From Politics of Recognition to Politics of Mutual Enrichment*, in *The Ricci Bulletin* 2002 (Taipei: Taipei Ricci Institute for Chinese Studies, number 5, February 2002), pp.113 – 125.

才能成为未来的"世界哲学"的中坚。这也适用于西方哲学、印度哲学甚或非洲哲学或其他任何哲学传统。目前西方哲学是由于现代性的宰制性而主导了全世界的哲学,但这并不是真正意义下的世界哲学,而只是一种当道宰制的哲学。今后,西方哲学若不能通过跨文化哲学的学习与考验,也没有资格再是世界哲学的领导。西方哲学已经不能靠东方主义或学术殖民来领导世界哲学。值此全世界正在进入全球化的时代,有关哲学的未来有两个相关问题兴起,引发我们的注意:第一,每一个哲学传统应如何撷取自家最佳的文化资源,使世界上其他的哲学传统蒙受其益? 第二,每一个哲学传统应如何透过公正面对其他哲学传统,达到自我理解? 更进一步,应如何使哲学思索成为世界上所有文化传统相互理解的、不可或缺的成分? 面对以上两个问题的挑战,我们有必要越来越重视跨文化哲学。

哲学过去一直是,现在也仍然是受到文化的制约的,这是一个不争的事实。西方哲学和从古希腊经罗马到中世纪与近代欧洲的悠久文化传承遗产有非常密切的关系。在其他文化传统中,例如中国,也有像儒家、道家、佛家等源远流长的哲学传统。正如海德格尔(M. Heidegger)早已指出的,西方哲学是从巴门尼德(Parmenides)和柏拉图(Plato)时期西方文化所择定的方向发展起来的。然而,直到现在,有很多西方哲学史方面的著作仍然不恰当地直接冠以"哲学史"的名字,对此我们只能很遗憾地说,这种排外和傲慢的态度实际上武断地否弃了许多其他的可能性。

在这一脉络下，研究跨文化哲学，意味着不要把自己的哲学视野封限在自己的传统之内，尤其不该自我封限于西方哲学传统之内。这点在今天尤其必要，因为由西方哲学所奠定根基并发展出对现代西方科技至关重要的理性类型，现在正受到越来越多的挑战，甚至开始瓦解。现在的世界正朝向其他类型的理性而开放，或更确切地说朝向人类更具有广泛包容性的理性而开放。

人们应已经充分认识到，我们现在正生活在一个多元文化的时代。终究来说，只有透过不同文化传统的相互交谈，才能获得相互的丰富。不同文化传统对于进行哲学思索的不同路径，透过相互的交谈和相互了解，可以开拓并丰富我们对于存在本身多层次和多面向的视野。

二、从比较哲学到跨文化哲学

究竟应如何在多元文化的脉络下进行哲学思索？对于这一问题的回答，不能仅局限在先前比较哲学，或比较宗教学、比较语言学等等，仅止于研究不同哲学、宗教和语言的相似点和差异点而已。过去比较研究往往受到东方主义（Orientalism）的影响，在西方概念框架的主导下，形成一套比较的观点，让非西方国家透过西方的有色眼镜来认识自己的传统；或者受到国族主义的操弄，运用比较研究来证成自己国族的文化与哲学的优越性。再者，尽管以揭示异、同的方式来进行比较哲学研究，也有可能导致某种健康的相对主义，瓦解学术宰制，但对于哲学真正的自我理解以及哲学自身的实践，并没有实质性的帮助。

对我而言，跨文化哲学研究的目的，是使不同哲学传统在互动中提炼出超越特定文化限制的可普化因素，并且在交谈中相互丰富。用我的对比哲学术语来说，是将不同的哲学传统纳入最佳对比状态的拼图。我所谓的"对比"（contrast），是指在不同事物或传统之间的差异和互补、连续和断裂之间的互动与辩证，最终导向更丰富、更紧密的关系①。

对我而言，跨文化哲学研究要将不同的哲学传统纳入对比，而不只是进行比较。我所谓的"对比"（contrast），是指一种在不同事物，甚或不同哲学传统之间的差异性和互补性富于张力的构成，以及连续性和断续性的交互律动与辩证发展，最终将导向不同事物或哲学传统之间真正的相互丰富②。

换言之，对比哲学是从比较哲学进到跨文化哲学的必要中介与接引。过去，我在 20 世纪 80 年代曾提出一套对比哲学，用以

---

① 我在早期作品，特别是在博士论文和《现代哲学论衡》中提出对比哲学，以取代结构主义（structuralism）和黑格尔（Hegel）辩证法。结构主义只见对立元之间的差异而无视于其互补，太强调同时性而忽视贯时性。黑格尔辩证法虽重视精神的历史性，视之为实在本体的历史运动，但太强调这一运动的否定性，最终迈向否定性的胜利，完全忽视了辩证运动的积极性。太极图像给我们提供了一个具体形象，代表我所谓"结构对比"的概念，但也可以将之投入时间之轴中，如此可得到一"动态对比"的形象。所谓"动态对比"是指在时间之轴上，事物的运动、个人的自传史和群体的历史皆是在前件和后件的时空环节既连续又断裂的辩证历程。动态对比是贯时性的，历史洪流既有断裂的相随，也有连续性。所谓结构对比指的是在任何分析时刻，呈现在我们经验中的多元现象都是由相互作用的元素互动组成，它们既差异又互补，属共时性。

② 本人早在其他作品中构建了我的对比哲学，特别是在我的《现代哲学论衡》（台北：黎明出版社，1985 年版）一书中。与此有关的近作，参见沈清松：《对比、外推与交谈》，台北：五南出版社，2002 年版。

取代结构主义(structuralism)的对立元和黑格尔(Hegel)的辩证法。结构主义只看到对立元彼此之间的差异,而无视其间的互补。它太强调同时性而忽视了贯时性,从而把人类的历史性化约为结构决定论。另一方面,黑格尔辩证法重视历史的运动,黑格尔的辩证法既是方法论又是本体论,是实在本身(精神)的历史性运动。不过,它将弃存升扬(Aufhebung)的辩证过程理解为一再否定的运动,且太过强调这一运动的否定面,也因此最后终将导向否定性的胜利,反而忽视了辩证运动的积极性。我的"对比"概念重新揭示了差异性和互补性、结构性和历史性之间的动态张力,结合了历史运动中正反两方面的力量,作为实在本身的展开与彰显的过程。

对比的智慧根源于中国哲学。我们没有必要在此赘言《易经》《老子》和其他中国哲学文本中的众多资源。在此我们只需指出,太极的图像给我们提供了一个关于对比的具体形象,虽然从表面上来看,它只呈现了我所谓的"结构对比"。不过,我们也可以将之投入时间之轴的运动中,如此一来,我们也可得到一个"动态对比"的形象。

我所谓"结构对比",指的是在吾人进行分析的任何时刻,出现在我们经验中的多元对象都是由多种既差异又相关、既对立又互补的元素彼此互动而成。结构对比是同时性的,意思是说这些因素同时出现于同一经验之场,形成了一个有结构的整体。每个因素既然彼此互有差异,便各自享有某种程度的自主性;然而由于它们亦彼此相关,也因而会彼此相互依存。至于我所谓的"动态对比",则是指在时间之轴上,事物运动的个人自传史和群体史,皆是在前、在后的环节既连续又断裂的辩证互动历程。动态对比是贯时性的,因为前后环节在时间之轴上相续无已,轮转无穷,形成了历史的洪流,其进程并非断裂性或原子性的相随,而是采取对比的发展,其中亦有连续性。就其断裂而言,每一个新的环节皆有其新颖性、原创性,不能仅化约为前一环节;就其连续性而言,每一新环节始终保存着前一环节的某些因素,作为经验在实践中的沉淀。动态对比可以用来说明所有变迁的历程,既可以说明理论与经验数据之间的互动,也可说明传统和现代之间的关系。

在这一点上,我不同于结构主义。结构主义的结构是无名无姓的,它决定意义的构成,完全无法被行动者有意识地觉察到。相反地,对我而言,无论是系统或结构皆可视为是某一主体或某一群体在时间历程中进行"结构化"(structuration)行动的结果。不过,就另一方面来看,在时间中出现的自然或历史过程也可透过人的驻足凝视而加以分析,借以揭露其在结构上的可理解性。所以,任何自然与历史过程皆可以用系统的属性分析,甚至整合到一个更大的结构整体之中。结构对比和动态对比的辩证对比过程,会导向愈趋复杂化的演进历程。结构对比将互动中的诸因素整合于一个个有机的整体之中,然唯有透过动态对比,新兴的可能性及其与过去的连续性才可能被适当地了解。

对比的智慧提醒我们:始终要看到凡事皆有另一面,看到对于在时间中创新至为重要的互补因素之间的张力。对比的智慧提醒我们要注意在行动者和系统、差异性和互补性、连续性和断续性、理性和讲理、理论和实践、理解和解释、过程和现实等这些概念之间的对比情境。

三、跨文化哲学的策略

现在让我们来考虑一下，为了进行跨文化哲学研究，我们可以采取哪些认识论的策略。在此可以提出两个连贯的策略：第一个策略是语言习取（language appropriation）策略，更具体地说，是去学习并使用其他文化族群和哲学传统的语言，或者是其他文化族群和哲学传统能够理解的语言。

我们人类从童年开始，就透过和其他人的相互沟通来学习语言，这些人慷慨主动和我们说话，使我们习得某种语言，为我们开启了一个有意义的世界。后来，当我们长大了，我们开始学习各种不同学科、文化习俗、语言群体的语言，于是向我们开启了各种不断扩张、愈加广阔的世界。正像维特根斯坦（L. Wittgenstein）所说的，不同的语言游戏对应着不同的生活形式，也因此，对于他人语言的习取，是我们了解隐含在某种特定语言中的生活形式的途径。对不同文化群体和哲学传统的语言的习取，可以使我们走进各种不同的世界，从而丰富我们自身世界的意义建构。

第二个策略是外推（strangification）策略，这是由瓦尔纳（Fritz Wallner）最先提出，当时只是作为科际整合研究的一个认识论策略。晚近由我加以修正，并把它扩展到文化交流和宗教交谈的领域,进而使其成为跨文化哲学研究的一个策略[①]。我所谓的"外推",意指一种走出自我封闭、走向多元他者的行动,从自己熟悉的圈子走向陌生的外人,从一种文化脉络走向另一种文化脉络。也就是说,在跨文化哲学研究中,我们必须把自己的哲学传统中的哲学论述或命题翻译成其他的哲学传统的论述或其他哲学传统能够理解的话语,从而使其具有可普性。如果我们通过这样的翻译使其具有了可普性,我们就可以说,它自身包含了更多的真理内涵。如果它不能被如此翻译,或一旦翻译就转为荒谬,这就意味着它在某种程度上局限于自身,不管它再如何珍贵,也不管它具有何种雄辩的能力,它都应该自我反省并批判性地检讨自身的原则和方法论[②]。当然,这仍只是限于语言外推的层面。关于外推的详情,稍后再论。

透过语言习取和外推这两个认识论策略,我们一方面可以避

① 瓦尔纳近年来发动了建构实在论的哲学运动,作为进行科际整合的认识论策略,而本人从一开始就和其保持了密切的合作。我把"生活世界"引进了建构实在论,并修正了他的两层实在观(即实在本身和建构的实在)为三重实在观。同时,我还把跨文化的向度引入建构实在论中,并将我的对比哲学运用到建构实在论。其后,本人又把它拓展到了宗教交谈领域。参见 Fritz Wallner, *Acht Vorlesungen uber den Konstruktiven Realismus* (Vienna: Vienna University Press, 1992); Fritz Wallner/Joseph Schimmer/Markus Costazza (Eds), *Grenzziehungen zum Konstrutiuen Realismus* (Vienna: Vienna University Press, 1993); Vincent Shen(沈清松): *Confucianism, Taoism and Constructive Realism* (Vienna: Vienna University Press, 1994)。
② 在此,我们需注意"可译性"和"可理解性"之间的对比关系。翻译总是预设了可理解性,而要达到可理解性就必须能用自己的语言表达出来,正像高达美(H. G. Gadamer)对于"应用"(application)问题的理解那样。即使是在高达美的《真理与方法》(*Truth and Method*)中,应用性和可译性还是有很大不同。对我来说,可理解性的视域要大于可译性,不过,可理解性本身需要经由翻译来说明。如果有人在可理解性和可译性问题上采取了极端的对立立场,他就必然会相反于高达美的"应用"概念。

免绝对的普遍主义（absolute universalism）的内部困难，因为后者假定了具有纯粹普遍性的本质的存在，其实仅止于理想性的存在，虽为人的思想意向所指向，然在历史中或过程中尚未有纯粹普遍本质如实朗现。另一方面，也可以避免极端相对主义（absolute relativism）的内在困难。极端相对主义自身是自相矛盾的，一方面说"一切都是相对的"，另一方面又武断地认为只有"一切都是相对的"是绝对的。相反地，我们所主张的是能透过语言习取和外推来渐进扩大的可普化性，而非纯粹的普遍性，亦非绝然相对、各行其是。

四、对比敦促外推

来自不同文化传统的哲学也可以视为是处在一对比情境中，也就是说，它们虽不相同但又互补，虽有断裂但仍连续，如此一来，使得它们能够超越自身的封闭性而迈向多元他者，从自身熟悉的圈子迈向陌生的外人。如果我们扣紧中西哲学传统的起源来说，中国哲学和西方哲学两大主要哲学传统的起源，便是处于对比的情境。兹简述如下：

西方哲学的起源可以追溯到古希腊的"理论"（theoria）概念，即对于真理的非实用性，或不涉行动的追寻和纯粹求知的好奇心。相较于此，中国哲学似乎缺少这样一种纯理论的兴趣，而更多地为实践的目的所推动。一般来说，在西方哲学中，真知（episteme）出自惊异（wonder）的态度，结果导向科学和哲学知识的理论建构；至于中国哲学则是出自关怀（concern）的态度，最终形成一种用来指导人生或群体命运的实践智慧。

就西方哲学来说，亚里士多德（Aristotle）曾在《形而上学》（Metaphysics）一书中指出，对于真知的追求出自休闲和安逸构成的生活方式，例如埃及的祭司就是在这种生活方式中发明了几何学。亚里士多德认为，在休闲和安逸中，人们不需要在乎日常生活的繁琐需求，因此能够对事物的原因感到惊异，为知识而求知识。亚里士多德在《形而上学》一书中这样写道："人们是由于惊异才开始进行哲学思索；当初如此，如今亦然。"①由于惊异所产生的智性结果，就是理论。按照亚里士多德，"理论"一词的哲学含义是依据两方面来决定的。一方面是理论与行动相对，正如亚里士多德说的，"并不是因为他们敏于行，而是因为他们有理论，懂得原因"②。另一方面，理论是有关于具有普遍性的事物，这点被亚里士多德视为真知的第一特性，对它的探索引导真知迈向哲学，最终形成存有论（ontology），从存有者就其为存有者（being qua being）来研究存有者，被视为是万物最普遍而可理解的面向③。

我们现在清楚知道，理论（theoria）在古希腊的出现有其宗教渊源。在起初，观礼者（theoros）是指从希腊其他城邦来雅典参加宗教仪式的代表。在仪式中，他们通过观看而不是采取行动

① Aristotle，*Metaphysics*，982b 12 - 22，translated by W. D. Ross，in *Introduction to Aristotle* edited by Mckeon（New York：Modern Library，1992），pp.261 - 262.

② Aristotle，*Metaphysics*，981b 6 - 7，Ibid.，p.258.

③ See Aristotle，*Metaphysics*，982a 20 - 982b 10，translated by W. D. Ross，in *Introduction to Aristotle* edited by Mckeon（New York：Modern Library，1992），pp.260 - 261.

来参与。类似于此,哲学家起自理论态度,但并不是观看祭祀或舞台表演,而是超然地观看整体宇宙。西方哲学的历史根源是古希腊的"理论"传统,这一传统不再把人类生活看作由各种的实际利益所决定,而是屈从于可普化、客观的真理规范。

对比之下,一般来说,中国哲学起源于一种"关怀"的态度,其所导向的不是可普化的理论,而是一种可普化的实践。这是因为中国哲人关切的是个人和群体的命运,中国人的心智是从这里开始作哲学思索的。传为孔子所作的《易经·系辞》,对于《易经》的起源作出解释,认为《易经》一书的作者是处于忧患、心存关怀的。原文如下:"《易》之兴也,其于中古乎?作《易》者,其有忧患乎?""《易》之兴也,其当殷之末世,周之盛德邪?是故其辞危。危者使平,易者使倾。其道甚大,百物不废。惧以终始,其要无咎。此之谓《易》之道也。"①由此可见,易经哲学作为一项严肃的智性活动,是始自一种忧患意识,而不是像亚里士多德所说是在一种休闲和安逸的情景下展开,而是起自对于个人和集体命运的关怀与忧心。至于"其道甚大,百物不废"这句话,倒也表明了中国哲学所追求的是可普化的指导行动的实践智慧。

由于是否有纯粹的"普遍性"(universality)还是一个有争议的问题,我倾向于使用"可普化性"(universalizability)一词来指称西方哲学和中国哲学可以会通的共同关切点。虽然西方哲学本身更关注"理论的可普性",而中国哲学则更关注"实践的可普

---

① 以上两段文字见《易经·系辞传下》,引自朱熹:《周易本义》,台北:大安出版社影印本,1999 年版,第 261、264 页。

性",但是双方都试图超越个殊的利益和特殊性的界限,迈向可普化的价值。在某种意义上两者的目标都是可普性。

对此,理论和实践可以被看作相辅相成的,就某种意义上来说,理论和实践,虽不相同但又互补,从而形成了中西哲学上的一项重要的结构性对比。

五、理性、经验及其统一性

在认识论的层面上,中西哲学也处在既差异又互补的处境中。西方哲学和数学一向有密切关系,这本身就是一个令人着迷的哲学问题。且不说古希腊哲学,我们在此只需指出,几何、代数以及更一般的"普遍数理"(mathesis universalis),用海德格尔的术语来说——可以说奠定了欧洲近代科学的理性基础。从理性方面来说,欧洲近代科学是一个理论建构的进程,其中运用数理逻辑构造的语言来形构人类的知识。在近代西方哲学中,自笛卡儿(R. Descartes)、斯宾诺莎(B. Spinoza)和莱布尼茨(G. Leibniz)以来的理性主义,奠定了整个近代欧洲科学的理性基础。他们的哲学以及他们依据几何学秩序写成的作品,给我们提供了近代西方哲学"普遍数理"最清楚有力的例证[①]。

比较起来,中国哲学并没有使用数理逻辑的结构来构建理论。它并未反思其自身语言的语法结构进而研拟出一套逻辑系统,借以形构并管控其科学论述。数学虽然在中国古代便已高度

---

① 关于西方科学的特性,参见沈清松:《解除世界魔咒》第二版,台北:台湾商务印书馆,1998 年版,第 39—43 页。

发达,但至多仅被用来描述并组织经验数据,例如测量道路、桥梁,制作律吕、计算银两等,而不是用来建构理论。由于缺乏数理逻辑结构,中国古代那些后设科学理论主要是建立在直觉和默观的想象力上。这样的理论或许有益于洞悉人生、自然和社会的整全性,赋予合理的诠释,但毕竟缺乏一些结构上的准确性和逻辑上的严密性①。即使在今天,中国哲学在理论命题的严格逻辑形构方面,仍可多向西方哲学学习。但是,由于中国哲学主要关切的是生命的意义,不会使自己远离这一目标而沉溺于数理逻辑的构造之中。

另一方面,中西哲学中都重视经验资料。在西方哲学中,古典经验主义哲学家如洛克(J. Locke)、贝克莱(G. Berkeley)、休谟(D. Hume)等人,都从哲学上证成了西方近代科学的经验面,即对于经验数据和经由妥适控制的实验收集到的系统数据的不懈追求。但我们也应注意,现代科学所借以操作的信息,并非像古典经验主义所理解的那样是"被动地给予的",而是通过理论和技术的装置来"积极地构建的"。现代科学透过对感性数据及知觉加工处理,确保它和周围环境,也就是所谓"真实世界"保持密切的关系,但这样至多也只能以一种人为的经由技术操控的方式为之。

中国的哲学家也进行观察,所谓"仰观天象,察地理"。中国

① 正如李约瑟所言:"数学就相当程度而言对水利工程的计划与控制十分重要,但以此为业者,很可能一直官阶不高。"[Joseph Needham, *Science and Civilization in China Vol.II* (Cambridge: Cambridge University Press, 1959), p.30.]我认为李约瑟所给的这种社会政治理由,部分解释了数学理论在儒学中的不重要性,然而,我认为更为内在的理由,则是因为数学仅被视作计算的技术和组织经验数据的工具,而不被当作实在界和言说的客观结构。

传统科学中的经验数据都是以一种虽详细但仍属被动的观察建立的，时而有仪器的辅助，时而没有，但都有意洞穿万物本性，不拘浮于表面。不过，中国传统科学鲜少尝试任何有系统的实验，或有系统地对人、对自然物的知觉采取任何主动的人为控制。

其实，应该这样说，我们之所以有对经验数据的需要，那是因为我们有必要走出我们的思想之外去达到实在界，以便形成可靠的知识。也因此，对于经验数据的寻求，也可以视为是"外推"的一种特殊形式。但，虽说吾人对于知觉的控制必不可少，然而对于客体的技术性操控也可以是没有必要的。中国哲学家更主张《中庸》所说的，"尽己之性，尽人之性，尽物之性"，也就是说，中国哲学更倾向于将所谓"经验"了解为一任运自我与多元他者展现本性的历程，而不仅止于经验数据而已。

此外，西方近现代的科学哲学常会自觉地检讨理论和经验数据之间的符应关系，从而把它们纳入一个融贯的体系之中，并进行解释和预测的功能，以便管控在世界中出现的种种事件。这种符应理论可以在古典经验主义和逻辑实证主义中找到，他们都认为，如果理论和经验数据存在着符应关系，则这个理论是真的。此外，这种符应理论在康德（I. Kant）的批判哲学中也可以看到。康德认为，经验世界必须进入到主体性的先验框架中，如此一来才能为我们所认识。其实，无论是要求理论必须符应经验，或说经验必须符应于主体的框架，都是着重符应关系。此外，在诸如卡尔纳普（R. Carnap）的证实原则、波普尔（K. Popper）的可证伪性和其他一些确证理论的背后，也都蕴含了这一符应理论。

在中国哲学中，经验之知和人的思维的统一性同样备受重视①。这正是孔子所主张的，孔子告诉子贡，他自己并不是"多学而识之"，而是"一以贯之"②。孔子似乎和康德一样，也主张经验数据和思想之间的互补互动。孔子曰："学而不思则罔，思而不学则殆。"③孔子的这句话也让我们想起康德所说的"直观而无概念是盲的，概念而无直观是空的"。不过，不同于康德的是，儒家意义上的经验与思想的统一性，是经由伦理实践而达至的；至于道家，则是通过生命实践来实现的，而两者皆参照于道或终极实在。在此，所谓"实践"或"实践的行动"并不意指某一理论在技术上的应用，借以控制具体的自然或社会现象。恰恰相反，在中国哲学里，"实践"应解作个人和群体在伦理关系和生命体验中积极参与并实现人性的行动。至于科学、技术上的有效性，虽也是不容忽视，但皆需放在伦理实践或生命实践的脉络中重新予以考量，并加以转化和提升。

六、讲理鼓励外推

理性（reason）在中国哲学中的作用，更好说是"讲理"（reasonableness）而不是"科学理性"（rationality）的含义。在中

---

① 史华慈（B. Schwartz）关于儒学的说法是正确的："对孔子来说，知识开始于对成堆的个别事物之知的经验积累，……其次还包括连接这些个别之知于自己的体验，最后是和一贯之道相连接并将思想统合起来。"Benjamin Schwartz, *The World of Thought in Ancient China*（Mass.: The Nelknap Press of the Harvard University Press, 1985），p.89.
② 《论语》15：3。
③ 《论语》2：15。

国哲学,"讲理"通常会指涉到存在的整体及其经由完整的人生所获取的有意义的诠释。它原则上会鼓励人虑及、视察事物的另一面,以见事物之整全,从而促成外推的行动。

从认知的层面看,讲理关涉到意义的向度,例如文学、艺术作品的意义,生命的意义,社会、文化的意义,存在本身的意义,等等。讲理的这一认知面可以用文本和艺术作品的理解和诠释作为模型。此种理解与诠释的活动,可以扩展至人与存在的整体向度有关的任何情状。在理解意义的时候,我们不但要涉及语言的意义,而且要参照自我的整体,以及自我与世界之间关系的整体。在某种意义上,它必须从自我作为我的经验和理解的主体出发,以便重构某一文本或作品的意义。最终来说,这种理解与诠释总无法避免指向本体论的层面,其中人的生活深深涉入与终极实在的密切关系。

在实践的层面,我们可以探问:有哪些行动隶属于讲理的作用? 答案是:所有涉及个人及群体的意义建构的活动皆属之。举例来说,我们可以想到艺术作品创作与欣赏的活动、道德意向的实现和评价的活动,甚至那些关涉到决定某社会群体的历史走向的政治活动。最后,在生生不息的宇宙间,人生意义实现的历程与整体存在的意义等问题,也都无例外地属于讲理的范围。我们还必须注意到讲理的作用有着两种不同的含义。其一,是指向自我以及自我与世界关系的整体,就像儒家思想所重视的,这点仍十分受限于以人为中心的导向。其二,讲理的另一层作用比较具有默观的含义,其所关切的是存在整体以及实在本身的整体性,而不再局限于人的主体性和人的意义。道家比较属于后者。

在中国哲学中一直有必要探问人和实在自身或终极实在的关系。我们可以这样说,中国文化的特点就是它与终极实在本身的亲密感。无论是将终极实在理解为天、诚、道、自然、空、心还是生命等等,中国哲学一向都珍视人和终极实在之间的融入性沟通。

儒家的讲理作用虽聚焦于人,以人为宇宙的中心,但仍朝向自然的动态发展开放,认为人和多元的他人、自然与天,都有内在相关性,并且相互感通。"天"的概念在中国古代,如《尚书》《诗经》所及的西周时期,曾替代了殷商的"帝"或"上帝",都代表位格的至上神明,隐然指涉一种神性的终极实在,但其意义在之后的儒家哲学发展中有所改变,逐渐转义为人性存在和伦理实践的哲学基础。如此一来,焦点转向关切人的自觉和人对于多元他者、自然和天的感通。这种自觉、感通和实在界的内在关系性,孔子用"仁"的概念来表示,视为是终极实在开显和人的原初沟通能力的本体论基础。人透过真诚的感通,将可以达到终极实在。也因此到了《中庸》一书,便转为以"诚"作为核心概念,"诚"在形而上学层面意指真实存在本身,在先验心理学层面则意指真实自我,后者在其先验层面,也就是在未发为喜、怒、哀、乐等经验性心理状态之前,是与真实的实在自身合而为一的。儒家思想倾向于把人类的语言和知识视为是人类彰显实在自身的方式,这可以透过语义的正确性(正名和意向的真诚性/诚意)来达至。处在今天的世局中,儒家将会认为科学与技术应可整合到人性建构有意义世界的过程之中,人类介入自然的过程会被儒家视为是人"参赞天地之化育"

的历程,不过,儒家关切的是参赞式的建构,而不是宰制式的建构。

对道家来说,道,作为终极实在,会将自身开显于自然之中,而自然则被视为是一自然而然的过程,不可以用人为的技术干预去宰制和决定。道家视人是自然的一部分,其在本体论上的地位,和植物、动物及自然界的其他生命一样,都是出自同一母亲的孩子,而这母亲就是"道"。道家教导我们如何尊重自然的自然而然的过程,认为人的知识建构应该以揭示自然动力为依归①。在道家看来,人应自觉到一切人为建构的限制,并透过解构一切已建构之物,使人的精神能重新朝向自然的自发动力开放。就人的存在而言,知识和生活世界虽属必要,然而人在建构知识与生活世界之时,不该仅仅依据语言和思想的结构规定来进行建构,而更应依据自然本身的律动来进行。

一般而论,中国文化珍爱生活世界,认为生活世界虽有一部分是由人所建构,另有一部分则是由自然的律动自发呈现的。儒家把重点放在有意义的人性存在的建构上;相较于此,道家则是把重点放在合乎自然本身的律动。

七、论外推作为跨文化哲学的可行策略

当前的世局正处于多元文化彼此频繁互动的形势中,伴随着越来越多的利益、意识形态与世界观等的种种差异与冲突。在此

---

① See Vincent Shen, "Annäerung an das taoistiche Verstädnis von Wissenschatt. Die Epistomologie des Lao Tses und Tschuang Tses", in F. Wallner, J. Schimmer. *Grenzziehungen zum Konstruktiven Realismus*(Wien: WUV-Univ. Verl., 1993), S188ff.

多元世界，人们对于自我认同、尊重差异、相互丰富的寻求，远比以往任何时代都要来得急迫。除了艺术创作领域不需要特别讲究协调和共识，也因此在艺术上我可以接受利奥塔（Jean Francois Lyotard，1924—1998）所谓各玩各的语言游戏、各做各的创作的激进说法。但是，在公共领域中，无论如何，人们都需要通过更多的沟通，努力达成共识。在公共领域中的生活不能没有沟通，而且若达不成共识，政策也无法妥善制定。

我们应该尊重每一种语言游戏和它们的差异，在这一点上我接受利奥塔的观点。但是这并不意味着我们不应该试图去了解对方的语言，并加以习取，进而将我们自己的语言转换成他人能懂的语言。否则，我们将无法真正理解他人的差异性，我们对于差异性再如何尊重也无法真正地予以欣赏。事实上，如果 P 能说出语言游戏 A 和语言游戏 B 在某些方面有所不同，甚至不同到不可通约的程度，这也假定了对于 P 来说，这两种语言游戏都是可理解的，而且 P 都能够理解它们。这一事实预设了 P 对于这两种语言的习取，以及他在两者之间至少已经隐态地进行某种外推行动。

这就是为什么我会认为，利奥塔所谓尊重不同语言的游戏，其实是抽象而难以实现的。为了了解彼此的差异，我们需要语言习取和外推，而这并未预设任何整合的尝试，更不必说要加以统一。外推预设了语言习取，但并不预设以最终的统一作为目标。若是心不甘习取他人语言、情不愿外推，这只意味着自己在自己的微世界、文化世界或宗教世界中的自我满足甚或自我封闭而已，并不代表因此自己获得更大的尊严，也不代表真正尊重了他者的差异。

　　　　　　　从慷慨外推到文明对话

在此脉络下，我认为"外推"（verfremdung）可以视为各方差异或不同派别之间沟通的一种可行性策略。这一概念是由瓦尔纳首先提出，当时仅作为在科学层面上科际整合研究的认识论策略。经由本人予以修正，并将外推策略推展到跨文化交流和宗教交谈。对我而言，"外推"是走出自我封闭、走向多元他者、从熟悉走向陌生的一种行动，这是一项完全合乎人性的活动，也遍布于人类的各种活动之中，也因此能应用到各种各样的沟通中，包括文化交流、宗教交谈等。而所谓交谈则可以视为相互外推的过程。跨文化哲学在最开始必须先有"语言习取"，也就是学习别人的语言或别人可以懂的语言，才能进而进行外推。

外推的第一步，是"语言的外推"。就是把自己的哲学与文化传统中的论述或语言翻译成其他哲学与文化传统的论述或语言，或其他传统所能够了解的语言，看它是否能借此获得理解或因此反而变得荒谬。如果是可获理解，这代表此一哲学与文化传统有更大的可普化性；如果是后者，则必须对这传统进行反省和自我批判，而没有必要采取自卫或其他更激进的护教形式。当然，这其中总会有一些不能翻译的残余或意义的硬核，但其中可共同分享的可理解性便足以证明它自身的可普化性。如果人们只能在自己的传统中夸耀自家的哲学多么有意义，就像一些国粹派哲学家所坚持和宣称的那样，这至多只证明了它自身的局限性，而不是它的优越性。

外推的第二步，是"实践的外推"。借此我们可以把某一种文化脉络中的哲学理念或文化价值/表达方式，从其原先的文化脉络或实践组织中抽出，移入另一文化或组织脉络中，看看它在新的脉络中是否仍然是可理解/可行，或是不能适应新的脉络，反而变得无效。如果它仍然能起作用，这就意味着它有更多实践的可能性，并在实践上有更高的可普化性。否则，它就应该对自己的局限进行反省和自我批判。

外推的第三步，是"本体的外推"。借此我们从一个微世界、文化世界或宗教世界出发，经由对于实在本身的直接接触或经由终极实在的开显的迂回，进入到另一个微世界、文化世界或宗教世界①。尤其当在该传统中具有某种宗教向度之时，或者当人们进行宗教间的对话时，这一阶段的外推就显得特别重要。如果对话者本身没有参与终极实在的体验，宗教交谈往往会流于肤浅表面。我们对于终极实在的体验，如果确实是终极的，就该具有可普化性和可分享性，否则若只自我封闭地一味坚持自己的真理唯一，这至多只能是宗教排他主义的一个借口而已。

在历史上有很多成功的跨文化或跨宗教的外推实例，譬如佛教在中国的成功移植就是其中一例。众所周知，佛教源自印度，其后传入中国，并成为中国儒、道、释三大主要哲学与宗教传统之一。其间，佛教采取了语言外推、实践外推和本体外推的各种策略。就语言的外推而言，佛教采取了道家和儒家的语词来讲佛

---

① 瓦尔纳只在科际整合研究的层面上理解本体的外推，并用它指称研究者从某一学科的微世界转到另一学科的微世界的运动。对我来说，我们虽可以从某一个学科或某一研究方案的某个微世界进入另一个微世界，但这仍然局限在形器的（ontical）层面上。我认为只有当这种转变是经由对实在本身或终极实在的迂回而实现出来的时候，才有本体的（ontological）外推可言。

法,进行格义,并将佛经有系统地译成汉语。就实践的外推而言,佛教在中国伦理(如孝道)、政治(如与统治者的关系)和经济(如丛林或寺庙经济)的形式下,进行了重新脉络化。在本体的外推方面,佛教以对于终极实在("空"或"一心")的体验为基础,提倡三教同源或三教互补,使自己对于本土的哲学传统(如儒家、道家)成为可以理解的。佛家对于空和心、道家对道和无、儒家对仁(人和宇宙的感通与内在关联)和诚(真诚和真正实在)的体验,虽然不尽相同,但就对于终极实在的体验而言仍存在一定的相似性和互补性①。

在这三个外推步骤中,最基本的是"语言的外推",通过语言外推,可以把某一哲学传统或文化/宗教世界中的理念/价值/表达翻译为另一哲学传统或文化/宗教世界的语言,或者能够被另一哲学传统或文化/宗教世界理解的语言。即使在翻译的过程中会丧失一些意义内涵,特别是一些诗意的、审美的、宗教的表达方式,但这些都不应该成为不致力于外推的借口。我们没有必要根据翻译过程中会有意义丧失的这一事实,来论证不同语言游戏中有绝对的不可翻译性。我们能够说的是,在不同的语言游戏中至少会有起码的可译性,以使外推行动成为可能。外推的行动预先假定了外推的意愿和外推的努力。外推可以说是跨文化互动中

---

① 其中,"格义"类似我所谓的"语言外推"。广义的佛教外推其实包含以上三种。关于佛教在华的外推策略,详见本人论文:Vincent Shen, "Appropriation of the Other and Transformation of Consciousness into Wisdom, Some Philosophical Reflections on Chinese Buddhism", in *Dao: A Journal of Comparative Philosophy*, December 2003, Vol.III, No.1, pp.43–62。

最起码的要求。

外推是一种非常有用的策略，不仅仅适用于不同学科的互动，也同样适用于不同的文化和宗教之间的互动。外推甚至比哈贝马斯(J. Habermas)所谓的"沟通行动"(communication action)更为基本。事实上，哈贝马斯的沟通行动是一论辩的过程，其中正、反双方各提出正命题与反命题，并通过寻求论据(Begründung)的过程，寻找双方都能接受的更高命题，以便达成共识。尽管哈贝马斯提出了达到理想沟通状态的四项要件，即可理解性、真实性、真诚性和正当性。但是很不幸，如果不做外推，在现实世界中往往不是冲突就是妥协，没有任何真正的共识可言。我认为，如果在寻求论据和共识的行动中，没有先做任何外推的努力，哈贝马斯的论辩性沟通(argumentative communication)就会失败。在这种情况下，沟通双方在论辩的过程中不会达到真正的相互理解和自我反省。外推这一策略可以视为是任何成功的沟通的先决条件。

宗教或哲学的交谈应该建立在相互外推的基础上。详言之，在 A 和 B 的交谈中，在语言外推的层面上，A 应该把他主张的命题或理念/价值/信仰系统转换成 B 的语言或对于 B 来说能够理解的语言。同时，B 也应把自己主张的命题或理念/价值/信仰系统用 A 的语言表达或转化成 A 能理解的语言。在实践的外推层面，A 应该把自己主张的命题、设定的真理/文化表达形式/价值/宗教信仰等从自己的社会、组织、实践脉络中抽出，将它重新放置于 B 的社会、组织、实践脉络中。同时，B 也应该把自己的主张、设定的真理/文化表达形式/价值/宗教信仰等从自己的社会、组织、实践的脉络中抽出，并将它重置于 A 的社会、组织、实践脉络中。在本体外推的层面，A 应致力于经由实在本身的迂回，如对人、对某一社会群体、对自然或终极实在的亲身体验，进入 B 的微世界、文化世界或宗教世界。同时，B 也应该努力经由实在本身的迂回，进入 A 的微世界、文化世界或宗教世界。

我主张从比较研究前进到跨文化哲学研究。无论是各种比较研究，各种文化哲学研究，各种形式的沟通、对话和交谈，绝不可能在自我封闭的状态中进行。恰恰相反，这些都是某种"相互外推"的历程，在其中，所涉各方皆应走出自我封闭，采取走向对方甚或多元他者的行动。我走出自我，走向你；你也走出自己，走向我，从而形成交谈，以至于彼此能相互丰富。当我们进行相互外推时，要透过把自己的语言翻译成对方的语言或对方能理解的语言，通过把它放入彼此实践的脉络或经由彼此的实在本身、终极实在或生活世界的迂回，使各自的科学文化、宗教、生活世界能够获得彼此的理解。这一外推过程，不仅要在日常生活、科学研究、文化和宗教生活中进行，更要在经济、政治、外交生活中运用，因为其中所涉及的不同政党、利益集团、政府和人民等等，皆必须不断致力于沟通，以便达到相互理解、相互丰富，而不是相互冲突甚或战争。

八、外推在中国哲学中的依据

从哲学上说，外推的策略在人类的沟通能力（communicative competence）中有其可能性条件。对于"沟通能力"，我认为不能仅限于哈贝马斯作为一先验能力的设定，而应该有其本体论的意义。在中国哲学中，儒家提出"仁"作为人原初的沟通能力，是人与人、人与万物内在相关、相互感通之所在，这也就在本体论层面上使得外推行动、沟通和自我反省具有可行性和正当性。除了"仁"此一原初沟通能力外，儒家还提出了"恕"道，而恕者善推，可以视为一种同理心和外推的行动与能力，是一种比哈贝马斯式的论辩更能进行富有成效的沟通的策略。简言之，儒家提出"感通"作为外推的可能性条件，并透过恕道逐层外推，于是将外推提升到了本体论的层面。

立基于仁的感通，儒家肯定了良知的存在和"默会共识"的向度，这些被视为可进一步发展出论辩性共识的先于语言的基础。如果在论辩的过程中剥夺了这些，哈贝马斯的四项理想要件将不能在实际的政治论辩中发生作用，甚至由于政治语言的差异以及各方对于真实性、真诚性、正当性等的诠释各不相同，还可能导致更大的误会甚至全面冲突。我的意思是说，如果在哈贝马斯所谓探求论据的过程和寻求共识的行动中，双方没有先存在着某种原初的慷慨，愿意走出自我封闭，愿意走向多元他者，并使用对方能理解的语言，则其所主张的论辩式共识会倾向于失败。如果我们在沟通自己的立场时不会设身处地为他人着想，不会使用对方的语言或对方能听懂的语言，那么在论辩过程中往往不会达成真正的相互了解和自我反省，而这就需要有由仁、恕而来的原初慷慨。

在儒家思想中，"恕"这一概念所代表的是一种能迈向多元他者并使用他们可以理解的语言去与他们沟通的一种能力。尤其在后现代的境遇中，任何种族、性别、年龄、阶级和信仰体系的差异，都有可能导致全面冲突，也因此任何一方若与他方在差异或对立中有所对峙，皆应本着"恕"的精神，去和对方进行沟通。

其次，从道家的观点来看，外推不仅假定了习取他人的语言，和致力于翻译为他人可懂的语言，此外还需将自身提呈于实在本身之前，用老子的话说："既得其母（作者注：在此可诠释为'实在自身'），以知其子（作者注：在此可诠释为'众多微世界'）。既知其子，复守其母，殁身不殆。"①道家主张透过本体论上经由实在本身的迂回，作为进入其他世界（微世界、文化世界、宗教世界）的必要条件。

从老子的观点看，我们可以透过"观"的过程来把握实在自身，这是一种任物付物，让事物呈现其自身存有的方式来达到对事物的本质直观。对道家而言，整体性的智慧是在与已开显之诸世界互动（子）和返回实在本身（母）两者之间的来回过程中获取的。也因此道家认为复返于实在本身并与之沟通，可以滋养我们对于其他诸世界所进行的外推。对于实在本身所进行的本体论的迂回，赋予了外推以本体论的向度。在这个意义上本体的外推对于宗教交谈是非常重要的，因为对于宗教体验而言，人与终极实在的关系至为重要。中国哲学鼓励外推和交谈，从而达到在多元他者之间的充量和谐。我用"多元他者"这一概念来取代由拉康（J. Lacan）、列维纳斯（E. Levinas）、德希达（J. Derrida，1930—2004）、德勒兹（G. Deleuze）等人提出的"他者"（Autrui，

---

① 王弼：《老子注》第五十二章，见《老子四种》，台北：大安出版社，1999 年版，第45 页。

the other）这一后现代概念。虽然他们的看法仍各有不同，但对我而言，"他者"仅仅是一抽象哲学名词。在我们的实际生活中，我们从没有任何时刻面对着抽象的"他者"。相反地，我们都是出生在、成长在多元他者之中。儒家的"五伦"、道家的"万物"和中国大乘佛学所言的"众生"，都无可否认地蕴含了"多元他者"的含义。常将多元他者的存在和我们与多元他者之间的关系牢记在心，会更有利于我们构建一个身心健全的生活。更何况，佛家所谓"众生"平等，既皆内含菩提光明，终究可以成佛，又都在痛苦烦恼之中，要以慈悲待之。而道家所言"万物"，皆各含其德，齐物逍遥，与道迁化，需待之以"一曰慈，二曰俭，三曰不敢为天下先"三宝。至于儒家，则体民疾苦，仁民爱物。此皆不只是为了一己之身心健全，更是为了成就多元他者本身的善。

九、结语

在我看来，我们现在正生活在 21 世纪初期，而哲学正面临着来自全球化的挑战。我们不该把自己局限于单一的哲学传统之内，无视其他。虽然哲学思索是世界上各大文化传统的共同旨趣，但是目前若要鼓吹一种世界哲学还为时过早，因为现在仍然存在各种各样的、多元的哲学。不过，在今天世局的形势下，哲学家们正共同面对着三个主要的、相互关联的问题：

首先，科技快速而巨幅的发展，迅速成为人类历史与文化发展的主导因素。事实上，这正是引导世界全球化的真正力量。今后人类应如何透过哲学反省，拓深而非肤浅化科技的发展，并通过深化伦理反省,使科技更人性化,势将成为人类文明发展的重要课题。这一目标无法通过任何单一的哲学传统达到,由于问题的复杂性,唯有邀集跨文化哲学的多方努力,才有可能实现。

其次,不同文化传统之间越来越频繁和密切的互动,使我们不可避免地进入了一个多元文化的世界。今后如何透过文化交流来丰富自己并相互促进,和多元他者共同分享彼此文化中最好的部分,且透过与多元他者的对比,认识到自己的局限性,朝向他者的优点与佳音开放,这项任务在未来会越来越紧迫。从这个意义上来讲,我认为跨文化哲学是未来哲学发展的一个关键领域。

最后,正如我们所见,20 世纪的哲学是太过于以人为中心了。无论是现象学(Phenomenology)、存在主义(Existentialism)、结构主义(Structuralism)、批判理论(Critical Theory)、新马克思主义(Neo-Marxism)、诠释学(Hermeneutics),还是后现代主义(Postmodernism)、现代新儒家等,这些哲学倾向都太过关注于人自身了。但是,正如我们所观察到的,以人为中心的思想方式过度壅塞,反而造成了人类寻找出路的瓶颈,使得真正的问题无法解决。所幸的是,由于晚近的生态运动和天文物理方面的新发现,我们更加关注自然,在 20 世纪末开始的宗教的复兴运动也使我们对于超越界更加开放,对不同宗教之间的交谈更加关注。在这个新的时代,我们将以更整全的哲学,在自然和宗教交谈的脉络中,重新界定人的经验。

我们希望,而且也应该这么说,西方哲学现在应该让出其在哲学论坛中的统治地位,转向和而不同、和谐对比的智慧,进行自我批判和自我了解，尊重自我与多元他者的差异性和互补性，从而追求不同哲学传统之间的充量和谐。在这一脉络下，传统的比较哲学研究应该转为跨文化哲学研究。

在多元文化的背景下，现在乃至将来，自我认同、相互尊重和相互丰富的探求，都可以通过跨文化哲学这一新的视野和实践来予以实现。中国哲学在这方面可以提供更多的资源。我的意思不是说在未来世代中中国哲学将要成为另一种宰制的哲学，而是说中国哲学应更能为所有哲学传统和文化交流建立一套更加均衡的跨文化哲学作出贡献。通过我所谓对比外推和交谈的哲学，我们将能够妥善处理科技对文化的冲击，面对多元文化的情境，并在宇宙和宗教的新兴脉络中，重新界定人的经验，而这些将是跨文化哲学在 21 世纪所面临的主要挑战。

第二节　关于文化传输的哲学考量①

跨文化哲学涉及不同文化传统之间的文化与哲学的传输，至于各文化与哲学传统之所以能形成一传统，则是经由内部的传衍过程而形成的无论同文化之间的传衍或异文化之间的传输，其中最重要的是"传"这一动态概念。本书所要考量的，正是文化传衍或传输所涉及的哲学基础，包括人性论、文化哲学以及存有论三个层次。就人性论而言，当代学者像乔姆斯基（N. Chomsky）诉

---

① 选自沈清松：《跨文化哲学论》，北京：人民出版社，2014 年版，第 42—59 页。

诸"语言能力"（linguistic competence）或哈贝马斯所谓"沟通能力"，皆未能提供文化传输的人性论基础。为此，本书详论人的原初欲望走向多元他者并建构有意义的表象，以之作为传达与沟通在人性中的根本动力。其次，从本人的外推论并以交谈为相互外推，来建立文化传输的文化哲学基础，并讨论文化传输中所涉及的诠释与批判问题。最后，本书勾勒出文化传输的存有论基础，其要旨为动态关系的存有论，并赋予"即存有即生成""即存有即活动"以新的诠释，兼论及传输物项的过渡性存有地位。最后，本节以对文化创造与传输所需最为根本的慷慨精神作为总结。

一、引言

"文化传输"一词虽然可以同时用在异文化和同文化的脉络，但在本书中，我会将中文的"文化传输"一词特别用在异文化之间的文化输送与交往（相互传输）；至于在同文化内部文化价值与内容的流传，我将特别称之为"文化传衍"。不过，无论"传输"或"传衍"，其中最重要的是"传"这一动态概念，它使得任何形式与脉络的文化传递成为可能。本书所要考量的，正是文化传衍或传输所涉及的哲学基础。

基本上，由于有了"传"的动作，才有了同文化中的"传道""传衍"乃至"传统"的形成，以及异文化之间的"传输"乃至"互传"与"对话"。先就同文化内部而言[①]，在"传"的过程中除了要有值得

---

① 关于异文化际的文化传输，后文有述。

传的内容,还要有传的行动以及落实的过程。譬如中国哲人/士人会将体道的经验或直观中开显的终极实在及其"观念·形象"(Idea-Image)传达并呈现为哲学的论述、艺术与诗歌的创作、道德的行动,以及历史的叙事等等①,这是"传道"的第一义。在此所谓传道其实是动态地运用语言或图像(包括音与形的图像)传达并落实人所把握的终极实在与"观念·形象",以成为论述或作品,如此方能进而传与他人,甚至流传后代,甚或传播四方。至于"传道"的第二义则在于"教"。中国士人若是担任教师,尽"传道、授业、解惑"②之责,无论是经师、人师,或兼而有之,都是在传达知识与智能,树立德行楷模,也都涉及了重要的观念、价值及其范型在时间之中、代与代之间的传衍。至于所谓"传统",若是在时间的传衍过程中,所树立的智能、价值与实践的典型被某一群体接受,而且形成了一以贯之的统绪,有了某种特色典型的历史发展,便可称之为一传统。也因此"传统"一词表示有某些核心价值或价值典型的集丛,像一条河流一般在时间中传衍的历程。由于这些核心典型或价值集丛必须历经不断诠释与再脉络化,为此,"传统"总不像是一团包扎好了以便代代相传的包裹,而更似一条吸纳百川、绵延不绝的大河,不断吸取来自天、地、人的资源,因而不断成长与扩大。

就中国哲学而论,其中最重要的儒、释、道三家都重视传统,

---

① 关于"观念·形象",参见沈清松:《从内在超越到界域跨越——隐喻、叙事与存在》,台北:《哲学与文化》2006 年第 389 期,第 28—29 页。
② 见韩愈:《师说》。

从慷慨外推到文明对话

并且对此有不同的想法。儒家重视在创造性的诠释过程中保存一以贯之的统绪，以及教师传道、授业、解惑的使命，并且重视人师更甚于经师。讲究"学统"与"道统"的儒家比较强调承袭传统精义并进行创造性诠释，然而，在"政统"中甚或被政治运用的儒家，则更强调"统"及"大一统"之意。道家并不忽视对于传统的诠释，例如《庄子齐物论》所言："春秋经世，先王之志，圣人议而不辩。"①庄子所谓"重言"更是一种引述并诠释经典与先圣先贤言行的论述，此往往透过对话的方式来进行；至于《庄子·养生主》所谓"指穷于为薪，火传也，不知其尽也"②，是将各种实践与论述视为"薪传"，借以代代不断传衍以开显道。对庄子而言，道通天下万物而无穷尽。

就佛教而言，其在中国的发展是来自异文化（印度佛教）传输进入中国，再经初期格义与历代创造性诠释，在中国不断传衍的结果。在引进中国初期，佛教曾借着格义道家与儒家的语言以便于传输，使中国士人容易了解；在中国各宗大乘佛学建立之后，也都重视传统的建立与延续。例如，禅宗用"传灯"一词来表达禅宗佛法的传递与列祖的衣钵相传，像《传灯录》一书便记载了历代祖师的语录，涉及各禅师的开悟及其智慧的递衍。

然而，三教的共同关心点，在于智慧的传衍，无论是在儒家意义下的"传道"，道家意义下的"薪传"，或佛教意义下的"传灯"。为此，我们可以将中国哲学的任一传统视为某种智慧典型在时间

---

① 郭庆藩：《庄子集释》，台北：世界书局影本，1985年版，第41页。
② 同上书，第60页。

历程中的传衍。从比较哲学看来,这不同于西方哲学以哲学为"爱智"但不拥有智慧的看法。对苏格拉底(Socrates)而言,唯有神拥有智慧,人只是爱好智慧,然而爱好者并不是拥有者;如果哲学家是智慧的爱好者,那表示他们并不拥有智慧。相反地,对于中国哲学家而言,如果本人不拥有智慧,如何能传道、薪传或传灯呢? 只有智者能教导或传布智慧,即使他们的智慧并非绝对的甚或只是局部的。虽然在传统中国哲学中并无"哲学"一名,有的只是道术、道学、理学、义理之学等称呼,但都强调传者必须先能体道、悟道才能传道。三家都区别一般知识与智能,其中,儒家最不看轻知识,然其智能则在于对所累积的知识有一以贯之的了解,并且充分了解自我,进而了解天命。对于道家,智慧在于能体道而游于道,并因而能明白四达,顺天道而生活。在佛家,智慧在于了悟空性,避免执于两边,而能行于中道,自觉本有佛性。能达乎此,才能进一步传道、薪传或传灯。

二、人性论考量

　　无论传道、传统、薪传、传灯、传输等,皆有赖于"传"的行动。为此,我们可以追问:究竟"传"是如何可能的? 中国哲学关心人性论议题,也因此我不能像乔姆斯基那样满足于说人有"语言能力"或哈贝马斯说人有"沟通能力"。这些说法虽然也触及人性论边缘,但仅作为一种断言或预设,并没有进一步深入探索,到底语言能力与沟通能力如何在人性论的脉络中理解?

　　在我看来,人是出生、成长并发展于多元他者的脉络之中,且生来具有指向多元他者的意义动力。在人的身体中孕育并形成了人的原初意欲，作为人追寻意义的基本动力。人的原初意欲，在无意识中被称为"欲望"，在有意识状态中被称为"意志"，其实皆是同一走向可欲之善的动力，虽可表现于不同层面，其实皆是同实而异名。关于人的原初意欲，布隆代尔（M. Blondel，1861—1949）称之为"能意志的意志"（volunté voulante），以有别于已经欲求的"所意志的意志"（volunté voulue）；我则称之为"能欲望的欲望"（desiring desire），以有别于"所欲望的欲望"（desired desire）。原初欲望或能欲望的欲望本是不自私的，是指向善的；但其所界定的对象或所欲望的欲望则是限定的，并且人在努力获取以及享有该对象之时，很可能会自我封闭甚或变成自私的。在此意义下，我将佛教所说的"三善根"，儒家所谓的"德性"，道家所谓的"德"，理解为人的本然善性、本然动力或本心，至于贪、嗔、痴，或老子所谓"失德而后义，失义而后礼。夫礼者，忠信之薄，而乱之首"，或孟子所言放失之心，甚至"童山濯濯"所喻示的，或"人欲横流"所描述的，所说的都是指原本善性或本心，在逐层堕落、放失或旦旦而伐之后所造成的不同程度的自我封闭的自私状态。

在我看来，人从起自身体的无意识的欲望开始，便有一非决定、不确定的动力在寻求意义，此一动力不是固定的，可以发展出各种形式的意义，并超越任何特殊形式的实现。这是在人欲望中的原初能量，起自内在，迈向超越，其起初的存在样态与动力，尚未及于牟宗三或唐君毅等人所谓的理想主义的超越精神——后者应该是后来的发展，而是一种原初具现于身体的无私欲望，作为指向别人、别物的动力,而且可以更求向上、更求圆满伸展,乃至转入并涵盖心理与精神层面。基本上,一探求意义的原初动力,是从吾人体验的身体(corps vecu)中的欲望开始。欲望的意义动力,透过获取各种形式的表象,先是非语言形式的,其后则是语言形式的,且在语言形式方面,先是口说的,其后才是书写的形式,使我们得以步步迈向有意义的生活,并预备其后获取更高级、更精致形式的语言,譬如艺术的、科学的、伦理的,甚或是灵修的等。

可见,人的原初欲望走向多元他者并建构有意义的表象,这是"传达"与"沟通"在人性中的根本动力所在。人的原初意欲在与愈来愈复杂的多元他者互动过程中,其所建构之诸表象及其关系网络也愈趋复杂,这点诚如皮亚杰(Jean Piaget,1896—1980)在其有关儿童的逻辑观念与人际互动成正比发展的研究结果所证实。换言之,人有走出自我封限的动力,指向有意义的表象以规定其所追寻的善,并指向多元他者,且在成就多元他者的善之时完成自己的善。可见,人是在动态关系的存有论脉络之中不断指向他人、他物,并在形成表象过程中形成有意义的世界,这是"传"的行动的人性论基础,并因此使各种形式的传输成为可能。至于乔姆斯基所谓"语言能力",或哈贝马斯所谓"沟通能力",将此一人性"动力"看成只是一种"能力",而且都只限于语言层次,哈贝马斯甚至只集中于论辩式的沟通。我不赞成将此种立基于人的存有的"动力",窄化为只是一种心理学意义的"能力",即使是先验的心理能力,也仍不足。此外,我们也需考量其他非语言式或先于语言式的沟通，甚至有白居易所谓"此时无声胜有声"，或庄子所谓"相视而笑，莫逆于心"的无言沟通的境界。

关于有意义表象的形成，人的身体在指向多元他者之时产生运动，特别是经由视觉、声音或表情等形式的表象运作出来，成为意义动力的接引，经由产出可理解表象之途，步步前进。人在指向多元他者并与之互动之中，先形成非语言的表象，进而形成语言的表象，并透过所形成的表象进一步与他人、他物进行表达、沟通与互动。意义动力从欲望中兴起，形成表象。从艺术哲学的角度来说，这也是音乐、舞蹈、表演艺术、书法、诗等艺术的共同根源，其间有着由非语言表象朝向语言表象的转变，无论如何，这些艺术形式其实都是"欲望的引诱者"，旨在诱出欲望朝向艺境的正向发展，同时也在人的意义动力有所窒碍，出现心理病征之时，有抚慰心灵的疗愈作用。借着声音、图像、表情等种种成像形态，艺术家规定了，明说了，导引了，并传达了人对于意义的欲求。

对我而言，艺术创作的初心是始自身体中走出自我的意义动力与原初慷慨，其中并无道、器对立，所追求的是道的揭露与道成肉身，并在其中企求扩充与圆满。人的身体中涌动着无穷的意义动力。的确，意义的涌动是出自身体，进而透过不同形式的表象，如声音、图像或表情等，在这一连串成像的过程中，意义的企图获得了特定化，也取得了某种可理解的形式。我同意荣格（Carl. G. Jung，1875—1961）所谓"成像"（imaging）之法，尤其是在晚近由他的后人刊行的《红书》（*The Red Book*）一书中揭示了许多心灵成像与艺术创作的奥秘①。不过，我认为人的身心所成之像，并不仅限于图像，而且还有声音的像、舞蹈与身体姿态的像，以及众像在动态中的综合。在我看来，身体层面的意义动力由前述种种成像过程，在语言和书写中取得其最富意义的形式。在此，人所追求的意义取得其最精致与巧妙的表诠。是以书法在自由挥洒之际，综合了人身体的运动以及意义展演之迹。

至于诗，则更是所有艺术形式的精粹，一如黑格尔所说。黑格尔因为语言所传达意义的非物质性与纯粹性，甚至将诗的艺术地位放在绘画与音乐之上。不过，我们可别忘了诗常运用隐喻，连接心中意象，并以音乐式的韵律来进行吟咏。书法和诗，是身体中意义动力任运成像的高峰但仍与其他成像过程相连，一而非一，不即不离。

简言之，哲学家有思想，历史家有叙事，艺术家有作品，道德行动者成就德行，等等，皆本于人对终极实在的把握，传达成为语言与图像的过程。从身体的运动到任运而成像，是"传"的过程；将成像表达为作品，再将作品传输于社会，甚至在时间中流衍而形成传统，乃至传输于异文化，与之交流都是"传"的步步扩充与发展。

三、文化论的考量

文化的流传大体上可区分为同文化内部的传衍和异文化之间的传输。同文化传统在时空差异与代代之间的传衍，赋予了某

---

① See Carl Jung. *The Red Book*，edited and translated by Sonu Shambadani，Mark Kyburz，John Peck（New York：W. W. Norton & Co.，2009）.

　　　　　　　　　　从慷慨外推到文明对话

些文化观念与产品以生命的延展，这是内在于同文化传统之中的传承与创造，我称之为"文化传衍"。至于跨文化际的文化传布，指的是在不同文化脉络中产生的观念、价值与产品及其传统，经由适当的传输方法，在另一异文化脉络中获得新的生命。若从跨文化哲学观点来看，文化传输主要关心的是异文化之间的文化传递；然而，同文化中的文化传衍与创造，往往是正面而富于成果的异文化传输的基础，也是异文化传输可以达至相互丰富的必要条件；对比之下，与异文化的接触往往也是促成本土文化求新求变、进行创造的挑战来源。这宛如生态学上，不同生态体系的交会，有机会促成较强的新品种的出现①。不过，就异文化交流而言，这一生态学的论述至多只能视为一种隐喻。

关于文化学上不同文化传统如何形成与交会，我不拟赘述。我只想从文化哲学上指出，由于有了某种文化传统，例如哲学传统如中国儒家、道家、佛教，或者艺术传统如西班牙高达隆（Catalunya）的艺术传统②，某种典型的观念、价值与表现方式与技巧才能获取有特色的规定与发展。然而，由于异文化际的文化传输或互动，会使得不同规定性中揭示的其他可能性得以展示，并因此打开了新的存在的可能性。

事实上，文化若缺乏某种规定性，总难以捉摸存在的可能性

① 参见陈良佐：《从生态学的交会带（ecotone）、边缘效应（edge effect）试论史前中原核心文明的形成》，见臧振华编：《中国考古学与历史学之整合研究》，台北："中央研究院"历史语言研究所，1997 年版，第 131—159 页。
② 高达隆的艺术传统源远流长，以致在当代产生了像达利（S. Dali）、米罗（J. Miro）、高迪（A. Gaudi）等艺术家、建筑家。

如何揭露？同样,若无法与其他更丰富的可能性的揭露相遇,某种特色规定性的发展终将趋于穷尽。某一传统在时间中的流衍,使得其中所含的可能性得以在其特色规定及其历史传衍中获得彰显。至于异文化的传输,甚至相互传输,会使得不同传统,无论是经由冲突或交流而建立对比性或相关性,往往是文化创新的机缘。由于在一文化内部,若无法形成某种文化传统则将无任何特色规定可以彰显,也因此,同文化内部的传衍总是优先于异文化之间的传输;然而,异文化之间的传输也是使得原有传统特色朝向新可能性与丰富性开放的契机。

然而,无论同文化的传衍或异文化的传输,都会历经各种的诠释与转化。我比较重视的是创造性的诠释过程,使得原先作品或论述中的价值与观念,能在新的时空与社会脉络中获得新的、创意的呈现或表达。中国文化里,有孔子"述而不作"的传衍方式,然其中实际上也有"以述为作"之意;再者,中国文化基于对经典的永恒价值的敬意,或艺术上对于天才书画作品的传移摹写,往往尽力以原作为法,力求如真地再现摹本,立意不更动一笔一抹,以求力显原初艺术作品独一无二的价值,以及大师天才开显的一次性。这是对于以单一原创性为典范的传衍。然而,即使如此,原作仍免不了经历不同的诠释。例如,王羲之的《兰亭集序》,是所有爱好书法者的心中典范,然而,原本已失,所存仅限临摹,如赵模、冯承素、欧阳询、虞世南、褚遂良等的临摹本,皆仍各有风韵,并不全然相同。

我透过外推理论来理解异文化的传输,至于异文化交流所产生的对话,则可以用"相互外推"来予以了解。根据我的外推理论,文化传输可以按照语言外推、实践外推和本体外推三层步骤,循序渐进地进行。首先,透过语言外推,一个文化传统可以将其论述、表现与价值翻译成或取得其他文化传统能够了解的论述、表现与价值形式,借此进行传输,看它们是否能因此而被理解与接受,或者相反地受到抗拒,甚或变得不合理。如果是后者,则必须对自己的传统进行反省,不要采取自卫式或其他更激进的护教方式来对抗。虽然在传输过程中总会有一些不能翻译的残余或意义硬核,但这并不足以构成反对翻译的论据;相反的,其中可共同分享的可理解性便足以证明它自身的可普性。如果人们只能在自己的文化传统中夸耀自家宝藏有多好,这仅仅证明了自身的局限性而不是它的优越性。

其次,透过"实践外推",某一文化传统中的哲学理念/文化价值/宗教信念,在传输过程中可以从其原先的实践组织脉络中抽出,放入到另一文化实践组织脉络中,看它在新脉络中是否仍然可理解/可行,或是不能适应新脉络因而变得无效。如果它仍然起作用,这就意味着它有更多实践的可能性,并在实践上有更高的可普性。否则,它就应该对自己的局限作出反省。

最后,透过"本体外推",某一文化或宗教传统中的人士,可以经由对实在本身/终极实在的体验或经由实在本身/终极实在的开显模态的迂回,进入到另一文化传统的微世界、文化世界、宗教世界。此种本体外推在异文化传统的宗教层面或在宗教对话中,显得尤为重要。如果对话者本身没有对终极实在的体验,宗教交谈只会变得肤浅。人对于终极实在的体验如果是终极的,应该具有某种程度的可普及性和可分享性,否则往往只是作为宗教排他主义的借口。进一步,我将不同文化传统相互传输所引起的互动交流或交谈,视为双方"相互外推"的过程。我想这一点可以修正伽达默尔(H. G. Gadamer)关于交谈的想法。我同意伽达默尔所谓交谈应向对方开放,妥善掌握语言,达至相互理解。不过,伽达默尔把交谈视为问与答①、口说的过程②,也因此认为文字总有文字障,不适合交谈。对伽达默尔而言,理想的交谈就宛如朋友之间促膝长谈,没有任何预期结果,只任交谈中兴起相互的理解。为此,在老师考学生、法官判案、医生询问病人等情况下,无交谈可言。然而,在我看来,在文化传输与互传之中,所涉及的往往是文字、图像与器物,伽达默尔式的交谈并不适用。更何况,文化传输与相互传输,尤其是文明交谈或宗教对话,带来了许多各自钟爱的观念、价值与信念并不是毫无预设,其目的尚未到亲密交谈中开显真理的高度,而只论及这些观念、价值与信念的可普性的测试与推广。为此,我将异文化交谈视为"相互外推"。简言之,在语言外推上,A 传统应把它主张的命题或理念/价值/信仰转换成 B 传统能够理解的语言或表达方式。同时,B 传统也应把自己主张的命题或理念/价值/信仰转换成 A 传统能理解的语言或表达方式传递。如果在此过程中,发生转换不成或转换之后窒碍难

---

① See H. G. Gadamer, *Truth and Method*, Second Revised Edition. Translation revised by J. Weinsheimer and D. Marshall (New York: The Contiuum Company, 1994), p.367.

② 高达美说,"Now we are to note that this whole process is verbal." Ibid., p.384。

行的情形,那不应该责怪对方甚或进行护教式自辩,而应进行自我反省与批判。

在实践外推上,A 传统应把自己的文化表达形式/价值/宗教信仰从自己的实践组织脉络中抽出,重新置于 B 传统的实践与组织脉络中。同时,B 传统也应把自己的文化表达形式/价值/宗教信仰等从自己的实践与组织脉络中抽出,重置于 A 传统的实践与组织脉络中。如果在此过程中,有重置不成或重置之后窒碍难行之处,同样不应该责怪对方甚或进行护教式自辩,而应该进行自我反省与批判。

最后,在本体外推上,A 传统应致力于经由实在本身的迂回,如对人、对社会、对自然或对终极实在的亲身体验,进入 B 传统的微世界、文化世界或宗教世界。同时,B 传统也应努力经由实在本身的迂回,进入 A 传统的微世界、文化世界或宗教世界,借以达成交谈与相互理解。

从以上"外推"与"相互外推"的论述看来,外推与自省是一个过程的两个动作。就哲学而言,自省而无外推,容易落入自我封闭的窠臼之中;外推而乏自省,则会掉入自我异化的情境。大哲学家们,即使说法不一,皆多少主张外推对于人生的重要性。以中国哲学为例,如在《论语》中孔子说"推己及人",在《礼记·孔子闲居》中子夏云"善推其所有",以及《大学》由修身而齐家,而治国,而平天下的层层外推过程。然而,外推而无内省,则必将在外物之中丧失自我,就如同庄子批评惠施"逐万物而不返"。在众多儒家代表里,既主张外推,又主张内省的哲学家,最杰出的是孟子。一方面,孟子说:"故推恩足以保四海,不推恩无以保妻子。"然而,另一方面,孟子也讲返回本心,强调尽心以知性,并谓"尽其心者,知其性也。知其性,则知天矣"。"万物皆备于我矣。反身而诚,乐莫大焉。"①的确,孟子哲学本身包含了外推与内省的动态辩证。

四、诠释与批判

前面在语言、实践与本体三种外推与相互外推过程中,我针对外推所遭遇的困难与问题,提出有必要进行自我反省与批判;而且,不论是对于所将传输或传衍的文化脉络,或对于所接受的传输或传衍的文化内容,双方都会进行诠释。换言之,异文化传输和同文化传衍的主体与过程,都涉及对所传输与已传衍的内容、形式与意义的解释、理解与批判。就此而言,我对于诠释的历程与规则有较为宽广的看法②。除了有必要改进从浪漫主义诠释学以降不断强调的"理解"与"解释"之外,我认为诠释本身还包含了,或至少应该包含了"批判"的成分。

简言之,异文化传输与同文化传衍中的诠释历程,包含了"解释""理解"与"批判"三个层面。这一论点是来自我研究 20 世纪诠释学的心得。

我曾综论当代诠释学方法③,择取贝蒂(E. Betti)、昌格尔

---

① 以上孟子引文见朱熹:《四书章句集注》,北京:中华书局,1983 年版,第 209、350、351 页。
② 关于我所主张的诠释的一般规则,参见沈清松:《中国哲学文本的诠释与英译——以〈齐物论〉为例》,见香港中文大学:《中国哲学与文化》第二辑,第 41—74 页。
③ 沈清松:《解释、理解、批判——诠释学方法的原理及其应用》,见《当代西方哲学与方法论》,台北:三民书局,1988 年版,第 21—42 页。

（P. Ricoeur）等人的方法诠释学之要意，以之为诠释学中首需注意的"解释"运作；其次，我择取海德格尔、伽达默尔的哲学诠释学要点，视为"理解"之运作；最后，我择取哈贝马斯、阿佩尔（K. O. Apel）对于哲学诠释学的批判要点，加上弗洛伊德（S. Freud）的心理分析，转化为诠释中的"批判"运作。总之，在进行诠释之时，文化传输或传衍涉及的任一符号系统无论其为语言性的或非语言性的符号系统，皆可通过解释、理解和批判三个步骤来进行。以下逐一呈现其要义：

（一）解释

一般而言，解释的运作是让所传输的符号系统（代表知识、观念、表达方式或价值）呈现其自身的合理结构，并用合理结构来进行解释。既是人的文化产品，符号彼此之间总会显现某种稳定的可理解关系，例如对立关系、互补关系、序阶关系、"包含—隶属"关系等。所谓解释，便是找寻出符号与符号彼此的可理解关系，用以显黜出符号彼此之间某种合理结构，借此认定其含义（sense）与指涉（reference）。所谓含义是符号彼此由于合理结构而有的内在关系；指涉则是符号指向符号以外的存在经验或事项。

（二）理解

在合理结构的指引下，可进而把握所传输的符号系统在存在处境上所揭示的意义。理解是体察出符号系统的合理结构所呈现的存在处境，如雅斯培（K. Jaspers）所言"界限状况"，或晚期维特根斯坦所谓"生命形式"，或伽达默尔所谓"人的历史条件"。狄尔泰(W. Dilthey)把理解当作是人文科学的知识论运作，其要点在于透过同情或同理心，重构作者的主观意向与创造力的风格。然而，今天我们必须接受海德格尔、雅斯培和晚期维特根斯坦的洞见，把理解当成对存在的可能性、人的界限状况或生命形式的把握。换言之，在面对一个传衍下来或传输进来的文化符号系统时，我们须能揭示其合理结构，进而把握其中所展示的人间世界或其与人的存在处境的关系，理解其所揭露的存在的可能性①。

(三) 批判

如果在语言外推与实践外推中，发现了推不出去或在重新脉络化过程中变成不合理或行不通的情况，不能一味怪罪别人，而应该自我反省，检讨自己在可理解结构与意义形态上的缺陷，反省自己在原则与方法上的问题与不足，这是第一层的批判。此外，批判也是经由反省的过程，现出无论是出自自我或对方，无论是个体或集体，来自历史或当前的社会关系、价值观与意识形态，由无意识转为有意识，进而弃劣扬优，甚至针对与所在地的相关性予以批判。解释和理解只针对符号系统在有意识的层面构成的意义，但符号系统亦有其无意识却仍有意义的深层在此，我接受弗洛伊德心理分析和马克思与哈贝马斯意识形态批判的启发。

---

① 关于理解与解释之关系之进一步阐明，尚可参阅以下两书：G. H. Von Wright, *Explanation and Understanding* (New York: Cornell University Press, 1971); K. O. Apel, *Understanding and Explanation*, translated by G. Warnke (Massachusetts: MIT Press, 1984)。

　　　　　　　　　　　　　从慷慨外推到文明对话

我认为，在个体层面，欲望及其冲突或压抑对于当前心理病征有结构性的决定，至于个人历史（不限于弗洛伊德所讲的儿时性经验）则对于现在的心理病征有生发性的决定。在集体层面，社会关系、价值观或意识形态对于当前的社会病理有结构上的决定，至于社会的形成史或历史对于当前社会病理则有生发性的决定①。针对某一输入或传下的符号系统加以批判，是透过反省，化隐为显，指出决定该符号系统产自的个体欲望与信念和集体的价值观与社会关系。

五、存有论的考量

如果说，在个人领域中，每个人会倾向于传达其意义世界于他人，自我表达，与多元他者相互交往，甚至共同建构有意义的生活；在集体层面，无论是在同文化内部进行意义典型的传衍，或在异文化之间进行文化传输与交流，相互外推，两者都有其存有论的基础。首先，"传"的活动假定了动态关系的存有论。正是因为每一存有物都是存在于多元他者之中，彼此具有动态关系，就如怀特海（A. N. Whitehead，1861—1947）所谓"普遍的相关性"（universal relativity），也因此才会彼此相互指向，因而产生意义。我基本上接受怀特海《过程与实在》（*Process and Reality*）中的宇宙论，不过，我略微不同意于怀特海的是，怀特海认为一综合了多，又成为等待新综合的多中之一，也因此存有是生成的结果，

---

① See J. Habermas, *Knowledge and Human Interests*, translated by J. J. Shapiro (Boston: Beacon Press. 1971), Ch.11 and Ch.12.

而且一旦存有，将又被纳入新的生成过程之中。我不认为存有是生成的结果，而主张存有就在生成之中，即生成即存有，"传"的存有论基础就在于动态的存有论，即生成即存有，也因而能即活动即存有。

　　尤其是人，更因为人的不限定的特质，因而不断超越某一规定性，朝向新的规定性。对我而言，正是因为人与多元他者是存在于动态关系存有论处境，才会欲望多元他者，并导向彼此，彼此传达，彼此交谈。这是说，我们人之所以会有导向性，是因为我们是关系性的，而且我们会借着导向多元他者，导向彼此，以构成意义。正由于我们是导向性的，所以我们才会不断需要取消距离，借着让距离消失，让彼此更为接近。为此，我不赞成海德格尔在《存有与时间》中，将消距视为优先于导向性①。基于人与多元他者的动态关系，人的导向性优先于任何消距的过程。而且人的导向性并不一定导向消距，因为在导向之中，有可能产生其他非消距性的状况。动态关系的存有论是前述人性论的基础。也就是说，在动态关系的存有论脉络下，人才会不断地指向他人他物，指向多元他者。在此脉络下，拉康所谓"欲望的结构有如语言""欲望是他者的语言"，才能获得正确而健康的理解。我说正确的理解，是因为欲望所指向的，不是抽象而与自我隐然对立的"他者"，

---

① 海德格尔将"消距"放在"道向"之前。他说："我们以主动而转换的意思来使用'距'一词，来表示此有存有的构成因素之一，此有消距以便接近某物，取消距离，是此有明确的实然模态。取消距离表示让距离消失，使某物在某距离的存有消失，带到近距。此有本质上即是在取消距离。"[Heidegger, M., *Being and Time*, translated by J. Macquarie & E. Robinson (New York: SCM Press Ltd., 1962), p.97.]

而是具体存在的"多元他者";我说健康的理解,是因为将人的处境理解为存在于具体的多元他者之间,并将欲望的导向指向具体的多元他者,人就会度过健全的生活,而不会在对"他者"的执着中生病。

所谓"文化传输"意味着走出自己,并走入多元他者,向他们传达自己的想法、价值与表达方式。然而,单只有自我"走出"(ex-stasis)并不足以构成传输;在自我走出之后一定还要"进入"(in-stasis)他者。换言之,传输的存有学地位,是在于一种动态过渡的存有,己方的"自我超越",到进入他方,并在他方可容受的规定之中"道成肉身"。这不像黑格尔的精神现象学,意识的自我走出,旨在自我返回。黑格尔那样思考,还是一种主体性哲学的观点,是以精神作为绝对的主体。我的想法,也不像梅洛·庞蒂(M. Merleau-Ponty,1908—1961)晚年所说:"真正的哲学了解到,自我走出就是自我返回,以及反过来(自我返回就是自我走出)。了解此一分立,此一返回,那就是精神。"①然而,无论是黑格尔或是晚年的梅洛·庞蒂都把这一存有学过程简化了。若是"走出"只是为了"返回",其间并无真正的外推可言,也就没有所谓的传输。事实上,若没有真正进入他方,也谈不上真正的返回。可见,自我走出,进入多元他者,再在多元他者的脉络中道成肉身,才有真正的返回,无论是返回来自我反省与批判,或是扩充与丰富自身的存有。如此经由多元他者的中介与落实,才完成由"走

---

① M. Merleau-Ponty, *Notes de travail* (Paris: Gallimard, 1964), p.252.

出"到"返回"的螺旋式进展,其间有着外推与自省的中介,而非像一条自衔其尾的蛇那样,单纯由"走出"到"返回"地自我循环。

值得在此提醒的是,我所谓"多元他者"意味着一种多元而相关的存有学。后现代哲学针对近代以来人的主体性的过度膨胀,提出"他者"(the other)作为后现代的形而上学展望①。然而,我在道家所谓"万物"、佛教所言"众生"与儒家所言"五伦"等观念的启发下,将"他者"概念修正为"多元他者"。我想,由于处在多元而相关的存有论处境中,人才会指向多元他者,并有向多元他者传输的必要,而且也因为此一必要,而有同文化在时间历程中代代传衍,以及异文化之间的相互传输。如果是在一元的存有论中,即使有任何"传"的行动,其最后结果总是同一的。然而,正是由于人总是存在于多元他者之间,才会不断自我走出,走向外人、陌生人;走出自己熟悉的领域,走向陌生环境,总之,也就是在多元他者之间进行外推。

无论"多元他者"作为一个形而上学的概念,或"外推"作为文化与人性的活动,两者都假定了对多元他者的开放与慷慨,走出自我封闭的主体性,迈向多元他者,不将多元他者化约为自我的建构物这一肯定本身就含有对多元他者的慷慨,优先于任何相互性。至于外推,也一样要求人自我走出,走向多元他者,以他者可以懂的语言与表达方式来讲述或传输自己的主张,并虑及彼此不

---

① 沈清松:《在批判、质疑与否定之后——后现代的正面价值与视野》,台北:《哲学与文化》2000 年第 8 期,第 705—716 页。另外,列维纳斯提出迈向"他者",主张以正义对待"他者"的"形而上学",以替代海德格尔以"存有"涵盖众有、忽视对他者正义对待的"存有学"。我则主张"多元他者",以代替后现代主义所言的"他者"。

同的实践脉络,究其实,也是一出自慷慨的行动。慷慨之德对于形而上层面的"多元他者"和人性与文化层面的"外推",都是基本而必要的。于是,我们可以将"即存有即生成",或"即存有即活动",这样的存有学命题放置到创造的脉络中理解。所谓的生成与活动,指的就是创造的活动。我们可以想象,以基督宗教神学来模拟,上帝或天主的慷慨自我走出,如果没有创造万物,并且到世上来降生成人,道成肉身,进而再将世界圣化,否则不能视为完成了。基本上,创造是来自慷慨的自我赠与。无论是道生万物、上帝创造世界,或是艺术家创造艺术作品,都是出自慷慨的行动。迄今在科学论述所能及的状态之前,宇宙的创造仍是一项奥秘。此一奥秘虽费猜解,我们总可将"生万物"或"创造"理解为道或上帝在无私的慷慨中,走出自己,产生万物(与人)的行动。总之,无论是中国哲学所谓的"化生万物",或基督宗教所谓的"创造万物",基本上都可视为一种慷慨赠与的行动,在其中,道或上帝走出自己,走向万物与人。可见,创造并不是如黑格尔所言,来自上帝的缺乏与无聊,而是来自道或上帝创造力的满盈,来自慷慨的赠与。由于慷慨赠与因而有了存在、生命和语言。宇宙万物与人的创造,无论其历程在人看来是如何缓慢与复杂,都是来自无穷无尽的慷慨。

　　艺术家的创作也是如此。创作就是慷慨的传输。"慷慨"关系到艺术创作的本质,而无关艺术家本人的个性或品德。无论艺术家的个性是大方或吝啬,其品德是利他或自私,当他创造艺术作品之时,皆有不容于己的慷慨,将灵感与技艺倾泻而出,而作品便是其慷慨的烙印与表记。有此慷慨,则下笔如有神;无此慷慨,则犹如江郎才尽,主体性再如何强悍,终究有笔端干涩之感。作品的形式可容形式主义的分析;作品的意象与境界可容体会与参验,作品所揭示的真理可以现象学、诠释学展示之。然而,这一切终究无法避免指向一个来自慷慨的创作与传输的行动。

六、结语

不论是微观层次个人的创作与传输,或是宏观层次的同文化传衍与异文化传输与交流,都同样假定了不封闭于己与对多元他者的慷慨。我们可以肯定,无论是传道、薪传、传灯、传输等,都不是为了强加一己之善于多元他者,而是出自慷慨的行动,为了自己所传的观念与价值所隐含的更大的可普化性,也是为了多元他者本身的善。换言之,不论自己的观念与价值有多好,文化的传衍与传输并不是为了自我表彰而是一种慷慨的赠与。有慷慨,才有真正的创造;有慷慨,才有真正的传输;有慷慨,才有真正的交谈。在此,我要特别指出,凡是值得传衍与传输的文化内容,无论是思想观念、艺术作品,甚或日常器物,都不是自恋的产物,而是人的原初慷慨朝向多元他者慷慨与延伸的表现。从文化传衍与传输的角度来看,文化的生命并不止于作品和器物,而是隶属于一个更广大的生命实践历程;而生命实践也将会转化作品的产出和意义建构的活动。人都是在实践意义、产出意义的过程中,认出自己是能够度过有意义的生命的。一个实践的生命同时也是一个在关系中自由的生命,或说是在自由中联系关系的生命。

总之，人的存在是一个不断建构与推广意义的过程，其中有外推与内省的不断辩证。外推起自人内在本有的走出自我封闭、迈向多元他者的能量，可以层层推展，不断进行扩充，推到更大的存在圈子，甚至传衍于后代，传输扩及异文化圈。然而此一过程假定了，也有助于人返回诚明与本真的自性。换言之，人是由于与多元他者的接触而能不断自省，返回内在本心达成自觉。个人是如此，群体更是如此。存在的相互交涉，回环交叠，相互丰富。在多元而动态的关系的存有学脉络中，人应在其中进行外推与内省的辩证，一方面由内在而超越，由自我超越而不断跨越边界，以便不断扩充人的存在；另一方面，在如此外推之际，人也变得更能自我了解、自我觉识、自我透明。文化的传衍与传输所见证的，正是这一生命的传动与发展的过程，并有贡献于这一过程，促成人的存在意义的扩大与发展。

第三节　近五十年来中西哲学的回顾与展望①

一、前言

无论是传统中国哲学，或未来可能形成的新的中国哲学，都必须放在世界哲学的脉络中来考量，才能显示其真正的意义与价值。国际化与本土化是相辅相成的，如果没有本土特色，也不知

---

① 选自沈清松：《沈清松自选集》，济南：山东教育出版社，2004年版，第3—38页。

道拿什么去国际化;如果没能纳入国际脉络中发展,所谓本土特色也显示不出来,至多只能顾影自怜,甚或夜郎自大罢了。

当前的国际哲学界基本上仍是以西方哲学为主流。虽说世称有中、西、印三大哲学传统,而且西方哲学也出现许多困境,也出现向东方寻找资源的情形,然而,无论印度哲学或中国哲学,或正兴起中的其他地区较小的哲学传统,仍然未能够和自古希腊以降发展的西方哲学一争世界哲学主流的地位。虽然目前哲学也有多元化的趋势,也因此各种哲学传统都将拥有更多自主发展的可能性,但整体来说,西方哲学仍居整个世界的主流地位。大体来说,当前的西方哲学仍然可以粗略地区分为英美哲学和欧陆哲学两种类型,本文将首先对此加以评述并略论其值得注意的趋势。

其次,本文将探讨五十年来中国哲学在发展中的一些问题,由于我较为熟悉台湾的状况,将特别以此为例,但主要目的仍是讨论中国哲学当前发展中的一些共通问题。半个世纪以来,哲学研究与教育活动的制度化、学院化现象十分明显,为各期中国哲学史之最,几乎所有的哲学工作者皆在大专院校或研究机构工作。这一特质使中国哲学的发展纳入现代教育制度与学术分工,有其专业化贡献,然在活泼性、参与性、前瞻性上亦有其限制。在此线索下,本文将讨论迄今融通中西较成体系的中国哲学三大方向,主要是想讨论中西哲学会通的一些基本问题方向。在展望部分,本文首先将针对哲学内外整合、国际化策略与研究环境改善等未来发展策略略加讨论,并在最后作一结论。

二、哲学的国际现况

（一）基本脉络

当前无论欧陆哲学或英美哲学，都十分受到近代西方哲学所形成的主流典范在20世纪六七十年代以降崩溃的影响，并受到其他科学风潮的波及，逐渐发展出新的面貌。简言之，当前的西方哲学主流典范崩解，替代性理论纷纷竞起，然而仍无替代性典范，因此呈露多元的局面；甚至极端到对哲学本身加以质疑，甚或加以解构。在整个当代学术发展过程中，主流典范的崩解可以说是最为明显，也是影响最为深远的大趋势。过去无论人文、社会或自然科学所遵奉的主流典范，可称为"实证主义的典范"，基本上这是建立在自然科学的方法与理趣上，采取实证主义的概念框架，并且将此一框架强加于人文与社会科学之上。此一主流典范，在科学研究上采取自然科学的方法论，对于社会的发展则是以"成长""进步"的标准加以要求，其所推行的理性基本上是工具理性和计算理性。

此一典范在20世纪初的欧陆开始动摇，早就有现象学、存在主义、诠释学及其后的批判理论等对其加以质疑，大体上是到了六七十年代，此一典范才开始宣告崩解。然而，迄今尚未有新典范的建立。虽然有不少的大型理论或哲学学说，竞逐新典范的地位，或是解构任何典范说，只满足于多元论、多元并立的情境。无论如何，对实证主义主流典范之批判与反省，深深地影响到英美分析哲学或欧陆兴起的各种哲学理论。

此外,整个科学研究领域也兴起许多新的现象,其中最值得注意的有两点。其一是科际整合研究的趋势。1968 年以降,科际整合已成为多种科学研究领域中必要的研究方法。例如,文化研究成为多种学科——像史学、哲学、文学、社会学、传播科学等的辐辏之处。又如认知科学的研究,也是在科际整合的方式下进行,像哲学中的知识论、电脑科学(集中于人工智慧和逻辑)、心理学(集中于认知心理学)和语言学、沟通理论、神经生物学等等,都来参与。

当然,"科际整合"的意思并不仅止于不同学科透过技术合作来共同解决急迫的问题,也并不只像区域研究的情况,不同学科共同研究某个区域以拼凑一个较完整的知识镶嵌图。科际整合应该还包含对科学事业的性质和意义的共同了解,以及对实在界的知识图像的共同建构。

另一值得注意的现象是,在哲学所隶属的人文社会科学领域中,正显示一种强烈且基本的对比张力:一方面有科际整合的潮流,使得存在于旧日学科之间的墙垣逐渐崩毁,因此研究的趋向是走向不同学科的会通,有更多的大型理论在兴起,也有综合数种学科的较大领域的研究方向和思想趋势正在汇集。但是,另一方面,一些新兴的、独特的、较少人注意的、弱势的领域,正以它的独特性或特殊性,或是以它研究对象的少数性或弱势性,而日益受到注意。例如对于妇女的研究,对于少数民族、弱势团体的社会学或政治学研究,对于正在消失中的族群的史学研究等等,都方兴未艾。这种情境正显示出"会通走向"与"特色走向""普遍化走向"与"分殊化走向"之间的对比张力,正在人文社会科学发展的内部推波助澜。依本人看来，此一对比情境对于科学研究也有长期的影响。哲学当然也必须对此种基本情况加以注意。

　　整体来说，前述实证主流典范的崩解、科际整合的趋势、人文社会科学中的对比情境三种基本处境正深远地影响着当前的哲学思潮。其中尤以对应主流典范的崩解，寻求新的研究路径最为明显。至于后两者，即科际整合与对比张力，也广泛地影响到哲学及其相关学科。以下兹分别就欧陆哲学现况和英美分析哲学加以评述。

（二）欧陆哲学与替代性典范的思考

　　欧陆自 20 世纪初迄今，兴起了许多丰富的哲学思潮，不一而足。大体上针对主流典范的崩解，并面对此崩解而兴起，多少自认为或被认为对原先的主流典范具有替代性的作用。不过，在我看来，它们也只是对西方近现代所形成的主流典范的某些反动或回应，仍称不上替代性典范。以下不根据出现的时序，而根据思想类型分为几个方向①。

　　1. 结构主义与系统理论

　　在欧陆兴起的哲学当中，比较重视研究对象的结构面并且透过结构面来进行对现象的解释的思想倾向，主要可见于结构主义。结构主义（structuralism）是从日内瓦的语言学派索绪尔（Ferdinand Sausure）的语言学结构主义开始，但是其后延伸到雷

---

① 沈清松：《当代哲学的思维方法》，新竹：《通识教育季刊》1996 年第 1 期，第 61—89 页。

维·史陀(Claude Levi-Strauss)的人类学结构主义，甚至发展为哲学的结构主义。也因此，它并不只是作为研究语言、文学或文章的研究策略，而且也被视为是分析社会和文化的方法，甚至是看待历史的基本看法。它把历史中出现的特定社会与文化视为是被基本结构所决定，而所谓基本结构是由一些对立的因素及其相互关系所构成。任何形态的社会和文化及所有社会现象，都被视为是基本结构所允许的可能性的某种排列组合而已。

大体来说，我们可以指出，结构主义有以下几点预设。

（1）结构优先于人的主体：人及其生命的意义或主观感受被视为不重要，甚至只是幻觉而已。有意义的行动无需诉诸主体的主观经验，唯有结构才能解释意义的产生。结构被视为是优先于主体所感受到的意义。

（2）共时性优先于贯时性：结构本身是个系统，它是超越时间的，结构所决定的各个因素在时间里是以共时的（synchronic）方式呈现的，至于时间里不同阶段、不同历史时期贯时的（diachronic）面向，都可以用共时的结构加以解析，而且被认为只是共时性的结构因素不同的排列组合而已。总之，贯时性必须经由共时性的结构因素来分析。

（3）无意识的原则：结构主义假设了一种无意识的原则，所有的行动主体都接受匿名结构的决定，任何人皆无法以有意识的努力来达致任何有意义的成果；因为所谓意义本身就是被结构以某种无意识的方式决定的。

由以上三点来看，结构主义所强调的是结构对于人文和社会现象的决定性。我们承认，必须重视结构，这点很重要。可是，人的感受、人文现象与社会活动的意义何在呢？不能只把意义化约为结构就算解决了。就这点来看，结构主义并没有提供任何相称的概念框架来替代实证主义，也因此在实证主义的主流典范崩毁之下，很难真正产生替代性的作用，只好说结构主义是原先主流典范的某种变形呈现而已。

不过，在结构主义之外，系统理论（system theory）提供了系统的分析，类似于结构主义，但是比较能照顾到结构主义中所忽略的动态的、发展的面向。一般系统理论（general system theory）的创始者贝塔朗菲（Bertalanffy）认为，一个系统是一套互动的因素，一方面系统里面的因素彼此互动，另外一方面诸因素也可以在时间中互动而产生变化。系统理论所提出的概念框架有助于我们分析生命与社会，因为它们也是由不同的因素互动而形成的，而且系统理论也注意到这些因素在时间中的变化发展。不过，系统理论仍然无法解决在社会与文化现象中至为重要的意义问题，虽然系统理论已经顾及时间因素，但就理论而言，仍然没法兼顾人所重视的感受与意义。尤其对中国哲学而言，对意义的感受和了解是十分重要的，也必须兼顾对人的主体、生命意义和人性的完成的讨论，当代中国哲学更注意这方面的问题。但这在结构主义和系统理论里就相当缺乏。所幸，这在以下现象学、诠释学和批判理论里受到相当的重视。

2. 现象学与诠释学

在本人看来，在20世纪最具有原创性的一个哲学思潮，可以说是现象学。现象学最关心的问题正是意义的问题，这一点是结构主义和系统理论所不及之处。结构主义和系统理论可以说也只是某种意义上危机时代的产物，因此也没有提出任何思想方向来克服意义危机的问题。在西方当代哲学中，现象学和诠释学对意义的考量最值得参考。

现象学的奠立者胡塞尔（Edmund Husserl）指出，必须返回事物自身，也就是返回主体对事物的体验中，事物最原初的呈现，此即现象。所谓现象学，就是研究如实呈现的现象的本质之科学。不过，此一呈现并不外乎人的意向性。胡塞尔认为，意向性正是每位认知主体指向意义并构成意义的原初动力。胡塞尔在成熟期的思想更重视还原到意义构成的源头，称之为"先验主体"，再从先验主体出发来彻底地构成意义。他在晚年则提出"生活世界"（Lebenswelt，life world）的概念[1]，指出每个人都在生活世界里，也就是在动感的经验（kinesthetic experience）、人与他人的互动和先于科学的脉络中，甚至是在整个历史过程中形成意义。综言之，若要了解意义，一方面必须顾及主体的意向性，另一方面也必须兼顾所居存的生活世界。

现象学从胡塞尔转到海德格尔，不再停限于主体，而是超越主体，讲求存有的开显与人对于存有的原初理解。所谓意义，基本上是人在向存在的可能性投现的过程中的可理解性。譬如，理解某一文学作品、艺术品的意义，是了解其中所揭露出的人存在

---

① Cf. E. Husserl, *The Crisis of European Sciences and Transcendental Phenomenology*, trans. by David Carr (Evanston: Northwestern University Press, 1970).

的可能性,而不是主体的意向性。当我们懂得一件作品时,不是懂得作者的原意或意向,而是理解作品所揭露出来的人存在的可能性。这一点使得现象学本身产生了转折。

海德格尔所理解的现象学,不再是本质的科学,而是存有学。"现象"就是那些能自行呈现者,而"学"也不再是科学的意思,而是一种揭露性的言说。换言之,现象学就是一种揭露性的言说,借此使得存有能以它自己的方式自行揭露。其所采行的基本上是一种"诠释"的方式,因此与诠释学接枝。

现象学从海德格尔发展到梅洛·庞蒂,将海德格尔所言存有(dasein)更具体化为"身体";他谈论"己身"(corps proper)、"肉身"(le Chair),认为是存有开显之场域,主张"身体即主体"与"体现存有"。一方面更具体,另一方面也钻研到了谷底,如果不再进而与知识与文化中的表象(representation)相协调,现象学似乎已到体验尽头。今后,根源与表象之间的对比张力是哲学终究必须面对和解决的。

诠释学给现象学带来进一步的发展,原因之一是它注意到像文本、艺术品、行为等的意义诠释问题。诠释学从海德格尔的哲学诠释学经由伽达默尔的发展,转而更注意在经典、人文传统、艺术的经验和历史意识,甚至整个语言中所揭露的真理。由海德格尔和伽达默尔所形成的,可称为"哲学的诠释学",其基本观念就是存有及真理的开显,并提防方法趋向宰制。至于如何经由方法而与当代科学对谈,提供经典诠释的判准,尤其提供意识形态冲突的仲裁的标准,则发展出所谓"方法的诠释学",像贝谛(Emilio

Betti)，特别是吕格尔（Paul Ricœur），透过方法的迂回，在存有理解中纳入结构性解释。经由方法的迂回，吸纳解释的作用，使存有理解更为丰富，进而指向存有的开显。不直接走存有学的捷径，而是绕由方法迂回的远路，来转回到存有的开显。方法的诠释学对哲学的诠释学有相当的补足作用，基本上呈现出解释和理解之间的张力。

吕格尔晚年所撰《时间与叙述》（*Temps et récit*），试图接下海德格尔的《存有与时间》，转向叙事文的研究，无论是历史的叙事或文学虚构的叙事，可谓西方哲学朝向"事上见理"的转折，也可说是回到希伯来和圣经说故事的传统。然而，自从希腊哲学以来哲学作为"概念建构"的传统，势必还会继续下去。究竟故事与概念如何协调？ 如何在两者对比张力之间找到哲学新的创造力泉源？ 这也是哲学今后必须认真思考的问题。

3. 批判理论与解构主义

以上现象学和诠释学所注意到的基本上是有意识且有意义的层面。但就意义而论，不但有有意识的意义，也有无意识而仍有意义者，例如欲望或意识形态，在个体或集体的无意识中决定人的思想和行为。就此而言，意义也会受到无意识的扭曲和宰制。当代哲学中批判理论从霍开默（M. Horkheimer）、阿多诺（Th. Adorno）、马库色（H. Marcuse），到哈贝马斯所致力的批判，贡献良多。

对哈贝马斯而言，批判就是一种自我反省，一种有意识的努力，借此把潜意识中的欲望或意识形态揭露出来成为有意识的，在自觉受到其影响的过程中，免于继续再受其决定。人对潜意识的批判，可以摆脱其决定，不再继续受其摆布，但并不一定可以取消掉它的存在。然而，由于不再继续受到个体潜意识（欲望），或者集体潜意识（意识形态）的摆布，人才能够和他人进行较为自由和负责的沟通，而不会继续对意义进行扭曲。所以，批判理论所谓的批判，也就是对个体或集体潜意识的反省。批判是一种自我的反省，也是一种启蒙的过程，使人不再受到无意识的决定，这一点是现象学、诠释学所没能做到的。也因此，对于意义的讨论有必要加上批判理论，始能在无意识而仍有意义的层面，更深刻地认清意义的整体性和动力①。

然而，除了批判理论的"批判"以外，在后结构主义中还提出"解构"（dee-construction），这出自德希达的解构论。基本上，所谓的"解构"就是把作品的结构加以显豁之后，证明其完全无效，也因此解除其规定。解构主义对于"理的中心论"（logo-centrism），或"欧洲中心主义"（Euro-centralism）深加批判。其所批判的是西方文化或形而上思想里最深层的部分，认为西方形而上思想都是受其语言所限制，而其语言基本上是以"理"为中心的语言，采用二元论思考，在二元当中只偏于某一元，贬低另一元。

对此，所谓的解构企划，基本上就是要颠覆或解除这些二元对立，而创造出一个空间，足以容纳更多的多元和差异，其中也包含不同文化或性别的差异。德希达提出一个所谓产生差异（différance）的概念，解除所有的差异偏好，产生更多的差异和多

① 沈清松：《解释、理解、批判——诠释学方法的原理及其应用》，参见《沈清松自选集》，济南：山东教育出版社，2004 年版，第 84—107 页。

元,认为唯有如此才能克服西方的形而上思维的二元性和差异性。在德希达看来,甚至连海德格尔对存有的看法,都仍然预设存有的中心性。因此,所谓解构就是要破除任何的终极性,而不断地产生差异。当然,这种对差异的看法也会有把产生差异绝对化的倾向。在晚近的研究当中,也有学者对德希达作类似的批评。

4. 后现代思潮

除了前面几种思潮之外,还出现后现代思潮,德希达、福柯（Michel Foucault）、利奥塔等人的思想,都被列入其中,对于近现代哲学中的现代性加以反省。现代性（modernity）基本上是由理性的概念、主体性的强调与表象思维所形成。后现代思潮质疑、批判、否定现代性,并进一步提出更为多元的游戏性概念,宣称主体的死亡,对于主体、自我多加批评与超越;另外,由于传播媒体的扩散,表象思维更加严重化,形成由表象（representation）向拟象（simulacre）的过渡。由于德希达、福柯、波德里亚（Baudrillard）和利奥塔等人的思想,后现代的思潮方兴未艾。对于先前崩毁的主流典范,又再进行更极端的质疑、批判和否定,使得哲学越来越脱离其学院派作风,而进入文化与社会之中运作①。

在后现代的风潮中,也兴起了争取性别尊严和平等的女性主义哲学（feminist philosophy）以及更为具体与局部化的应用伦理（applied ethics）研究。尤其女性主义哲学从原先对性别平等的探讨,到批判二元论（dualism）与普遍论（universalism）,到探讨

---

① 关于后现代主义,请参阅沈清松:《从现代到后现代》,台北:《哲学杂志》1993 年第 4 期,第 4—25 页。

女性的情感、德行与理性，甚至个别女性的禀赋、个人历史与文化熏陶造成的差异等，在情感现象学、实践哲学（包含伦理学与政治哲学）与知识论方面皆有新意。晚近更有几套女性哲学史的著作出现。这对此前太过以男性哲学家为主的哲学史，会有所改观。至于应用伦理在环保、族群、医学、战争等方面的实践关怀，更将促使哲学走入生活世界，强调实践哲学。

5. 建构实在论

除了后现代主义的批判与否定之外，在欧洲晚近也兴起一个逐渐发展中的思潮，称"建构实在论"（constructive realism），克服原先维也纳学圈（Vienna Circle）的困境而兴起的新维也纳学派（Vienna School），成员包含哲学家瓦尔纳、物理学家皮西曼（H. Pietchmann）、心理学家古特曼（G. Guttmann）、历史学家布鲁纳（K. Brunner）、科学组织学者费雪（R. Ficher），本人亦为其成员之一。建构实在论关切科际整合的知识论策略，大体来说，其主要理论可归结为以下三点：

（1）三层实在论。建构实在论原先主张有两层的实在，一是实在自身（Wirklichkeit，reality itself），一是构成的实在（Realität，constructed reality），每一门科学皆因着特殊的研究方法和知识内容，形成各自的微世界（micro-world），所谓构成的实在则是全体微世界的总称。这个区分类似于康德现象与物自身的分别，不过并不采取康德的先验哲学假设。两层实在论克服了逻辑实证论中反形而上学的弊端，肯定了环境的实在性，但个别学科只能建构微世界，不同学科应彼此多互动，共同形成更健全的构成的实在。但本人指出，为了避免为建构而建构，且越建构越破坏生活世界，应设置"实在自身""构成的实在"与"生活世界"三重实在，前两者由生活世界中介。经由本人的批评与重建，如今建构实在论已主张三重实在论。

（2）外推的策略。由于个别学科常封限在自己的微世界里，不适合进行科际整合，而波柏的否证论只适宜于每一学科内部的研究，不适合当作学科彼此互动的知识论策略。至于费耶阿本德的想法只能各学科各行其是，也不能达到科际整合。为此，建构实在论主张每门学科或研究方案应设法走出自己，把本学门（学科门类）的重要发现和主张翻译为其他学科可以理解的语言。此外，不同学科或研究方案的发展往往立足于不同的社会组织，因此也应向其他社会组织外推。一个学科在从事这两种外推时——语言外推和组织外推——所遭遇到的阻碍，往往显示本学门在知识论原理与组织文化上的限制，并借此反省进一步求得扩大。如果不懂得反省，那么该学科最多只能说是有建构微世界的技术，还谈不上是知识。

（3）实践主义的科学观。建构实在论主张科学哲学应该反省科学家的实际行动，而且其所提供的科学标准也是在于行动。建构实在论认为，如果一个科学建构不能为吾人展开新而有效的行动提供可能性的话，便谈不上是真的科学发明。

本人认为，建构实在论上述要点中最可取的是它的外推论，不但可以采用为科际整合的知识论策略，而且可以扩大成为文化互动的策略，从不同学科之间的外推，扩大为不同文化之间的外推。这点正是本人对建构实在论的主要贡献之一①。

(三) 英美分析哲学

一般而言,英美哲学界虽然也有和欧陆哲学互通有无的地方,但大体上可以说是以分析哲学为主要潮流。基本上,分析哲学涉及意义分析的问题,虽然它可以追溯到古典经验论,像洛克(John Locke)、柏克莱(George Berkeley)、休谟(David Hume)的哲学以及康德的思想,但基本上分析哲学是在19世纪末和20世纪初,可以说是由佛列格(Gottlob Frege)、维特根斯坦、罗素(Bertrand Russel)和摩尔(G. E. Moore)以及二三十年代维也纳学圈的逻辑实证主义者等奠定基础。其中尤其以佛列格的工作具有奠基性,由于佛列格发明了现代的符号逻辑,从此发展出整套语言哲学,对于分析哲学具有奠基性的作用。无论是就其所发明的现代逻辑,其谓词计算提供哲学分析以基本工具,或就他将语言哲学视为整个哲学工作的核心部分而言,都是19世纪末分析哲学最重要的一个事件,为而后的分析哲学奠定了基础。以后再经由摩尔、维特根斯坦、维也纳学圈以及50年代牛津日常语言学派的发展,作出相当大而且重要的哲学贡献。

基本上,分析哲学也跟上述所谓主流典范的崩解有密切的关系。原先在主流典范崩解之前,分析哲学可以说是主流典范在19世纪末和20世纪初最明显的一种表达方式,但在主流典范崩

---

① Cf. Vincent Shen, *Confucianism*, *Taoism and Constructive Realism* (Vienna: Vienna University Press, 1994).

解之下也产生了转移。这一转移最主要的因素就在于原为分析哲学所主张的一种基础论科学观的破灭，以及有关综合命题与分析命题、描述语词与评价语词两个重要区分的打破。

所谓"基础论的科学观"认为，所有的语言或对于实在界的描述，可以化约到一个最基础性的描述。例如，像卡尔纳普所做，将社会、文化、历史层面化约为心理层面，将心理层面化约为生理层面，将生理层面再化约为物理层面。基本上，所谓的基础论的科学观，就是一种化约论的科学观。在这种科学观之下，会把丰富的语言化约为单一的语言。然而，自从维特根斯坦的《哲学研究》（*Philosophical Investigations*）提出"语言游戏"（language game）[①]、"不同的语言游戏对应着不同的生活形式"，而且语言的"意义"主要在于其"用法"，从此，对于语言的讨论，再也不能把各种语言游戏化约为只是"描述"，或把所有的"使用"化约为只是"指涉"（reference）。其实描述只是许多语言游戏之一，而指涉也只是许多语言字词的使用之一。如果说各种语言游戏不需要另外有基础，或是说，不能把某些语言游戏化约为某一种游戏的话，那么语言本身就不再有必要追求一个基础，基础论的科学观也因此逐渐被打破。

关于两个重要的区分，一是"综合"与"分析"的区分，一是"描述"与"评价"的区分，也都是在原先主流典范的思维下成立的。首先是关于所谓分析与综合的区分。分析的命题就如"所有的鳏

① Wittgenstein, L. *Philosophical Investigations*, trans. by G. E. M. Anscombe (Oxford: Basil Blackwell, 1968).

从慷慨外推到文明对话

夫都是未结婚的""二加二等于四"等等,这些命题的真理完全依赖其中所含语词的定义,因此其真或假也是可以先于经验而知道的。至于综合的命题,例如"台湾的男性多于女性"或"未结婚的男人会比结婚的男人死亡率高",这样的命题则是属于经验事实,不能单靠定义决定其真假,称为综合的命题。这一区分十分明显地区别了在科学或日常生活中有真假意义的命题,以及在形而上学、神学或其他文学中无真假意义的命题。意义是仅视其真假而定的,至于一个命题的真假则可用可检证的原则来确立。甚至有一阵子流行说,一个命题的意义就是其检证的方法。

然而,此一区分在奎因(Willard Quine)于 1951 年发表的《经验论的两个教条》[①]文中受到攻击,他指出这种区分的不足,因为无论是分析命题或综合命题都需不断地再加以调整修改,没有一个对修改免疫的命题。也因此,无论是先天的真或是经由经验检证而后真,两种命题的区分是不能成立的。尤其是这种区分都是把语言或命题视为原子性的,一个个的命题皆需分别视其为分析性或综合性来判别真假,并以此为检证的方式。事实上,奎因指出,语言是整合在一个整体的网络里面,是我们所持有的许多命题作为一个整体来面对经验,且需要不断地调整,而不是单独、个别的命题,因其分析性而视为先天的真,或因其为综合命题而需视其检验结果是否在经验上为真。也因此,依照奎因,并没有过去哲学家所明确分类的定义,而且那些被分类为分析命题

---

① W. V. O. Quine,"*Tow Dogmas of Empiricism*",in *The Philosophical Review*,Vol.60,1951.

者,事实上也很难被指认为是分析性而先天为真。

这样说来,哲学的分析不能够完全脱离其他个别的科学研究。原来在实证的主流典范之下所作的分析和综合之区分,使得哲学和科学还是有别。哲学是在各种科学之外检查后者语言的逻辑关系,并检查语言和实在之间的关系。但如果把分析、综合的区分消除,哲学就不能完全从其他特殊科学区分开来;相反地,哲学是跟其他的科学相衔接,甚至相重叠,必须不断地调整以检视其真理。这一点对于我们后面所要讲的哲学学门与其他学门的关系,也颇有重要性,随后再述。而另一个区分,是描述与评价的区分。这区分涉及两种命题。描述的命题是可以真可以假的,但是另有一些命题只是用来表达情感的。例如,"过去十年中窃盗率有相当程度地增高",这是一个描述性的命题;但如果说"窃盗是恶的或是错的",则是一种评价性的命题。这种区分也是在实证的观念框架之下作的,分析哲学基本上把自己限制在陈述真理上,而不是提供评价。哲学主要是在陈述分析性的真理,就是陈述我们的语言、各种概念之间的逻辑关系,哲学所从事的就是研究在各种科学或是日常生活中的语言结构,并对之加以逻辑性的探讨。可是在奥斯汀(J. L. Austin)所提出来的语言理论中[1],不但排除了分析和综合的区分,而且也排除了评价和描述的区分。他指出,在我们使用的许多语言中,并不只有用来作辨认或描述的,而且更有些是用来做事或行动的。比如在结婚典礼中说

---

[1] Cf. J. L. Austin, *How to Do Things with Words* (Cambridge: Harvard University Press, 1962).

"我答应嫁给你"，或主婚人宣布说"我宣告你们两人成为夫妇"，这样的语言不只描述一个承认或结婚而已，而且它就是终身承诺或宣告结婚成立的行动本身。在这样的情况下，语言哲学不再是哲学里唯一的核心，它又重新回到了行动的领域，成为行动哲学的一部分，甚至成为心灵哲学的一部分。这里又涉及说话者的意向等问题，使我们可以进一步把各种不同说话者的意向带来。在这种情况下，就不能单纯地区分描述与评价，或只保留描述语句具有真假；相反地，在许多行动的语词当中，同时也包含了真假的意味，但是除了真假以外，它还在行动当中显示得体或不得体。

整体来说，由于维特根斯坦的语言游戏理论拆解了基础论的科学观，奎因对于两个教条的批判拆解了分析和综合的区分，奥斯汀的语言行动理论拆解了描述和评价的区分及其中隐含的化约倾向，使得分析哲学开始了各种更为丰富的运动。再加上罗尔斯（John Rawls）的《正义论》（*Theory of Justice*）对于政治和道德哲学的探讨，使得原先的契约论在分析哲学的脉络中获得了大发展。道德哲学或政治哲学不再像过去由于评价和描述的区分而受到忽视。罗尔斯的《正义论》把分析哲学扩大到道德和政治的领域。

在科学哲学方面，也由于实证论的动摇而产生了许多变化，由原先对于检证原则转向确认原则，再转向波柏主张的可否证性原则。自从库恩（Thomas Kuhn）的《科学革命的结构》出现之后，科学不再被视为是一个渐进的、稳定的知识累积，而是某一种间歇性的、阶段性的革命现象，把先前的典范加以推翻，成立新的典范，在新的典范下出现新的正规科学的过程。库恩的这种看法使得科学的图像不再是一个稳定的知识累积的过程。至于费耶阿本德(Paul Feyerabend)则更进一步挑战"有一个唯一理性的科学方法"这种观念,提倡所谓无政府主义式的(anarchistic)方法,方法只要行得通,就可以使用,并不一定仅限于某些方法才是科学方法。这些历史主义和相对主义进一步对原先分析哲学的主流性格或实证性格加以解构。

以下有几个趋势值得进一步加以注意:

1. 分析哲学与认知科学

认知科学基本上是科际整合性的,其中包含了心理学、语言学、知识论、电脑科学、人类学等等。分析哲学在这其中的参与,主要是在知识论方面的参与,然而,在排除原先逻辑的行为主义论调之后,分析哲学在这方面似乎比较接近于一种逻辑的或科学的唯物主义,譬如从电脑或人脑的场域来思考人的思想或知识的过程。原先分析哲学对于所谓"心灵"多少是视为非物质的,明显地有心灵与物质的二元区分。如今在认知科学的研究上却产生相当的转折,将一种心物二元或者非物质性心灵的概念视为是不必要的。

2. 意义的意向性考量

其次,就是对意义的探讨也加入了意向性的考量,这一点也跟欧陆的现象学有异曲同工之妙。从奥斯汀《如何以言行事》(*How to Do Things with Words*)和希尔勒(John Searle)1969年出版的《语言行动理论》①之后,有葛来士(Paul Grice)用对话、沟

---

① John R. Searle, *Speech Acts: An Essay in the Philosophy of Language* (Cambridge University Press, 1969).

通的方式来理解意义,涉入了主观的意义层面,而这种层面甚至可以延伸到非直接的语言行动,或一些隐喻性的语言使用。例如隐喻(metaphor)在日常沟通之中可以完全达成理解的作用,因为在沟通的情境当中的说话者与听者,无需花任何努力就可以透过这些隐喻来达成相互的了解。这其中不但有语言的结构面问题或真理的条件问题,而且进一步还有沟通的意向,以及让对方了解我沟通的意向的因素包含在内。

在意义的研究中,除了考虑意义的意向层面之外,也还有继承塔斯基(A. Tarski)的真理理论以来的"真理条件论",尤其是奎因和戴维森(Donald Davidson),主张必须考量一个语言的真理条件,例如"S 在 L 语言当中是真的,若且唯若 P"(S is true in L,if and only if P),如说"白雪是白的,若且唯若雪真是白的",这是所谓的真理条件。透过真理条件来确定语言的意义,仍然在语言的意义理论里继续延伸。

3. 其他研究趋向

除此以外,分析哲学在当前还继续许多其他方向的研究,尤其是由维特根斯坦晚年开出的许多研究面向,包含美学、数学、哲学、心理学,例如对信念、希望、恐惧、愿望、需要、期待、感觉、痛苦、看见等等这些不同的概念的进一步的探讨,或涉及所谓"隐私语言"的问题。此外,人的心理现象和自然现象之间的基本差别,人是不是按照规则来行动,或是遵循规则来行动的问题,克里普克(Saul Kripke)有许多发挥。还有某些哲学的怀疑论也在分析哲学里继续延伸,像克拉克(Tompson Clarke)和史特劳德(Barry

Stroud)对怀疑主义的进一步推展。另外,分析哲学也继承了罗斯等人的努力,在社会哲学、政治哲学方面进一步加以延伸。心灵哲学的重要性也不断升高,更整合了意向性的心灵哲学,使传统的身心问题重新获得了不同的处理。这些可以说是分析哲学的一些新的基本研究倾向。

(四)值得注意的要点

归结上述当前国际哲学界趋势,在当前研究的动力上,有以下三点值得注意:

1. 越来越严格的专业化

无论是英美哲学或是欧陆哲学都有各自一套专业的语言、分析或论述的技术和视野,有专门的研究学群、专门的出版刊物和论述场域。哲学专业化仍然是一个不可避免的趋势。这一点对当前台湾的哲学研究者也有非常重要的意义。因为如果不至少熟悉一种国际性的哲学趋势,娴熟其历史、语言、方法,并能作精良的分析,就非常难以和国际学界相互沟通。专业化是目前台湾哲学界急需加强的重要素养,也是非常重要的要求。为此,学习其中一个或数个方法、语言与历史,将是与国际哲学界对话不可避免的条件之一。

2. 哲学与哲学内部和外部的互动越来越密切

前面讨论分析哲学时已指出哲学与其他科学有越来越密切的关系,也因此哲学与其他学门的思考越来越有整合的倾向。欧陆哲学也是一样,现象学被广泛地运用到人文和社会科学甚至自然科学的思考中。诠释学对经典与艺术的诠释也与各人文学科，无论文学、艺术、文化研究，皆有越来越密切的互动关系。就整个国际视野而言，哲学不能停留在本学科的领域当中，而必须与其他学科保持越来越多的互动。

换言之，关于学门整合问题，无论是就英美分析哲学，或就欧陆哲学趋势而言，显而易见的都必须进行学门整合。基本上，分析哲学和个别自然科学以及政治、社会、法律、认知科学等，互动较为密切，整合性愈来愈高；而现象学也与各人文学科、社会科学或自然科学的某些领域，有愈来愈密切的互动关系，至于诠释学则和人文学科，尤其是文学、艺术和文化研究，有越来越密切的关系。这一趋势显示哲学不能只关心自己的历史、语言、技巧和方法，而必须进一步关切其他学科，对其他学科关心的问题密切注意。这一点表示哲学工作者必须一方面打破藩篱，追求扩大，另一方面越发专精，寻求特色的对比张力，更要有深刻的把握。

3. 哲学本身自我批判、质疑、否定，甚至越来越非学院化的趋势

哲学的自我批判和质疑，一直是哲学本身所含的基本动力，在当前的分析哲学里表现为怀疑主义（skepticism）的探讨，在现象学、诠释学、批判理论、结构主义、后现代主义中，也不断对哲学自身进行更彻底的反省、质疑和批判。这并不是说哲学要动摇自己的根本或哲学有自毁的癖好，而是说哲学要寻求更大的彻底性，只有更大的彻底性才会带来更大的希望和更多的可能性。

另外，在后现代主义的推波助澜下，哲学也越来越从学院派的研究中走出，走进各种行动、文化或社会的脉动之中。哲学的

学院化在近代西方哲学可说是从康德哲学开始,其后哲学基本上纳入大学,成为大学的哲学(Philosophies of Universities),也因着制度化和学术分工而更专业化、学院化,变成一种专业的技能。但是,这种专业技能也逐渐失去其和生活世界的接触,失去它本有的动力。后现代主义质疑的因素正包含这一点。其目的是要返回更深刻的与生活世界的联系,也因此在后现代主义的推波助澜下,哲学非学院化的趋势日愈明显。这一点是十分值得注意的现象,因为在哲学界越来越学院化、大学化、专业化的情况下,往往忽略与学院外和与生活世界的联系,忽视了对社会更多投入的需要。在整个国际哲学界,这种趋势也是与日俱增、愈加明显。这对中国哲学界而言,应该带来更大的反省和刺激。

三、中国哲学的省思

(一)哲学纳入制度框架中发展

中国哲学本是出自忧患意识的生活智慧,本为关怀个人与群体命运的思想与实践。但近五十年来,中国哲学的发展可说是配合制度性因素,也就是由学者、教师、研究人员,在各大学哲学相关系所与研究机构中,经由研究与教学历程而发展,而不是单纯由个人因应时代与社会,自发地兴起的思想发展与延续。这点与先前各期中国哲学发展略有不同。这是因为清末民初西式大学设立,自此哲学研究多与大学与研究机构有关,但此前仍多自发性、非学院派的哲学思索与写作。像蔡元培、熊十力、梁漱溟等人,虽多少与大学有关,但他们的哲学思想却是自主的事业。但是哲学转到台湾之后,制度化、学院化现象更为明显,为各期中国哲学史之最。几乎所有的哲学工作者皆在大专院校或研究机构工作。这一特质使中国哲学在台湾的发展纳入了现代教育制度与学术分工之中,一方面有其专业化贡献,另一方面在活泼性、参与性、前瞻性上亦有其限制。

(二) 研究的基本方向

欲确认当前中国哲学研究的基本方向,首先须在中国哲学传统中予以定位。中国哲学有其长远传统,本人曾把中国哲学的发展区分为四个时期:第一阶段是先秦时期;第二阶段从两汉、魏晋南北朝一直到隋唐;第三阶段是宋明哲学时期;与当前台湾哲学最为相关的是第四时期,始于 16 世纪末叶意大利天主教耶稣会士利玛窦(Matteo Ricci)将西方的科学、哲学与宗教带入中国。从此以后,整个近代中国哲学思想工作的最重要的课题,就是面对西方思想的挑战,予以会通并创造新思想。可以说近代以来中国哲学的根本特性就是面对西方哲学,再塑特色。

当前中国哲学的发展,大体上是第四时期问题的赓续与发展,面对西方挑战,并加以会通,就像当初第二时期中国哲学面对佛学挑战一样。如果此一工作在中国台湾、大陆及其他海外华人哲学工作者的努力下达至成功,中国哲学将有希望在崭新脉络中创造出新颖、具世界性价值的哲学思想。届时中国哲学将可堂堂进入第五时期。

虽然哲学是人文社会科学之根本,然而国家发展与社会风气皆尚未能注意及此。值得注意的是，近五十年来，中国哲学研究已经产生某种程度的中西会通体系，不再像过去，只有介绍西方哲学和整理中国古代哲学而无独创的哲学之感叹，像方东美、唐君毅、牟宗三、罗光各位先生都是在 1949 年以后迄今四十余年的时间之内才完成其所致力的会通中西的哲学体系。在中国大陆，像冯友兰、贺麟、朱光潜等人，也都形成了某些中西融合的哲学成果。

目前所谓"中国哲学"的内涵，并不限定在中国哲学史的研究，也不限于传统中国哲学，不能说只有研究老庄、孔孟、宋明理学等传统题材与活动才是中国哲学。此外，中国人对整个中国的处境与所面对的问题，也必须作哲学的反省。比较正确的说法是，当代中国哲学既包含了对传统中国哲学的研究，也包含了当代中国人对于西方哲学或传统中国哲学的题材、中西哲学关系的一般问题，以及对现代社会各种问题所作的基础性、整体性、批判性的思考。

以台湾为例，近五十年来台湾哲学界已经发展出几种会通中国哲学与西方哲学的体系。会通中西哲学可以说是当代中国哲学的主调，而且在台湾的哲学界形成的一些融合性的哲学体系，可说是目前哲学在台湾最重要的研究成果，其意义相当深远。

我曾在《哲学在台湾之发展（1949—1985）》一文中将它们归纳为三个会通中西哲学的方向[①]：

---

① 沈清松：《哲学在台湾之发展（1949—1985）》，台北：《中国论坛》1985 年第 1 期，第 10—22 页。

第一，机体主义或兼综的会通导向。所谓"兼综"的意思是指它在会通对象方面，在西洋部分，不计较它是西洋上古哲学、中古哲学、近代哲学或当代哲学；而在中国部分，也不偏待儒家、道家或是佛家；甚至印度哲学的精义，只要能够对于实在界或人能有宏大完备的了解，换言之，只要能发挥形而上学和人性论的精义，都拿来加以会通。此一会通的导向以方东美先生为代表。方先生的弟子们继续以其精神探研哲学，其著作亦继续启发后进，迄今仍有许多论著或博士、硕士论文加以引述或阐扬。

第二，当代新儒家的会通导向。新儒学在当代继续发展，主要针对清代学风和西化趋势重振新儒学，继续宋明新儒学，尤其陆王心学的发展，重视其中的心性之学，奠立人的典范，挺立人的主体性，要在马列主义与西方科技影响之下，重立中国人的主体性。在西方哲学方面，则致力于会通近代的德国观念论，如康德哲学、费希特与黑格尔的哲学，主要强调人的主体性的先验结构与发展动力，以期能为现代化的科学与民主奠基。这方面的融合导向以唐君毅与牟宗三为代表，目前最受到海内外中国哲学研究者的瞩目。

第三，中国士林哲学的会通导向。继承利玛窦及中国士人如徐光启、李之藻等人在综合士林哲学与中国哲学方面所作的努力，在中国哲学方面较重视先秦儒家，西方哲学则较重视亚里士多德、托马斯以降之士林哲学传统，旁及当代新士林哲学及其他当代哲学思潮。这个导向以吴经熊、罗光为代表。

此外，当代中国哲学界也不断地继续引进并研究西方的哲学思潮,例如逻辑实证论、分析哲学、存在主义、现象学、结构主义、诠释学、批判理论、后现代主义等等。大体言之,以上三大综合方向也是在大学的脉络中完成的,然其思想仍浸润着更广泛的文化经验与生命智慧,至于西方哲学的研究则全然是学院式的研究工作。不过,在以上三大会通取向大致完成之后,门人一方面继续此前的研究取向,在前人的成果上继续研究;另一方面则配合制度性与学术分工的要求,无论如何,皆越来越朝向专业化的哲学研究发展。

(三) 现阶段中国哲学研究的基本问题

现阶段的中国哲学研究的主调仍在于面对西方挑战,进而创造新时代的中国哲学。西方现代思潮的引进,如果不经过一种消化的努力,也无法成为中国哲学本质性的因素。基本上,现阶段台湾哲学研究的基本问题就在于从原有的中国哲学资源出发,来对其他(西方)的哲学资源,进行吸收、对比与创新的工作。

然而,在今天,此一会通工作须面对来自库恩所提出的"异准性"(incommensurability)概念的挑战[1]。此一概念从科学史往人文和社会科学,甚至往哲学中延伸,使许多学者意识到不同传统的中国和西方的哲学学说,例如儒家哲学、道家哲学、佛家、德国观念论、士林哲学等等,很可能彼此没有共同标准,也因此无法比较和会通。其原因一方面是它们在观念和理路内在结构上的不同;另一方面也由于它们的外在关系,诸如所面对的时代问题

---

[1] Kuhn Th., *Structure of Scientific Revolution* (Chicago: The University of Chicago Press, 1962), pp.198 - 204.

以及社会文化问题的差异。麦金泰尔（A. MacIntyre）曾经以儒家和亚里士多德对于德行的理论为例，指出："亚里士多德哲学和儒家哲学都各自有其人性论，以配合其德行理论，而且并没有任何充分的、中性的概念为助，这两个道德理论彼此是异准的。"①虽然如此，麦金泰尔仍然承认，虽然两者是异准的，但并不表示相互的了解也因此被排除。

不过，我要指出，在此所谓的相互了解要求我们将另一理论翻译为自己的语言，或将自己的理论翻译为别人的语言。就此而言，前述面对西方挑战的方式可以视为一种"语言获取"（language appropriation），也就是一种采取、适应并擅长数种哲学语言的历程，借以使自己的哲学传统能让其他哲学传统明白，并且使其他哲学传统能被自己的传统所理解。

此外，我认为"异准性"的概念也不阻碍现代的哲学家去研究西方哲学。对于西方哲学的学习和会通的目的在于：① 使用西方的哲学语言，作为翻译和显题化中国哲学观念的一种工具；② 使用不同的哲学语言，来显豁并表达各种文化经验；③ 采取当代的哲学语言，借以表达从生活世界的脉络中兴起的哲学观念。就此意义而言，所谓会通中西哲学，或是预备此种会通的哲学研究和教育的过程，本身就可以视为是一种语言获取的过程，其目的不在于为会通而会通，而是为了创造新的思想形式。

---

① McIntyre A, *Incommensurability，Truth，and the Conversation between Confucius and Aristotelians about the Virtues*，paper presented at the Sixth East-West Philosophers Conference，Honolulu：Hawaii，July 1989.

因此，单单把哲学的会通，视为是数种哲学观念彼此的会通是不够的。所谓哲学的会通，是一种获取数种语言以便向新的创造开放的历程。透过新的语言，可以将吾人的哲学经验翻译成可理解的论题，也因此在历史和文化的变迁当中，能够达成自我理解并理解别人。例如，牟宗三的哲学是立基于他的知识批判的经验，唐君毅的哲学则立基于其道德经验，而他们所分别获取的语言，无论是康德的哲学语言或黑格尔的哲学语言，实际上是被视为一种将传统中国哲学现代化，并赋予科学和道德以先验基础的哲学思考方式。至于方东美，则是以美感经验作为其哲学经验的核心，其所采取的哲学语言并不特定于任何中西的学说，而是在于兼综地融合于形而上学和人性论这两个支柱之上，其目的在于以整合性、有机性的视野来重构中国哲学的整体。至于罗光则是将其哲学奠立在其宗教的经验上，过去此种经验曾被士林哲学系统地加以表达，而罗光从这个传统出发，回溯到中国哲学，尤其希望透过古典的儒家哲学来使其宗教信仰适应本土化的需要。

以上数位哲学家也都是在大学的脉络中进行哲学研究，但他们的哲学心灵仍是出自丰富的文化经验，不像目前有些哲学研究者只顾专业研究，无视文化与社会。话虽如此，以上数位哲学家的中西会通体系仍然只是在不同中西哲学体系中进行会通，而未在生活世界中进行会通。

总之，中国和西方哲学的比较与会通，不能停留于前述几位哲学家在观念系统上的会通工作，此外，更应进行哲学语言丰富化的过程，终究目的则在于面对遽变中的"生活世界"，重振哲学的创造性①。哲学家在今天面对了一个不断变迁的生活世界,此变迁之烈远甚于任何过去的时代,哲学亦应成为这个形成中的世界的建构性因素。

为此,哲学家不但要能合乎专业的要求,而且要能保有对生活世界的关切与自发性、活泼性、参与性与前瞻性。尤其在后现代主义的挑战下,当前哲学有返回康德把哲学变成大学哲学教授或高级研究员之专业之前,回到非学院式的、活泼的哲学思索(philosophizing)之趋势,颇值哲学工作者注意。

对于当前两岸的中国哲学家而言,今后中西哲学的会通应在生活世界之中进行,而不仅止于观念系统的综合②。尤其是两岸的现代化历程都隐含着哲学反省的必要。尤其在兴起中的后现代主义运动当中,此一现代世界的现代性正遭到批判、质疑和否定。在现代与后现代当中,中国人的心灵必须自觉地,也就是有哲学思想为依据,导向其未来。

就此而言,当前中国哲学的研究和教育,必须意识到落实哲学的基本方向。落实的工作不只是在衔接传统与现代,更要衔接哲学与社会、科技与人文。在台湾当前的哲学研究与教育当中,事实上有关人文与社会科学的哲学基础的研究与教学是十分不足的,在此不是指西方哲学意义下的社会哲学、政治哲学、经济哲

---

① Shen V., "Creativity as Synthesis of Contrasting Wisdoms: An Interpretation of Chinese Philosophy in Taiwan since 1949", in *Philosophy East and West*, Volume 43, Number 2, pp.279 - 287. Hawaii: University of Hawaii Press, April 1993.

② 关于"生活世界"概念,吾人采用胡塞尔的见解。参阅拙作 Vincent Shen, "Life-World and Reason in Husserl's Philosophy of Life", in *Analecta Husserliana*, Vol.17, ed by A. T. Tymieniecka, pp.105 - 116. Holland: Reidel, 1984。

学、法律哲学……而是就整体中国哲学如何回应当代生活世界的人文、社会问题而言的。评估整个当前台湾的哲学研究，从本土的哲学出发来回应当前人文、社会问题的哲学研究和教育，依然是十分微弱与缺乏的，这是今后哲学的研究与教育值得开展的地方。

四、今后哲学发展策略

面对前述的国内外哲学情势的分析，以下我将略微讨论今后哲学的发展策略问题。在本文中，配合本文论证重点，只拟就学门内外的整合、国际化的策略与研究环境的改善三点，加以讨论①。

（一）哲学内外的整合

在第一节有关哲学国际现况中，我曾经指出，目前无论英美分析哲学，或欧陆各哲学派别，都十分强调科内（intra-disciplinary）与科际（inter-disciplinary）整合的重要性。我也指出，分析哲学与各科自然科学及政治、社会、法律、认知科学等的互动，其整合程度愈来愈高；现象学也与自然科学、人文科学、社会科学的不同领域有所互动；至于诠释学与人文学科，尤其文学、艺术和文化研究，也有愈来愈密切的整合趋势；批判理论方面，则与政治、社会哲学有密切的配合，与伦理学也有密切的关系；后现代理论则与文学、建筑、音乐、绘画、摄影、表演艺术等有密切的关系。可见科

---

① 我在《哲学学门规划专题研究后续计划成果报告》第四章中，曾针对① 研究特色的形成；② 人才的培育与出路；③ 学门内外的整合；④ 国际化的策略；⑤ 研究环境的改善五点加以详细讨论，尤其针对"国科会"相关政策立论，本文则针对一般性的问题。

际整合,甚至跨文化的整合研究,是当代哲学的一种要求,这种趋势方兴未艾,为未来的研究带来许多新的希望①。

科内与科际整合不但是当前国际哲学研究的趋势所要求,而且人文社会科学企盼打破学科局限,要求更大型理论出现,也要求学科之间更大的互动。为了改善台湾哲学目前在此一方向落后的现况,使其能赶上整合性的要求,除了个别的研究员要能对整合研究有一自觉并且有一健康的态度之外,还必须觉察到自己的研究方向与某些其他学科的整合关系,企图从中找出一些问题。当然,整合型研究主要还不是个人性的研究,而是群体性、制度性、机构性的研究,也就是各系所或跨系所研究群,甚至跨校研究群的研究工作。

为此,应针对研究兴趣或专长组成研究群,分别针对特别的研究主题提出研究计划。若要奖励整合性研究,应该朝向鼓励研究群的成立,并且察看这个研究群的信用史,评审时注意研究者整合性的视野。换言之,应该朝向鼓励研究群的成立来推动整合性研究,而不是以个人组合的观点来推动整合型研究。

目前科际整合型研究计划之所以不易推动,基本的原因是人文社会科学的研究者从事个别研究的风气十分炽盛,尤其哲学。

---

① 就现实情况而言,目前台湾各哲学系所单位在这方面做得还是很少,除了个人的努力之外,各单位有意识的整合作为可谓寥寥无几。推究其原因,可以发现以下几点:第一,缺乏这类的视野或有关整合必要性的觉识;第二,纵使觉得有这类的必要性,但尚未开始具体的规划;第三,个人都有自己的计划,为了不增加每位研究者的负担,所以未能进行整合性的计划;第四,限于人力或资料的不足,所以无法进行整合性的计划。除此之外,缺乏较资深而有整合视野且能做计划的研究领导人才,也是重要的原因之一,若有这种人才在各系所带动,将会有助于情况的改善。

这当然有其必要性,人文社会科学知识的累积即是由此形成的。为了不使个人负担过重,整合研究就难以推动。因而,将来的研究奖助方向应该朝向群体性奖助(包括大学之间、学院之间、系所之间群体式的整合性研究),若果,必会激发起整合性研究的风气。

有许多研究员都认为朝向专业化是研究的必然趋势,因而会排斥整合性的研究,认为整合研究夸大不实,这种看法有必要改善。换言之,有必要从学门内部以学术的观点作严肃讨论,对整合研究形成一种学术的共识,使大部分研究人员能够意识到这个问题。目前整合研究仍然只是处在意识化(conscientization)的阶段,应该透过更多的写作、研讨会来讨论,厘清这方面的误会,鼓励整合性研究风气的兴起。

最重要的是,整合性研究需要更多有关科际整合的素养和方法,必须能够发现有意思的问题,并且要有足够的知识论的视野与方法论的修养,而且对有意义、有价值的主题,提出重要的研究成果,针对人文科学界或文化现象当中到底有哪些值得整合研究的问题,即对问题的认定(identification of problems),要下一些功夫。特别对于科际整合的方法论要加以讨论,如前面本人提到建构实在论时所提到的外推方法就是科际整合的重要方法。要能够认定问题并且有足够的方法,才有可能适当进行整合性研究。在这方面,哲学有许多可贡献的地方,因为从哲学可以辨识人文社会的现象或文化现象,乃至自然领域当中的重大问题,长期的哲学训练可以对这些方面具有洞识的能力。另外,科际整合的方法论或知识论问题以及整合的模式、种类、意义与目的,都可以透过哲学而获得详密的厘清，这些论述并非其他一般人文科学学科所能讨论的。

（二）国际化的策略

学术研究的成果必须要能获得国际的肯定。为此，必须不断推动国际的合作，掌握国际学术的脉络，才能进入国际学术舞台。就消极面来看，必须能免于落后；积极方面，更要建立特色，进而领导风骚。"国际化"因此在各个学门都是重要的课题，对哲学而言也具有至为急迫的重要性。哲学国际化的规划与策略或实际的合作、研究措施，甚至整个学门在国际上的地位，都值得注意。

一般来说，中国哲学传统是世界哲学的重要哲学传统之一，因此，传统中国哲学应该有一定的地位。不过，目前的中国哲学在国际上受重视的较限于汉学范围，尚未能获得举世的重视。在西方哲学方面，往往只能步西方哲学后尘，今后的研究需注意其与中国哲学资源的结合。就未来的发展而言，由于中国哲学长远的历史及在世界文明中的地位，应该有很大的潜能。如何使中国哲学的资源、本国哲学研究者的心血，注入国际哲学领域里面，发生影响，甚至形塑特色，好能在下一个世纪在某些哲学领域引领风骚，这是哲学界当前重大的挑战之一。

（三）研究环境的改善

关于研究环境的改善，应该从过去太过重视经济、社会的实效，转向对文化的重视，更重视其中思想的研究。思想的缜密与观念的新颖也是国家实力的一个重要部分。对此，哲学界将有其重要的贡献，尤其当前社会由于观念不清、价值混乱，造成许多社会问题，急需哲学厘清和解决。整体来说，应从过去追求立竿见影的政策，转向更为深入、深思，从价值、理念、历史性的向度，多加着眼，这种态度与政策的转变，将更有利于哲学的研究发展，而哲学的研究发展也会进一步回馈社会所追求的富强国力和蓬勃的文化发展。科技挂帅造成的问题由来已久，如今由于主流典范的崩毁，自然科学已经不再作为全体学术研究的典范，因此没有必要再以自然科学作为标准来判断人文社会科学。相反地，将来更应该以合乎人性的要求，以人为典范的方式来了解或进行科学研究，人文社会科学将来的发展势将扮演更大的角色。就评审制度而言，在人文社会科学里，会议论文的重要性应该获得更大的重视①，至少要能和期刊论文相提并论，至于整本的专著或是研究报告，应在审查结果上面赋予更大的价值。审查的标准应该摆脱自然科学的模式，更应该摆脱以自然科学为独断的标准。在研究方法上，也应该让人文社会科学发展其特色，而不应该一味地按照自然科学的方法来研究。因此在资源的分配上面，将来也应该给予人文社会科学更多的资源。

五、结语：展望哲学的未来

展望哲学的未来，可以分两部分来说，其一是世界哲学思潮，其二是中国哲学发展。首先，面对即将踏入 21 世纪的当前世界

---

① 自然科学的会议论文往往只是简单报告，所以地位不高。但人文社会科学重在讨论，只要敢在会议中提出讨论，一定得经审慎的研究。

哲学潮流,有三点特别值得注意:① 科技的突飞猛进,尤其是资讯科技[①],已到了带动人类历史的地步,哲学必须加以面对、反省和整合。② 20 世纪无论中西哲学都太以人为中心,反而造成人出路的瓶颈;由于环保、生态、天文、生物与微粒物理的发展,今后必须更重视自然哲学,并在自然中定位人。③ 多元文化的视野与胸襟和文化际交谈的必要,排除了过去欧洲中心、汉文化中心等单一文化中心的哲学观,迈向多元文化的哲学。

其次,就中国哲学发展而言,自需面对上述挑战。传统中国哲学虽有十分丰富的富藏,尤其在其所隐含的自然观、伦理智慧和美感艺术的洞识。然而,中国哲学今天的最大挑战之一是科技所带领的现代化历程。如何结合中国人的自然观、伦理智慧、艺术美感和现代科技,既使哲学能落实于生活世界,也使科技不落于流俗、功利和破坏生态,是当前中国哲学的重要课题。

换言之,中国哲学如何回应当前的科技世界,已经成为急迫的问题。《易经》谓:"观乎天文,以察时变;观乎人文,以化成天下。"前者是针对自然,后者则是针对人文。然而中国哲学心灵的最后关怀,总在于提升人文精神以转化生活世界。在过去其所要转化的是自然世界,而在今天所需要转化的则是科技世界,甚至在未来任何可能的世界,都需要人文精神的转化,尤其需要人发挥伦理的智慧和艺术的情怀进行转化,使其成为适宜人居的生活世界。就此而言,如何一方面在科技中找到伦理和艺术的新法

---

① 像哈贝马斯便主张在科技发达、传讯快速的现代社会中,应进行有组织的启蒙。
  [Habermas, *Theory and Practice* (London: Heineman, 1974), pp.28 - 31.]

则，另一方面又发挥原有的伦理和艺术原则，来转化并提升科技的结构，将是今后中国哲学研究的一个十分重要的方向。

中国哲学今后的发展必须放到世界的脉络，视为世界哲学重要传统之一。为此，西方哲学的继续研究是有必要的。其目的不在为西方人解决问题——中国人对西方哲学的研究也不可能超越西洋人——而在于援用其他的哲学资源，进而创造新时代的中国哲学。不过，就研究成果看来，西方哲学今后仍必须多予加强。中西哲学比较与会通虽然涉及未来中国文化发展的重要课题，但是有关比较的方法以及诠释、综合等问题都有待检讨。研究上不宜将注意力只集中在中西某些时期和大哲学家，以致发生断层现象，某些时期和某些小哲学家乏人研究，无法得到较为全面的比较。

除此以外，自然哲学、科学哲学和对科技与文化的哲学研究亦为十分重要之课题，这一方面要能谙于哲学，另一方面亦要熟知自然科学与技术的内在动力。

哲学是文化的核心所在，今后中国文化的发展显然必须一方面面对多元文化的情境，另一方面摄取世界文化资源，发挥自家文化优长，创造崭新的文化面貌①。这工作需要哲学作基础性、批判性、统合性的反省与检讨。哲学在未来的中华文化前景上面

---

① 本人在 *Confucianism，Taoism and Constructive Realism* 一书中加入文化际的解析及中国哲学的看法，借对儒家、道家哲学相关要点的创造性诠释，对建构实在论加以转化并扩大至文化层面，以连接科学、文化与中国哲学，对此，F. Wallner 认为是"a milestone in the development of Constructive Realism. It does not only encourage interculturality as an important aspect of Constructive Realism，but it also develops its main concepts and strategies"。（F. Wallner，Preface to Shen，1994，6.）

应扮演极为重要的角色。

　　此外，哲学在社会发展上亦应扮演重要的角色。对哲学教育和研究不够重视，会造成社会上观念不清，价值不明，顿失本源。一方面有必要加强哲学本身的教育与研究功能，另一方面也应该结合哲学与社会，将哲学思想推广于社会中，以协助解决社会的问题。今后如何将哲学思想应用于解决社会问题，并在研究过程当中发掘问题、思考问题，并在教育中使学生对政治、社会、文化问题有更正确的观念和认识，势必要动用哲学研究的资源，朝向解决当前社会问题而发展，尤其致力于厘清基本的观念与价值观，在研究方面应加强政治、社会、法律、宗教、伦理学等的研究与应用。哲学本科一方面应加强应用导向的研究，而各相关部门也应探索其哲学基础，尤其在未来有关美学、伦理学、社会哲学、政治哲学与中国哲学方面的研究和计划的推动下，使哲学人才学有所用，贡献社会，使哲学与社会互蒙其益，这是十分重要的发展方向。

第四节　盈溢于主体性与相互性之外
——对中西哲学"慷慨"之德的省思[①]

一、慷慨之德

　　慷慨是一种无私的赠与之德。"赠与"不是"送礼"，因为送礼蕴含着还有回礼，因而是属于一种相互性（reciprocity）的行为，

---

① 选自沈清松：《沈清松自选集》，济南：山东教育出版社，2004 年版，第 295—314 页。

然而,赠与却纯属无求的给予,无求于回报,也因此,赠者白白给予,而受者也白白接受,完全超越了相互性,这才进入了慷慨的真精神。

后现代哲学针对近代以来人的主体性的过度膨胀,提出"他者"(the other)作为后现代的形而上学展望①。建构实在论强调以"外推"作为科际整合的知识论策略,本人曾将之扩大为文化互动的策略,特就"外推"(strangification)的词义,解为"自我走出,走向外人,走向陌生他者的行为"②。其实,无论"他者"作为一个形而上学的概念,或"外推"作为一个知识论的策略,两者都假定了伦理学上的慷慨之德。对他者的肯定,召唤我们走出自我封闭的主体性,迈向他者,不将他者化为自我的建构物,这一肯定本身,就含有对他者的慷慨优先于任何相互性。至于外推,也一样要求人要自我走出,走向他者,以他者可以懂的语言来讲述自己的主张,并虑及彼此不同的实践脉络;究其实,也是一个出自慷慨的行为。慷慨之德对于形而上层面的"他者"和知识论层面的"外推"的基础性,也佐证了伦理学在当代哲学中的优先性。若说近代哲学是以知识论为优先,而 20 世纪哲学自海德格尔之后,是以存有学为优先,如今,踏入 21 世纪,我们愈可以体会到伦理学在

① 沈清松:《在批判、质疑与否定之后——后现代的正面价值与视野》,台北:《哲学与文化月刊》2000 年第 8 期,第 705—716 页。另外,列维纳斯提出迈向"他者",正义对待"他者"的"形而上学",以替代海德格尔以"存有"涵盖众有,忽视对他者正义对待的"存有学"。

② 参见本人 Confucianism, Taoism and Constructive Realism 一书。Vincent Shen, *Confucianism, Taoism and Constructive Realism* (Vienna: Vienna University, 1994).

哲学中的优先性。可以说，今后伦理学将是"第一哲学"。

二、创造与互动皆以慷慨为本

创造来自慷慨的自我赠与。无论是艺术家创造作品，或是上帝创造世界，都是出自慷慨的行动。创造有如赠与。在科学论述所能及的状态之前，宇宙的创造仍是一项奥秘，只得诉诸神的创造——无论人类如何理解神的存在。此一奥秘虽费猜解，我们总可以将神的创造理解为——在无私的慷慨中，走出自己，创造万物与人的行动。按照《圣经》的传统，神甚至以自己的形象造人。推究其意，或可理解为神盼望人与他一样能自我走出，在自我超越中肯定他者，走向他者，不求回报地为他者的美善而努力。总之，神创造万物，基本上是一慷慨赠与的行动，在其中，神走向他者，走向万物与人。所以，创造不是如黑格尔所言，来自上帝的缺乏与无聊，而是来自上帝存有的满盈，来自上帝的慷慨赠与。由于慷慨的赠与，因而有了存在、生命和语言。宇宙万物与人的创造，无论其历程在人看来是如何地缓慢与复杂，都是来自无穷无尽的慷慨，姑且名之为神的大爱。

艺术家的创作也是如此。"慷慨"关系到艺术创作的本质，而无关艺术家本人的个性或品德。无论艺术家的个性是大方或吝啬，其品德是利他或自私，当其创造艺术作品之时，皆有不容于己的慷慨，将灵感与技艺倾泻而出，作品便是其慷慨的烙印与表记。有此慷慨，则下笔如有神；无此慷慨，则犹如江郎才尽，主体性再如何强悍，终究有笔端干涩之感。作品的形式可容形式主义的分析;作品的意象与境界可容体会与参验;作品所揭示的真理可以现象学、诠释学展示之。然而,这一切都无法避免指涉一个来自慷慨的创作行动。

社会的形成,按照社会学家莫斯(M. Mauss,1872—1950)在《礼物》(*Essai sur le don*)一书中的看法,是来自人际的相互性。然而,如今我们可以追问,如果没有一原初的慷慨,自我走出,走向他者,何来相互性? 可以说,相互性假定了原初的慷慨,而形成社会的原动力,首先来自人此种原初的慷慨。慷慨既优先于相互性,也洋溢于相互性之外。平心而论,不同文化之间的交流与互动,建立相关性,可谓文化创新的最佳预备。然而,"互动"同样假定了不封闭于己与对他者慷慨。交流与互动并不是为了强加一己之善于他者。不论自己的文化有多好,文化互动并不是为了自我表彰,而是一种慷慨的自我走出,一种语言获取和不断外推的历程。总之,有慷慨,才有真正的互动;有慷慨,才有真正的创造。

以下我们将探讨中西哲学中最富创造性的思想家对于慷慨的看法。西方哲学方面,古希腊以亚里士多德为代表,近代则以开创近代哲学的笛卡儿为代表。亚里士多德的慷慨兼具大方与恢宏之意,而笛卡儿则强调在自由与自主中,迈向他者,不为私利而利他。中国哲学方面,将以儒家的孔子和道家的老子为代表。孔子重视宽仁惠等相互性的慷慨,儒家的慷慨更因仁的可普化性而可扩及四海;老子则将慷慨定位在道的层次,认为是由于道无私的慷慨而产生宇宙。

一般而言,西方哲学擅长概念建构,重视论证;中国哲学擅长隐喻与故事,欲从事上见理。然而,西方哲学在概念与论证之外也诉诸隐喻和叙事;而中国哲学透过隐喻与叙事,说的仍是哲学的道理。为了促进交流,以下讨论亚里士多德与笛卡儿时,在慷慨的概念分析之外,特辅之以其生涯中的故事;而在中国哲学部分,则特就其与慷慨相关的概念略作分析,仅略及其实践相关叙事。按照前文所谓慷慨假定自我走出之意,我们将先讨论西方哲学再自我返回,讨论中国哲学中的慷慨之德。总体来说,哲学文本的创作,也可说是出自思想实践与文字的慷慨。

三、从财物的赠与到哲学家的恢宏——亚里士多德的慷慨

　　亚里士多德在《尼各马可伦理学》(*Nicomachean Ethics*)中讨论两种涉及慷慨之德,其一是大方,其二是恢宏。我们也可以说,慷慨之义应在大方与恢宏之间探讨。大方是一种财物赠与上的中庸之德,既不吝啬,也不浪费;至于大规模的"大方",则是气派或豪华。对于大方之德,中文的译本与研究文献讨论较多。唯需注意,不宜将"大方"直接等同于"慷慨"。因为慷慨不仅止于财物上的赠与,还包含了心灵上的或自我的赠与,也因此才说慷慨需在大方与恢宏之际探讨。对于恢宏(magnanimity, μεγαλοπονχηια)[①]之德,亚里士多德在《尼各马可伦理学》中采取了多面向的分析。

---

① 苗立田在《尼各马可伦理学》中译为"大度",虽可表达一部分意义,但大多数人认为还是译为"恢宏"方能表示恢宏者之气度与伟大胸怀,"大度"也不适用亚里士多德所举的战士与哲学家的例子。

起初,在第二卷中罗列各种伦理德行之时,亚里士多德将恢宏释为"荣誉"与"非誉"的中庸①。但在第四卷正式讨论恢宏之德时,则不再如此,这是因为亚里士多德认为,对于美德而言,没有任何荣誉足以相称,也因此,他将伟大视为恢宏的判准,因为气度恢宏的人相信自己是伟大的,而且的确如此②。他们不但拥有各种美德,而且他们所拥有的都是各美德中伟大的部分③。然而,问题在于伟大不同于中庸。恢宏虽也可视为中庸,但不同于其他德行,后者都是在情感上、行动上或外在财物上的中庸之德;恢宏之为中庸,是介乎虚荣与狭隘之间的中庸,也就是说,恢宏之人知道自己真正的贤德所在,而且他们真有如此伟大之德。对于伟大而言,恢宏是穷极伟大,因而不仅止于中庸;若要说恢宏也是一种中庸,或许是过度自尊与不及之间的中庸。

对于财物而言,恢宏的人对于财物上的好运并不感到特别高兴;对于财物上的坏运也不特别感到不悦。就名誉而言,恢宏的人对于毁誉也不太在意,恢宏的人超越毁誉,将荣誉之事视为小事。恢宏的人之所以卓越,是因其将眼光置于高贵与美善之上,以至于对荣誉或财运似乎不觉得重要。就此而言,亚里士多德将拥有恢宏之德的人视为常人的榜样,并邀请人们一同赞美恢宏之德的高超。

---

① Aristotle,*Nicomachean Ethics*,Book 2 Chapter 7、1107b21 - 23 in *The Complete Works of Aristotle*,the Revised Oxford Translation(Princeton:Princeton University Press,1984),Volume 2, p.1749.
② Aristotle,*Nicomachean Ethics*,1123b 1 - 2,Ibid.,p.173.
③ Aristotle,*Nicomachean Ethics*,1123b 30,Ibid.,p.1773.

从慷慨外推到文明对话

不过,当涉及政治人物或社会人士自以为伟大或被认为是伟大之时,亚里士多德往往抽回他的赞美。为此他区分"真恢宏"与"假恢宏"。真恢宏仅注目于高贵与美善,轻忽荣誉或财运。但假恢宏则有如财大气粗,只因财运滚滚,便自觉可以轻忽它,洋洋自得,自以为高,这是以财运或外在财货的伟大替代了德行的伟大。亚里士多德又说,恢宏之人乐于利人,但较易于忘其所受他人之恩①。我想,或许恢宏之人还需辅之以感恩之德,不过,亚里士多德并未进一步讨论及此,他也没有讨论感恩之德。亚里士多德又说,恢宏者虽愿为大事冒险,但往往懒于或缓于行动。他们难以调整自己的生活以适应他人,唯在朋友之间是例外。在这些点上,亚里士多德提醒人们注意所谓恢宏者的其他面向。

对于到底谁是气度恢宏的人物,亚里士多德在《后分析篇》(*Posterior Analytics*)曾举例说明。在他所举的例子当中,包含了阿西比雅德(Alcibiades)、阿西理斯(Achilles)、阿加斯(Ajax)、理桑德(Lysander)、苏格拉底等人②。按照高提也(Rene Gautier)的研究,亚里士多德从较早的《后分析篇》到思想更成熟的《尼各马可伦理学》,对恢宏的想法相当一致,都是以苏格拉底为最完美典型③。像阿西比雅德(Alcibiades)、阿西理斯(Achilles)、阿加斯(Ajax)这些人是战士与政治人物,他们志在伟大,追求荣誉,表

① Aristotle, *Nicomachean Ethics*, 1124b 5 – 25a 17, ibid. pp.1174 – 1175.
② Aristotle, Posterior Analytics, 97b 16 – 24, in *The Complete Works of Aristotle*, Volume1, p.161.
③ René Gautier. *Magnanimité: L' Idée de la grandeur dans la philosophie et dans la théologie chrétienne* pp.17 – 40, 116. Paris: Librairie Philosophique J. Vrin, 1951.

达于战争与行动之中,并绝对拒绝不荣誉之事。理桑德是斯巴达名将,一度荣华富贵,不幸命运倏乎转厄,由荣转辱,由富变贫,所幸理桑德仍能保持心灵平静。在这几个例子中,最值得注意的是苏格拉底,他的心灵之伟大,不但在于他思想范围及存在本身,而且在于他能从容就义,决不逃避自己的死亡。在柏拉图的理想国中,苏格拉底曾表示,人间之事没有一样是伟大的,即便是死亡,也由于人能存想一切存在物与时间的问题,而显得毫无可怖可言①。由此可见其心灵恢宏之一斑。

从以上的分析看来,我们可以同意安哈特(Larry Arnhart)的说法,"亚里士多德所谓的恢宏包含两个面相:一是政治的恢宏,一是哲学的恢宏"②。综言之,所谓"慷慨"包含了亚里士多德所谓的大方和恢宏,换言之,包含了外在财物的赠与之德与精神事物的赠与之德,其中最重要的是心灵上的大方与恢宏,无私的自我走出与赠与的精神意境。

其实,不仅苏格拉底,亚里士多德本人的一生也体现了哲学意义的恢宏与慷慨,包含了思想体系的恢宏与自我走出、无私赠与的慷慨美德。亚里士多德本非希腊人,他是马其顿王朝阿敏达王二世(Amyntas Ⅱ)的宫廷医师之子,年17岁,便走出家乡,迈向他者,远赴雅典求学深造,成为柏拉图的学生。他在柏拉图的学院中一待就是20年,由于其宁静、深思、好学与睿智,柏拉图称

---

① 这段话出自柏拉图的《理想国》。Plato, *Republic*, 486 a - b.
② Larry Arnhart, *Statesmanship as Magnanimity: Classical, Christian and Modern, in Polity* 16, p.267, Winter, 1983.

　　　　　　　　　　从慷慨外推到文明对话

赞他是"学院之心灵"。柏拉图于公元前347年左右与世长辞,亚里士多德痛失恩师,甚为伤心,虽有继承柏拉图之志,然而,由于雅典人在奥林多战争(Olynthian War)中被菲利普大帝打败,雅典城中反马其顿的情绪高昂,学院内部也有排外情绪,结果院长一职是由雅典人思卑乌西布斯(Speusippus)担任。后者与亚里士多德思想不合,亚里士多德被视为异类,只好黯然离开学院。

　　然而,亚里士多德并不因此对希腊人怀恨。离开雅典后,亚里士多德与赞诺克拉提斯(Xenocrates)在阿索思(Assos)岛建立一所新学校。三年后,又转往勒司伯岛(Lesbos)建立另一所学校。亚里士多德不心存计较,且慷慨将其学术思想讲授给希腊人①。公元前343年,亚里士多德受聘为王储亚历山大的老师。亚历山大曾经说过,其父所给予他的是"生命",而亚里士多德所给予他的则是"善的生命"。亚里士多德深深影响菲利普大帝和亚历山大大帝,使他们虽征服希腊,但仍能尊重希腊文明,两人也都支助亚里士多德的研究工作②。

　　亚历山大大帝在公元前336年继位,时局转趋太平。隔年,亚里士多德返回雅典,时值思卑乌西布斯过世,亚里士多德有心重返柏拉图创办的学院,领导哲学教育,然而,思卑乌西布斯临终前通知赞诺克拉提斯于稍早返回学院,经由运作,当上院长。亚

---

① 在这两所学校中,他前后讲授并撰写了《分析学》前后篇、《物理学》第一至第四卷、《论天》《论生与灭》《形而上学》A、B、E、K(1—8)、M(9—10)、N诸卷与《政治学》第七、第八卷,此外也讲授了《优德模伦理学》中的内容。
② 这段时期亚里士多德完成了一些对话录,如《论荷马的难题》《论诗人》《论忠诚》等,以及甚多生物学著作,诸如《动物史》《论动物各部分》《论生命》《论睡眠》《论梦》等等,可见其知识之恢宏。

里士多德在失望之余，于公元前334年，自己另在雅典城外的里赛翁（Lyceum）设新学校，教导学生，时年五十。在里赛翁的12年间，可以说是亚里士多德哲学生涯的最高峰，撰写了气象学方面的著作，《政治学》第一、第四、第五、第六诸卷，《诗学》《辞学》以及《尼各马可伦理学》，其中特别注意智慧，与勇敢、正义、节制等德行，也特别论述友谊和慷慨之德。比起他的慷慨之德，雅典人与雅典哲学界对他的见外与排斥可说是微不足道，相形之下，更可见亚里士多德的恢宏与慷慨的可贵。

四、从自由主体到善利他者——笛卡儿的慷慨

一般认为，笛卡儿宣称"我思故我在"，为近代哲学所崇尚的主体性奠基，也因此他必须为近代人主体性的自我封闭负责，甚至为那些以主体性、自主为名，进行自私自利之实的现代人负责。在后现代思潮对于现代性的批判中，笛卡儿一再成为被谴责的对象。然而，笛卡儿在其所谓"暂时伦理"（éthique temporaire）中，却主张人必须入境随俗，也就是不坚持或自闭于本人或国人一向的习惯，且需留意并跟随他者的行为规范，其中包含了对他者的肯定与对差异的开放，此外，更需具有对他者的慷慨。更值得注意的是，他在晚年著有《论灵魂的激情》（*Les Passions de l'âme*）一书。该书以重要的篇幅讨论慷慨。他说：

> 如此慷慨的人自然倾向做伟大的事情，至少不做自己不能做的事情。因为他不以为还有比轻忽自己的利益而对别

人行善更伟大的事情。对此而言,他对每一个人都是彬彬有礼、和蔼可亲、乐于助人。既如此,他们对自己的情感都能完全自主,尤其是对欲望、嫉妒与羡慕之情。①

笛卡儿在《论灵魂的激情》一书中用最大的篇幅讨论慷慨,主张与人为善,且不顾己利而对人行好,这是一种不求还报的利他主义;然而,在慷慨中不会失去自己的自由和自主,相反地,如果没有真正的自由和自主,人不能算是真正的慷慨。笛卡儿说:

> 因此,我相信真正的慷慨,使得一个人能达致最高的自尊,他明知没有什么其他真正属于他的,除了能自由运用其意志,他也知道只因为善用或恶用而应得赞美或指责。他在自己内心感受到一种坚强恒毅,要予以善用的决心,也就是说,绝不失任何机会运用意志去从事他判断为最好的事情,也就是完美地追求德行。②

换言之,人在慷慨时,需一方面意识到自己的自由,也就是意识到自己是自由而且负责的;另一方面又有坚定的决心予以善用。笛卡儿强调主体的自由,然而又认为善用自由的最好方式,就在于对他人慷慨,并由于人能自由地对他人慷慨,因此才能产

① Descartes, *Les passions de l'âme*, III, article 156, in *Oeuvres de Descartes*, Tome, 1, p.487, Paris: Librairie Joseph Gibert.
② Descartes, *Les passions de l'âme*, III, article 156, in *Oeuvres de Descartes*, Tome, 1, p.486, Paris: Librairie Joseph Gibert.

生真正的自尊。换言之，人真正的主体性在于能善用意志对他人慷慨。按照笛卡儿思想传记作者高课洛格（Stephen Gaukroger）的看法，"慷慨大概是笛卡儿的伦理学中最重要的概念"①。他指出，17 世纪时的法文"慷慨"一词的意义大约与今日差异不大，不过当时该词的道德意义还多了一层"高尚"之意，属于绅士或君子（gentil homme）之德。

值得注意的是，笛卡儿在 1645—1646 年间写作该书，时值他逝世前四年，该书也可说是他最后一本著作，是笛卡儿晚年定论。这书的内容，早先已出现在笛卡儿和伊丽莎白公主的讨论和通信中，其后又陆续出现在他与法国驻瑞典大使夏弩（Hector-Pierre Chanut）以及与克莉丝汀娜女王（Queen Christina）的通信中。其后，笛卡儿更远赴瑞典，为克莉丝汀娜女王讲授哲学。这期间，《论灵魂的激情》一书在荷兰与巴黎同时出版，不久，笛卡儿由于寒冬清晨为克莉丝汀娜女王讲授哲学，不抵严寒，死于斯德哥尔摩。可以说，笛卡儿这一远赴他乡，讲授哲学，也是出自他的意志的慷慨②。笛卡儿在逝世之前已开始致力于写作赠与克莉丝汀

---

① Stephen Gaukroger, *Descartes, An Intellectual Biography* (Oxford: Clarendon Press, 1995), p.404.

② 根据巴黎索尔本大学荣誉教授罗迪·乐维（Geneviève Rodis-Lewis）的《笛卡儿传》（*Descartes-Biographie*），笛卡儿在出发前已经考虑到瑞典气候寒冷不利于己，也虑及瑞典宗教差异，而且他似乎已经预知自己将客死他乡，但无论是为了说服克莉丝汀娜女王帮助伊丽莎白公主，或为克莉丝汀娜女王讲授哲学（到达瑞典以后，其工作还包含建立一学术院），他最后决定前往。Geneviève Rodis-Lewis, *Descartes-Biographie* (Paris: Calmann-Lévy, 1995), pp.261 – 297. 由此可见，笛卡儿的瑞典之行也是出自心灵的慷慨，而且，按其书信所显示，他之所以欣赏瑞典女王，也是因为其慷慨。Ibid., p.270.

　　　　　　　　　　　　从慷慨外推到文明对话

娜女王之书《自然之光的真理探讨》对话录（La Recherche de la vérité par la lumière naturelle），可惜因病故而终止[1]。可见笛卡儿在哲学的方面的写作，也是出自有感于他者并对他者的慷慨。这点正好与一般批判笛卡儿的主体性的封闭的想法相反。总之，现代性虽有主体性自我封闭的倾向，然而，或许我们不应将此现代性之弊端，过度简单地归咎于笛卡儿。

五、从相互性到普遍性——孔子的慷慨

本文论及《论语》所载孔门中的慷慨之德。首先想到的是最为慷慨的子路。在孔子诸位弟子当中，最能体现大力之德或财物赠与的慷慨者，就要算子路了。当他向孔子与同门表达志向时，子路明白表示，"愿车马衣裘与朋友共，敝之而无憾"[2]。车马衣裘属于外在的财物，子路愿以之与众朋友共享，即使用坏也不足惜。毫无疑问，子路有大方之德。虽说是与朋友共，而未说是赠与，仍然表示不拥有为己而能与他人分享之意；与他人分享，是出自子路的大方。或许子路所谓"与朋友共"，更重要的是朋友之谊。友谊在子路言，可共车马衣裘，具有较为强烈的意义，不是"君子之交淡如水"意义下的友谊。若按亚里士多德，友谊也是一种德行。子路可说是在一种强烈的友谊之情中表现其大方之德。

不过，子路在财物上的大方或慷慨，甚至其立志掌千乘之国

---

① Geneviève Rodis-Lewis，*Descartes-Biographie*（Paris：Calmann-Lévy，1995），p.272.
② 《论语·公冶长》，第五，第二十六。

的气魄,似乎在孔子眼中地位不高。孔子在子路、曾皙、冉有、公西华等各言其志时,宁可赞扬曾皙的生活情调,"吾与点也",可见孔子更重视整体存在的感受与心灵境界,也因此他赞许曾皙的自由、超脱与潇洒的心境。不过,孔子重视真慷慨,而责备假大方,这或许也是孔子责备微生高借醋与人的含意之一。"孰谓微生高直? 或乞醯焉,乞诸其邻而与之。"①

孔子本人具有伟大的心灵,怀有恢宏的气魄或恢宏之德。一方面,孔子并不在意外在财物的得与失,其心灵远远超越了富与贵的欲求,他说"不义而富且贵,于我如浮云"②。孔子心怀伟大之志,按其自述,孔子志在:"老者安之,朋友信之,少者怀之。"③对于不同世代的人,都希望能给予存在上的安顿与联系,这是一种将仁德普遍化的要求。

诚然,孔子也主张相互性的慷慨。孔子说:"能行五者于天下,为仁矣。""曰:恭、宽、信、敏、惠。……"④其中,"宽"是宽厚对待他人的一种德行;"惠"是对别人好,与人为善,给人好处。这两者涉及本文所谓慷慨之德。不过,宽与惠之为慷慨,较属于相互性的层面。其实,恭、宽、信、敏、惠五种德行都是相互性的,所以孔子说"恭则不侮",若人行为有礼貌、恭敬,就不会被人欺侮;"宽则得众",人若宽厚待人,就会得人支持;"信则人任焉",若你很守信用,那么别人就会信任你;"敏则有功",行事敏捷、敏锐,事情就

① 《论语·公冶长》,第五,第二十四。
② 同上书,第七,第十六。
③ 同上书,第五,第二十六。
④ 同上书,第十七,第六。

　　　　　　　　从慷慨外推到文明对话

会有功、做得成；"惠则能使人"，能对别人好则能差遣别人，使别人愿意为你做事。这其中，宽与惠涉及了慷慨。对他人宽厚，就会得人支持，这是就结果上言，并不一定就意向上本意要人支持；惠能使人，给人好处就能差遣人，并非意向上如此，而是结果上如此。由此可见，孔子并非只是意向主义者（intentionalist），他也是结果论者（consequentialist）。

可见，宽与惠虽是慷慨之德，但就结果而言，仍是停留在相互性的层面，似乎尚未超越相互性。儒家伦理的社会基石仍是建立在相互性上。在儒家对"社会关系"与对关系性美德的看法中，"相互性"是至为重要的考量。不过，孔子所主张的美德，并不仅限于相互性，而有更进一步朝向普遍性发展的不懈的动力。就孔子而言，此一动力来自"仁"。如果说，朝向普遍性的推进正是慷慨之真谛所在，则儒家的慷慨之动力，就在于仁德的普遍化。

毫无疑问，儒家重视相互性。儒家所谓良好关系的满全，基本上是建立在由相互性往普遍性的发展上。人与人之间相互尊重，有相互性才会有良好的关系。宰我问孔子三年之丧，认为只要守丧一年即可，理由有二：第一，就社会规范的维持而言，"君子三年不为礼，礼必坏；三年不为乐，乐必崩"，这是就君子本身的社会功能——规范的维持——而言，为了不使礼坏乐崩，君子不应离开社会太久，却应及早加入社会的行列，所以守丧一年就好。第二个论证，"旧谷既没，新谷既升，燧改火，期可已矣"，宰我认为旧的稻米吃完了，新的稻米开始启用了，钻燧取火又是新的一年，所以按照自然的周期与人的生活周期而言，都是一年更换，所以守丧一年即可。

但孔子并不接受宰我上述两个论证，他的看法是"于汝安乎"，孔子在随后的责备中指出，"子生三年，然后免于父母之怀。……予也有三年之爱于其父母乎"[①]。重点在于，人在初生最脆弱的三年，是由父母抱着长大，在人生命最脆弱时父母给予爱，人才能成长，所以孔子责宰我有无"三年之爱于父母"。

孔子的重点在于内心之安，与人与人之间关系的相互性。相互性的形式可以改变，但人际关系的相互性则恒常不变。可以说，"宽"与"惠"之德，虽属慷慨，都是属于相互性的慷慨之德。儒家若有超越相互性的慷慨之德，需求则由相互性扩充至普遍性的仁心仁德。就在这一点上，我们可以了解孔子"老者安之，少者怀之，朋友信之"的宏愿。其中"朋友信之"虽属相互性的范围，但老少安怀，则扩及普遍性矣。又，子路问君子，对于秉性慷慨的子路，孔子的回答先是"脩以敬"，进而是"脩己以安人"，最后则是"脩己以安百姓"[②]。由个人内在之德逐渐地扩充到全体社会，使全体社会都能同享安乐，这一仁德的普遍化，是儒家超越相互性的慷慨之所在。

六、慷慨的本体论与宇宙论向度——老子的慷慨

对于老子的生平，我们无所确知；由于传言不足，难以从其生平故事得知其实践慷慨的状况。或许，老子最大的慷慨，就是留

① 《论语·阳货》，第十七，第二十一。
② 《论语·宪问》，第十四，第四十二。

下五千言，使后人对于道、德、自然与人生种种方面能在哲学层面达至理解。对于道家哲学而言，慷慨是定位在道的属性上，表现在道生万物、养育万物的大公无私，也表现在圣人的无常心，以百姓心为心，不断慷慨给予，以身为天下的精神。或许这是老子对于后人最大的启发，也是其对后人最大的慷慨赠与。

依老子看来，道之产生万物，先开显为无限丰富的可能性，名之为"无"；其中有一部分可能性实现为"有"，而"一"则是有之始，透过分殊化和复杂化的历程，于是开显为林林总总的万物。由此可见，道之产生万物，应是出自道本身慷慨的自我走出，走向他物的出现。道首先展现为无限丰富的可能性，是其首度慷慨与恢宏的表现；进而，道任其中一些可能性取得身体，成为有物，是其二度慷慨；再透过分殊化和复杂化的历程，产生越来越多的万物，是其无尽慷慨的表现。此所谓"道生一，一生二，二生三，三生万物"之意。总之，道生万物的过程，便是一因着慷慨无私而创生的过程，由一而二而三，是一个越来越丰富，越来越分殊、复杂的过程。而且，道在产生万物之时，亦慷慨地将自己给予各物之中，成为其中之德。

郭店竹简《老子》"天地之间，其猷（犹）橐籥与？虚而不屈，动而愈出"一段话①，其中"动而愈出"显示道在天地中创生的慷慨。与王弼本、帛书甲乙本、傅奕本相较，竹简本此段文字，在前少了"天地不仁，以万物为刍狗；圣人不仁，以百姓为刍狗"一句，后者

---

① 竹简《老子》甲本，见荆门市博物馆编：《郭店楚墓竹简》，第112页。

是以天地与圣人对应，并涉及批评儒家之仁；在后则少了对人之多言有所劝诫的"多言数穷，不如守中"一句。前后两段文字的阙如，使得仅有的文本成为完全的宇宙论述，表述大地之间虚空而动态，万物从中不断涌现。如以"天地"为全体现象出现的场域之总称，以"万物"为种种事物的分称，则天地是万物出现的场域，且其中含动态的虚空，万物可从其中不断出现，可视为道本身生物无尽的慷慨。

道生之谓德，德亦可谓出自道的慷慨。德为人与万物所皆具，德乃人与万物皆平等本具之动能，此一概念并不独特地凸显人类的主体性。这一想法假定了思想者本身的慷慨，不以人为中心，为主体；也不肯定有一创造存在活动的代理者，因为道由于其慷慨的存在活动，本然就会分殊化、复杂化，成为万物，并内在于万物之中，为其动能，丝毫没有由外在某一主体强加或传递的必要。进而，道更无私地畜长、亭毒、覆养万物。"道生之，德畜之，物形之，势成之。是以万物莫不尊道而贵德。道之尊，德之贵也，夫莫之命而常自然。故道生之，德畜之，长之育之，亭之毒之，养之覆之。"（王弼本五十一章）

由此可见，道实乃一慷慨自我走出之力，由生成之历程产生万物与人，并由复归之历程而使万物与人不断自我走出，体现德的慷慨，返回道中。人唯有顺随此一历程始有真正的成就，亦即以道为本，发展其德，复归于道，成就所谓"玄德""常德""上德"或"孔德"。人所能成就之德，就在于完全与道合，依从于道，并分享其自动自发的存在活动。"孔德之容，惟道是从"（二十一章），去除自我中心,不以己德为德;完全依道而动,不恃己力而任意造作。"上德不德,是以有德……上德无为,而无以为"(三十八章),采阴性原则、退隐原则与受动原则,持守原始的整全,放弃占有、自恃与宰制;顺应万物之本然,相偕复归于道,借以达致充量的和谐。"知其雄,守其雌,为天下溪。常德不离,复归于婴儿。知其白,守其黑,为天下式。为天下式,常德不离,复归于无极。知其荣,守其辱,为天下谷。为天下谷,常德乃足,复归于朴"(二十八章),"常知稽式,是谓玄德。玄德深矣远矣,与物反矣,然后乃至大顺"(六十五章),"生而不有,为而不恃,长而不宰,是谓玄德"(五十一章)。可见,德的实现就在于去除自我中心,去除主体执着,使德本身的展开谦冲成为道的过站。老子的慷慨还伴随着谦冲为怀之德。

圣人体现道的慷慨,谦冲地使自己成为道的过站,去除人类中心,摒除主体执迷,并且以道的丰盛为自己慷慨的依凭。"是以圣人处无为之事,行不言之教,万物作焉而不辞,生而不有,为而不恃,功成而弗居"(王弼本二章),"是以圣人后其身而身先,外其身而身存。非以其无私邪,故能成其私"(七章),"是以圣人常善救人,故无弃人;常善救物,故无弃物,是谓袭明"(二十七章),"故贵以身为天下,可以寄天下;爱以身为天下,若可托天下"(十三章)。

圣人悠游道中,使自己与他人他物皆能开展其德,借以显现存有之丰富与慷慨,使万物皆能自展其德,复归于道。所以,"圣人不积,既以为人己愈有,既以与人己愈多"(八十章)。此处所谓

"为人""与人"并不表示一个伟大主体的慷慨施济,而是给予万物以机会来复返于道,不使遮蔽其德。换言之,圣人之所能为人、与人者,实乃任各人各物之存有返回根源。"圣人无常心,以百姓心为心,善者吾善之,不善者吾亦善之,德善;信者吾信之,不信者吾亦信之,德信。圣人在天下,歙歙为天下浑其心。百姓皆注其耳目。圣人皆孩之"(四十九章),圣人没有固定的心意,却能尊重并实现人人所本具之德,是以能够超越固定的善恶标准之外,解除规范而德善德信。圣人救人救物,皆因其本有之德;袭明者乃因袭各人各物本有之德而有之智慧也。可见德亦为救人救物之所本。

在郭店《老子》乙本中,"明道女(如)孛,迟(夷)道,道若退。上德女(如)浴(谷),大白女(如)辱,广德女(如)不足,建德女(如)贞女(如)愉,大方无禺(隅),大器曼成,大音祇(低)圣(声),天象亡形"[1]。这段简文,前半主要是在道论与宇宙论基础上,论及人所能成就的德。"上德女(如)浴(谷)"说的是上士经由勤于实践而成就的高尚之德,虽可谓上达高山,却仍如溪谷般低下,这是说其不夸耀其德,虚怀若谷。"大白女(如)辱"是说其所发挥之光明虽属大白,却又幽深难明,宛如黑暗。"广德若不足,健德如偷,质德如愉"意为广博之德宛如不足,强健之德宛如偷惰,质正之德宛如易变。后段文本"大方无禺(隅),大器曼成,大音祇(低)圣(声),天象亡形"表示至大的空间没有角隅,至大的器物(宇宙)无所谓成形,至大的声音不能以耳听辨其声,整体宇宙的形状不

---

[1] 竹简《老子》甲本,见荆门市博物馆编:《郭店楚墓竹简》,第118页。

能以某物的形象见之。这整句话肯定了整体宇宙之广大与久长，超越了人感官的辨视与观察，显示道在宇宙中作用之恢宏，是圣人之所以能有恢宏气度之所本。

七、结语

从以上对亚里士多德、笛卡儿、孔子、老子等人对于慷慨的解析与实践，可以略作归结如下。亚里士多德的慷慨始自财物赠与之大方，达于政治家与哲学家之恢宏。哲学家之所以恢宏，是由于以全体存有物、全体时间为其视域，其中并无对于主体性的强调。笛卡儿虽是近代主体性的奠立者，在知识论与形而上学上强调心灵的自由，然而在伦理上则着重慷慨、利他，为他者奉献。显然，即使强调主体性与自由，仍然可以有对于他者无条件的慷慨。在此，慷慨并未取得相互性的层面。孔子虽不特别重视财物上的大方，然仍以"宽""惠"为行仁之德，此两者皆属相互性的慷慨。然而，仁德的动力仍会继续前进，超越相互性，迈向普遍化。老子是最重视慷慨的中国哲学家，他所强调的普遍性不仅限于人间，而是以全体宇宙、全体存在的可能性为其视域，也因此，他将慷慨之德提升到道的层次，进而成为圣人与万物之所以能慷慨的依据。

主体性的建立可以说是近代哲学最重要的遗产。现代性出现以来，即使当前在后现代大力抨击之下，人类不但不可能完全取消主体性，而且要在主体的废墟中重寻自我。近代哲学之父笛卡儿对后现代的启示是：人即使在自由中仍可对他者慷慨。在慷慨中仍可着重主体性及其自由，而在自由中可以发挥对他人的慷慨。儒家的伦理思想不离相互性,此所谓絜炬之道也,也因此孔子仁德的恢宏虽可及于普世,但仍不忽视相互性;道家的圣人虽可以道为慷慨之本,但一般人若无圣人的恢宏气魄,又失絜炬之道,也有可能沦为只求一己之逍遥。总之,慷慨虽可盈溢于主体性与相互性之外,但并不必因此而否定或忽视主体性与相互性。气度恢宏而不失絜炬之道,慷慨而无伤主体自由。两者之间对比的动态张力,或许正是互动与创造的活力所在。

第五节　创造性的对比与中国
文化的前景①

一、引言

在 20 世纪已然终结,人类踏入 21 世纪之初,展望中华文化未来的远景,吾人有必要提出一种宏观的理论,作为综合传统智慧,开创未来前景的理论依据。就此而言,本人提出所谓"对比的哲学",来作为思考的模型。从对比哲学的角度看来,中国文化在未来所面对的基本情境,可从理论和实践两方面来加以讨论:

(1)就理论而言:中国文化的未来必须面对结构与意义的对比、系统与主体的对比和科技与人文的对比三个基本问题。

(2)就实践而言:中国文化的未来正面对着台湾与大陆。

两岸文化的对比、中西文化的对比和更深刻的在个体主义

---

① 选自沈清松:《沈清松自选集》,济南:山东教育出版社,2004 年版,第 61—83 页。

和集体主义的对比中寻索第三条路。我于 1980 年在博士论文 Action et Créativité(《行动与创新》)中提出"对比"的哲学架构，进一步在《现代哲学论衡》中加以阐发，尔后在《解除世界魔咒》《物理之后》《传统的再生》等书中，大体上皆是在展开对比哲学相关的各种面向。究竟什么是"对比"呢？简单说来，所谓的对比是指"同与异、配合与分歧、采取距离与共同隶属之间的交互运作，使得处在这种关系的种种因素呈现于同一个现象之场，并隶属于同一个演进的韵律"。我区分结构性的对比和动态的对比。所谓"结构性的对比"，表现在同一个现象之场中，是指各种组成因素彼此相互差异以及共同隶属的情境；而所谓"动态的对比"则是指在延续与断裂、传承与创新中的历史演进的过程。详言之，对比的哲学可以区分为以下三个层次：

（1）就经验的层面而言：对比哲学肯定经验的形成是起自主体和客体处于对比的情境，换言之，一方面是异质的、差异的、有距离的，另外一方面又是同质的、配合的、相互隶属的。由此对比情境而引发求取的活动，经验乃由之而生。而经验中所呈现的现象，也是借着同与异、配合与分歧的结构性对比关系来呈现。进而现象的结构又与主体的原初计划——即所谓"初级理论"——形成对比，初级理论引导主体朝向某一方面的现象开放，但当主体觉察到现象与初级理论之间的对比因而修正原理论或提出更高级的理论，以便对应新现象的出现，或使理论内在更加融贯。提出理论，改良理论，以便面对更多的新现象，并使理论内在更趋一致，这样一步步地理论逐级提高，现象愈趋丰富，经验乃逐渐扩大而深入。

总之,经验之进展,是透过现象与理论、理论与理论的对比,逐层超越以达到最富包容性和融贯性的理论,借以综摄最繁复的现象。

(2) 就历史的层面而言:经验在时间中流转、发展而成历史,而历史也是由多元的对比所构成。不同的个人、不同的经验、不同的社会团体、不同的思潮、不同的文化,有类似的因素也有殊异的因素,历史的每一阶段皆在相似中展现殊异,在殊异中仍有相似。历史事件在时间中出现,在时间中发展,而时间在连续中有断裂,在断裂中也有延续。历史的连续性,显示在历史中的相似性形成的范型,历史的断裂性则显示在历史中的创新和生灭,形成历史的丰富内涵。在历史表面的重复性的理则之下,有多元的因素在奋争主宰历史的地位。历史的每一个时代皆含有多种竞争的形式,而竞争的目标则在于主导历史。历史的未来则是操在能以原创性的方式去综合各种对比的个人、社会、思潮或文化传统之手,能以原创性的方式兼综全体,也就是能以新颖观点综合最大的对比,如此才能成为未来历史的主导力量。

(3) 就存有学的层面而言:对比哲学肯定在现象界呈现的物(存有者)皆是限定之物,其一相互对比,此乃形器之对比。其二,历史是诸物(存有者)不断超越的历程,尤其人,无论是人的主体性或互为主体性,皆是借着对比而不断超越,此为超越之对比。其三,道(存有)的原始对比活动是形器对比和超越对比的根基。就道论(存有学)而言,对比的存有学可以归纳为以下几点:① 道(存有)是原初的开显与创造的动力,但必须透过物(存有者)及其历史才得以开显。② 道(存有)又以所开显、所创造之物(存有者)及其历史形成对比。③ 道(存有)之所以会与物(存有者)及其历史形成对比,乃因为透过形器对比和超越对比而显示道(存有)自身。④ 物(存有者)之形器对比和超越对比,皆在朝向道(存有)更紧密、更丰富的实现而运动,以及朝向充量之对比而运动①。

以上对比哲学的基本观念,是我思考上述中国文化未来远景所涉及的理论与实践双重问题的钥匙。不过,我们以下先略述对比哲学在中西哲学中的渊源,再进一步处理上述的问题。

二、对比哲学在中国哲学中的渊源

对比的哲学在传统中国哲学中有其根源,尤其可以追溯到最古老的《周易》。《周易》原是周人占筮之书,其所关心的实乃人的吉凶、祸福、进退,而其演进则是逐渐凸显出人对于主体性和生命意义的重视。《周易》原只包含卦象、卦辞和爻辞。卦辞对卦象进行解说,爻辞则对卦中每一爻进行解说。周人凡筮得一卦,便查阅《周易》中该卦之卦爻辞,见其中所开显事物之理或神明之意,借以决定所问之事之吉凶、所问之人之祸福。至于战国时期出现之《易传》,则更系统地解说《周易》,其中尤以《彖传》《象传》《系辞传》最富哲理,对卦爻辞所显示的事物之理与人事之道加以更详细之解释。依我看来,由《周易》发展到《易传》,基本上包含三个阶段:第一个阶段是"筮",人只求吉凶、祸福、进退;第二个阶段是"开显",由卜问吉凶祸福进退进而获知所开显的事物之理或神

---

① 以上三层面解析,详见沈清松:《现代哲学论衡》,台北:黎明文化事业公司,1984年版,第5—24页。

明之意；第三个阶段是"哲理"，由思索事物之理或神明之意，转而追求事物与人事之道。占筮者若欲得事物之理或神明之意的开显，必须参考《周易》的卦爻辞，然而卦爻辞所记载的，或是借着自然的变化来言人事之变化，或是由卦爻辞的逻辑推演来言人事之吉凶。前者是由自然而觉悟人事，具动态的对比之意；后者由二二相偶而成六十四卦，则具结构对比之意。

　　《周易》由占筮以求开显，及至《易传》则由开显走向哲理。《易传·系辞》说："易有圣人之道四焉，以言者尚其辞，以动者尚其变，以制器者尚其象，以卜者尚其占。是以君子将有为也，将有行也，问焉而以言，其受也如向。无有远近幽深，遂知来物。"这段话把占吉凶视为只是易的四个功能之一，此外还以易为言论之依据、行动之指导、制器之取象，涉及了人类生活的各方面，都是以易所显示的存在法则为依据。故曰："夫易，圣人之所以极深而研机也。惟深也，故能通天下之志；惟几也，故能成天下之务。"可见易既然触及事物本身的存在法则，又触及人的存在法则，所以才能够通天下之志，成天下之务。又曰："圣人立象以尽意，设卦以尽情伪，系辞焉以尽其言，变而通之以尽利，鼓之舞之以尽神。"①这段话更说明了卦象、卦名、卦爻辞皆是为了显现理念，表达真假，穷尽言论，有利于百姓之事业。

　　《易经》一方面包含了抽象操作的数的结构，但是它并不会像结构主义那样忽视人的主体。人如果要明白吉凶，就必须参照数

---

① 所引《易经》文字皆出自十三经注疏本《周易》，台北：艺文印书馆影印，其余不另注明出处。

的结构；但对结构的诠释，还须参照主体的意义。《系辞》说："参伍以变，错综其数，通其变，遂成天下之文。极其数，遂定天下之象。非天下之至变，其孰能与于此。"这段文字说明了结构的排列组合的奥妙。但是《易传·说卦》又说："昔者，圣人之作易也，幽赞于神明而生蓍，参天两地而倚数，观变于阴阳而立卦，发挥于刚柔而生爻，和顺于道德而理于义，穷理尽性以至于命。"这段文字又把结构的变化和道德性命相互连贯。

由此可见，《易经》不但在结构对比中注入了人文的意义，而且它的动态对比主要也是指向人类历史的发展。《系辞》曰："一阴一阳之谓道，继之者善也，成之者性也。仁者见之谓之仁，知者见之谓之知，百姓日用而不知。"一阴一阳指阴阳两对立元动态辩证之发展，原属形上之道，宇宙普遍之法则，其赓续发展则能实现价值。又说："八卦成列，象在其中矣。因而重之，爻在其中矣。刚柔相推，变在其中矣。系辞焉而命之，动在其中矣。吉凶悔吝者，生乎动者也。""圣人设卦象，系辞焉而明吉凶，刚柔相推而生变化……"我们认为在此所谓的"刚柔相推"也是指动态的对比，虽然是变化的普遍原理，但其要旨仍然在于决定人的前途，也就是"吉凶悔吝"，动态对比不但包含了一阴一阳、刚柔相推，而且也包含了盈虚消息、否极泰来、剥极必复。事物在变迁过程中会由盈到虚、由虚而盈、由盛而衰、由衰而盛，都是在发展至极点而后向其对立状态发展。例如，乾卦六爻解为"潜龙勿用"而"见龙在天"而"终日乾乾"而"或跃在渊"而"飞龙在天"而"亢龙有悔"的过程。《易传·文言》进一步解释上九爻说："亢之为言也，知进而不知退,知存而不知亡,知得而不知丧……知进退存亡。而不失其正者,其惟圣人乎。"这段话所谓"知进退存亡",也是以人的历史命运的完成为主要关心点。此外,《系辞》解释否卦九五爻辞的时候也说:"危者,安其位者也。亡者,保其位者也。乱者,有其治者也。是故君子安而忘危,存而不忘亡,治而不忘乱,是以身安而国家可保也。"这段话甚至说到个人与国家的安危治乱,并以此种对个人与集体命运的关心来诠释结构之位。

由此可见,易经哲学就是一种对比的哲学,它既重视结构的对比,也重视动态的对比,两者且能互相穿透,又互成对比,但其目的皆是为了导向在更普遍的法则之下,说明人主体之意义,敦促人进行有自觉、有意识的努力,引导人类的历史前途。

这种思想进一步在道家甚至儒家的其他思想当中不断地发展。举例来说,传统的太极图正代表着结构的对比,但是吾人若将之安之于时间的轴上运转,则可得到一个代表动态的对比之图。

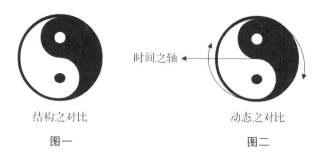

时间之轴

结构之对比　　　　　　　　　动态之对比

图一　　　　　　　　　　　　图二

这两图所表现的,正是结构对比与动态对比所构成的对比哲学的智慧。此等对比智慧还可以从其他中国哲学典籍中解析出来，兹不赘述。

三、对比哲学在西方哲学中的渊源

对比哲学在西方哲学中也有其渊源，姑且不论在前苏格拉底时期赫拉克利特所提出来的"异中之同""同中之异""多中之一"，柏拉图、亚里士多德所提出的"类比"概念，或是中世纪尼可拉·古萨（Nicolas de Cusa）所提出来的"对立的协调"（concordia oppositorum）的观念。对比哲学最接近的根源是黑格尔的辩证法。黑格尔的辩证法可谓由肯定而否定，而否定的否定；由既抽象又普遍的"逻辑"，转为既具体又个别的"自然"，再转为既具体又抽象、既个别又普遍的"精神"。这一个过程也是一种动态的对比。其中的问题是黑格尔的对比太过强调否定性的胜利，整个对比的过程是依赖否定而进展，而不是一种创造力的满盈。相反地，我所谓的对比哲学，是认为历史的动力是积极、正面的，创造力分殊而为多元，更综合多元而趋汇整的过程。

对比哲学所针对的特别是西方当代哲学思潮，尤其针对结构主义、系统理论、现象学、诠释学和批判理论等当代哲学。首先，结构主义所主张的基本原理包含三点：① 结构对主体的优先；② 共时性对贯时性的优先；③ 潜意识的决定对有意识的努力的优先[1]。结构主义借着这三项原则来对文字、社会与文化进行解析，想在其中彰举基本结构（structures elementaires）。所谓的"基本结

---

① 沈清松：《结构主义之解析与评价》，见《现代哲学论衡》，第260—265页。

构"是由对立元及其彼此的关系所构成的,被视为是决定个别文字、社会与文化的意义的普遍框架。对立元彼此的关系在于相互的差异,但仍缺乏统一,因此无法形成真正的对比。对结构主义而言,结构优先于主体,因而行为者及其主观意义并不重要,甚至被当作只是假象。结构主义认为主体已经死亡,结构决定一切,而也无法形成结构和主体的对比。其次也没有共时性和贯时性的对比,因为结构本身是系统的、共时的,任何贯时的发展都只是共时结构的某种排列组合,为此结构主义既无法设想吾人所谓的动态对比,更无法把握共时与贯时之间的对比。结构主义也不能构想潜意识的决定和有意识的努力之对比,更不能因此对比而觉醒、而创新,因为行为之主体皆被无名无姓的结构在潜意识中所决定,无法有意识地予以觉知。就此而言,人无法经由有自觉的努力产生有意义的作品,也因而结构主义是反人文主义。

结构主义所忽视的动态发展的面向,被系统理论所强调,贝塔朗菲认为所谓系统是"一套因素相互的关联",由各层级的次系统之互动所构成,这些次系统更由其他更简单的因素以更简单的方式互动而成。系统由于因素彼此的关联而有结构法则,但亦由于诸因素透过互动而在时间中发展,朝向更为复杂化的历程,因而有了演进法则①。由于结构法则与演进法则的运作,结构变成是"自我调整""自我稳定""自我复构"。由此可见,系统理论不但比结构主义增多了动态的、贯时的一面,而且可以发展出动态、贯

---

① 关于系统理论,参见 L. von Bertalanffy, *General System Theory*（New York：Braziller，1968）。

时的演进法则与静态、共时的结构法则之对比。不过,由于系统理论把主体当成只是系统中因素之一,主体没有特立之地位,更谈不上有意识的努力与意义之形成,只重视结构法则与演进法则的决定,因而系统理论亦无法构设"系统/主体""潜意识的决定有意识的努力"诸种对比。

主体和意义的重要性,在现象学中特别凸显出来。现象学认为,若要把握科学、语言和文化的意义,必须彰显隐含于主体中之构成意义之动力,即其意向性。意向性乃各主体所拥有之内在动力,若经过现象学之还原,自会指向理想而客观的意义结构,并可透过主体的努力,以原创的方式去构成意义[①]。换言之,现象学重视意义优先于结构、主体优先于系统、有意识的努力优先于潜意识的决定、异时的发展优先于共时的系统。不过,由于胡塞尔的现象学无论如何仍保持着对能思(noesis)与所思(noema)的相互关系,吾人仍可从其中发展出某种程度的"意义/结构""主体/系统"对比。

现象学所注意的是有意识地构成之意义,但是弗洛伊德所留意的则是个体潜意识中的意义动力——欲望;而批判理论所注意的则是集体潜意识——意识形态——所决定的社会意义。所谓的"批判"对于哈贝马斯而言,就是一种有意识的自我反省,借以将潜意识转化成为有意识。由此可见,批判理论中隐含了一种"有意识的努力/潜意识的决定"之对比。哈贝马斯在《沟通行动

---

① 沈清松:《现代哲学论衡》,第 161—183 页。

理论》一书中，更构设了"系统/生活世界"之对比，类似于吾人所谓"理性化的系统"与"互为主体在历史中形成之意义世界"之间的对比，乃吾人前述"意义/结构""系统/主体""共时/贯时"对比之综合及其社会化①。

综合上述的解析，我们在中国最古老的哲学思想和西方最现代的哲学中，皆发现了对比哲学的渊源，而且其中亦皆含着"主体/系统""意义/结构"之对比。若加上当代思潮中较显著的"科技/人文"之对比，将提供我们一个理论的对比架构。

四、中国文化前景的理论层面

前面曾提到，就理论的层面而言，中国文化未来所必须解决、突破的三个基本对比情境，是意义与结构的对比、主体与系统的对比和人文与科技的对比。因为在西方文化与学术的冲击之下，无论是从语言学、人类学、社会学还是从文化的角度来研究，皆显示意义与结构、主体与系统、人文与科技之对比一时之间还存在难以解决的问题。

就传统中国文化而言，儒、释、道的大传统文化，大体而言是强调意义优先于结构，主体优先于体系，人性优先于器物。然而，就西方当代科技与学术而言，大体是强调结构优先于意义，系统优先于主体，器用优先于人文。这种对比的困境及其消解，也是吾人今后必须思索的重点。

①　J. Habermas，*Theorie der Komunikativen Handelns*，Band 2（Frankfurt am Main Suhrkamp Verlag，1985），pp.229 – 260.

（一）意义与结构方面

首先就意义与结构而言，吾人可以在对比哲学中找到解决的途径。当代的人文思潮以语言作为最基本的问题，也是开启人文世界的一把钥匙。然而就语言而言，每一个语句具有语法的层面，涉及语法结构；也有语意的层面，涉及语句的意义。一个语句的语法诚然不同于一个语句的语意，然而两者是互为表里的。借用索绪尔（F. de Saussure）的话来说，两者就有如一张纸的两面，你不可能切割一面而不切割到另外一面。换言之，语言的结构与意义的关系必须重新调整，既不能偏意义不重结构，也不能偏结构而不重意义，反而必须重新看出它们相关而有别的情境。此一情境亦让我们开启了有关心物的关系，因为就此而言，物质可比之于一个语句中的字词按照语法而构成的意义底基；而心灵则是有结构的字词所指涉的意义。进一步言之，所有结构（structure）的形成都是来自心灵的结构化（structuration）的过程，而结构化的过程一旦完成，结构便会独立于其作者，而影响心灵的思维和活动加以遵循。然而凡是已经形成的，即为物，即为身；而凡属潜能的、可能性的即为心。也因此心灵总可以再结构化出其他更具涵盖性、繁复性的结构。

（二）系统与主体方面

就系统与主体而言：系统与主体的关系，尤其是在社会哲学中所凸显的。因为现代化基本上是一个系统化的过程，所有的法律、制度与生活的秩序，都是在走向系统化。在这个过程当中，主体有逐渐陷落之势,因而觉得生命没有值得奉献的理由,生活没有意义,主体被系统吞噬,也因而形成哈贝马斯所谓的"系统对于生活世界的殖民化"过程①。人的主体觉得有意义的生活,逐步被系统入侵,被其殖民,甚至成为系统的奴隶。然而另外一方面,传统的中国文化太过重视主体,尤其注意圣人之为伟大的主体,重视圣王的言行,过度凸显主体,结果一时无法建立理性化的制度,彰举社会的系统,也无法形成系统性的知识。换言之,就今天而言,系统与主体的关系必须重新调整。

若就前述系统理论来加以思考,以吾人的身体作为一个机体,我们周遭的自然环境、社会环境,无不可视为或是一种开放的系统,或是一种封闭的系统。系统的确遍布在存在的领域而且存在的领域皆可接受系统的处理,可经由结构的法则和演进的法则来加以解析。换言之,数个因素由于某种关系而连接便形成一系统,该系统在时间中由于因素彼此的互动,就会依照演进法则而变迁。然而此种理论所无法解释的是一个系统的"原初状态"(initial state)。换言之,所有的系统形成都有一个原初状态,而原初状态需要有一个设置它的主体。换言之,由主体来设置一个原初状态,该原初状态才会按照结构法则与演进法则而存在与变化。主体在设置原初状态以后,该原初状态便依照结构法则而显示数种可能性,这数种可能性彼此又有逻辑关系,可接受分析。然而主体仍然可以在这数种可能性当中进行选择,而其所选择的某一可

---

① J. Habermas, *Theorie der Komunikativen Handelns*, Band 2 (Frankfurt am Main Suhrkamp Verlag, 1985), pp.538 – 547.

能性又可以开显出其他的可能性,其间又有逻辑结构,但又可供主体来加以选择。换言之,就人类的历史而言,主体和系统是处于动态对比的过程,因而是不可偏废的。

(三) 人文与科技方面

就人文与科技而言:自从史诺(C. P. Snow)提出所谓的"两种文化"(two cultures)之说以来,人文与科技的分合问题,就成为当代以及下一世纪人类的基本问题。很显然,科技不但预备了物质生活的基础,科技也带领了一个历史的演进,因为在科技研究中人们面对了一个不以人意志为转移的纯粹理性的要求,因而有所谓"悲剧的返回"(return of the tragic)。但是另一方面,人类却更追求生命的意义,在科技普化的过程中兴起了历史意识的觉醒,觉察到人类都是属于某一个传统,在某个传统中才能够达成自觉,因此对于该传统的经典和文化需加以了解,并从阅读传统的经典获取意义,从创造作品来实现意义。很显然,在下个世纪当中,我们不能只沉湎于自己本有的人文传统,不能只想用人文传统来涵盖科学传统。但也更不能像西方一样过度地侧重科技,而忽视我们本有的人文精神,尤其在科技的宰制之下,人类正在走过虚无主义的幽谷,普遍感到没有值得生命奉献的理想,在此情形下更需动用人文资源,来协助人们走过虚无主义之幽谷。

(1) 就历史而言:科技在西方的发展过程中,在 16 世纪科学运动兴起之前先有人文主义运动作为前驱,而科学的精神也延续了人文主义传统中重视此世、发展人的能力、重视人的尊严,甚至发扬人文主义中对于经验和理性的重视。而其后在 18 世纪侧重自然科学而兴起的启蒙运动,也有浪漫主义起来强调人内在的创造和内在于人的理念的发展。而在 19 世纪,当实证主义兴起,甚至由自然科学扩展及社会科学,而有孔德将社会科学称为"社会物理学"(physique sociale)。但同时就有侧重人文的历史主义来与之相抗衡。及至当代,科技不断地普化,也有历史意识的兴起,在科技不断发展的同时,也有许多反科技的人文关怀的运动,例如环保、反核等运动与之相抗衡。总之,在西方科技发展的过程当中,科学运动有人文运动为之先驱;在科技发展中,亦有人文运动与之相抗衡;在科技发生弊端之后,亦有反科技的人文运动来批驳其弊端。

(2)就结构性的观点来讲:科技与人文在结构上也是互补的,吾人不能像狄尔泰一般,主张自然科学的知识论运作在于"解释",而人文科学的知识论运作在于"理解",这种说法将人文与科技二元化。到了后期维特根斯坦《哲学研究》中提出语言游戏的概念,认为不同的语言游戏指称不同的生命形式,也是与狄尔泰一样肯定了科技和人文的二元,是分属不同的语言游戏,分指不同的生命形式。而维特根斯坦的弟子安斯康姆(G. Anscombe)在《意向》(Intention)一书中指出"因为"的两重意义,一是因果的关系,一是动机和理由,自然科学处理因果,而人文科学处理人的动机和理由,也同样延续这种二元论的看法。

但吾人认为人文与科技不是二元对立的,相反地,它们却是一个连续的整体。就以人为例,人有最理性的动机,但也承受因果的决定。就如梅洛·庞蒂所言：人是物体中之一物，但是此物却能够证成自己的存在理由。这显示出人一方面既有其因果，但亦有其高尚的理由。人的欲望一方面可以作为一种决定的原因，同时人的欲望也可成为一个理由。从理性的动机到心理的机制，是一种连续的存在，而不是对立的。加上前述主体和系统的关系，很显然，人既受系统的决定，人也可以开出新的系统状态。由此可见，人文与科技并没有所谓"知识论的鸿沟"（coupure épistémologique），它们是相辅相成的，都是人达成自觉、完成人性的一种方式①。

中国哲学和中国文化的创造力，应该有能力解决上述意义与结构、主体与系统、人文与科技三重对比问题，而展示出 21 世纪中国文化的新面貌。

五、中国文化前景的实践层面

就实践而言，由远及近，在踏入 21 世纪的门槛之后，中国文化面对着三个主要问题：一是海峡两岸的对比；二是中西文化的对比；三是第三条路之探索。兹分述如下：

（一）两岸文化的对比

自从 1987 年底开始的两岸文化互动，对于双边而言都是一个优劣互见的新经验。虽然透过文化交流，促进海峡两岸的了

---

① 参见沈清松：《解除世界魔咒》，台北：时报出版公司，1984 年版，第 208—217 页。

解,使共同的文化渊源和民族大义在两岸人民心中继续酝酿,似乎带来了对未来国家统一的憧憬以及中华文化再造新局的希望。然而,在当前两岸政经情势复杂的情况下,两岸的互动吉凶祸福一时难定,需要更多的耐心和理性,使两岸文化的交流能够在"同情的了解、对比的自觉"①中,促成祛弊扬优的辩证发展。

如果将对比哲学的方法论和历史观,用来解析当前两岸的文化,基本上两岸文化正处于一个结构性的对比状态,但是能否产生一种动态的对比,就看是否能够掌握当前对比的情境而促动一种创造性的融合历程。两岸的文化互动并不是泛文化际的文化互动。不过台湾和大陆虽然同属于一个文化的大传统,但彼此间仍然存有差异。换言之,同根并不意味着同一,但在差异当中也仍然有共同点。

首先就差异而言,根据我在《两岸文化交通的评论与展望》一文当中所指出的,两岸当前的文化具有两项差异②:

(1)区域性的差异:自从400年前中国早期先民移民来台湾,带来中华文化的大传统和各种民间信仰,其后经由开拓经营的历程,以及移民社会的固有特质,移民社会总是一方面保有传统文化,另一方面背叛传统文化——逐渐在台湾地区形成区域性的特色。直到1949年,又强化了中华文化大传统。但是由于两岸政治的隔离,以及现代步调的加深,传统文化逐渐空洞,而草根

① 这十个字是我总结两岸文化交流的基本原则,参见拙著《从文化交流展望中国的统一》。
② 沈清松:《两岸文化交流的评析与展望》,台北:"文建会",1991年版。

性的社会力量逐步兴起。从不同的年代，顺应不同的环境，出自不同的动机，在台湾造成"空间上的移民"。大陆方面仍然占有大传统的空间母体的优势，而台湾则由于两岸隔绝、互动不易，兀自形成区域性的差异。

（2）现代化的差异：传统的中华文化是在农业社会的底基上产生的，换言之，是在前现代的脉络中形成的。直到现在，大陆除了大都会区现代化较深之外，大部分地区仍然停留在前现代的阶段，而目前正逐步由前现代迈向现代化；相反，台湾大部分地区皆已经深受现代化和工业化的洗礼，可以称之为乡村或农业社会的地区少，甚至由于国际互动密切、资讯化的发展，也逐渐开始遭受后现代潮流的冲击。就此看来，大陆地区正在由前现代走向现代，而台湾则已经逐渐从现代走向后现代，因而不止发生上述"空间上的移民"，也产生了"时间上的移民"。

然而，在以上的差异之下，两岸也有一些共同点，既然所谓的对比是同中有异、异中有同，就形成一个完整的对比而言，两岸未来的文化发展也有共同的目标，大略言之，就是"中国的特色"和"现代化"两点。

（1）就现代化而言：台湾地区由于在现代化的历程上走得较远，已经有较辉煌的成果和较丰富的经验。至于大陆方面，也一直把四个现代化当作国家建设的重要目标，迄今为止，在科技、国防方面现代化的成果卓著。然而追求更深刻而稳当的现代化，仍然可以说是两岸的共同目标。

（2）就中国特色而言：台湾地区在现代化历程上固然有相当

重要的成果，而且其现代化程度更在加深，但基本上也是因为其所拥有的中华文化传统，而产生不同于其他现代化国家的色调。换言之，台湾经验本身可以视为是中华文化在民主制度和自由经济的现代化脉络中实验与发展的历程。

就大陆而言，自从早先毛泽东提出新民主主义论，主张建设一个中华民族的新社会和新国家，其中不但有"新政治""新经济"，而且有"新文化"，因而可被视为中国共产党寻求中国特色的社会主义之开端。其后中共十三大提出了"社会主义初级阶段论"，主张在"一个中心、两个基本点"上寻求走上有中国特色的社会主义道路。大体来说，寻找中国特色也是大陆文化发展的基本方向。但无论如何，寻求有中国特色的现代化应该是两岸共同的目标。

就动态的对比而言，显然，两岸应追溯共同隶属的中华文化传统，发挥其动力，使两岸在当前的发展过程中有共同的连续感。不过，这个共同的根源也经由数十年来的分隔而产生两种不同的发展，形成一种结构性的对比。如何在这种结构性对比之下，发挥连续与断裂、继承与创新的动态性的对比，则是十分必要的。至于一个动态对比的营造，在当前的世局中，可以经由中西文化对比和第三条路探索来予以开展。

（二）中西文化的对比

中国在 19 世纪末 20 世纪初，面对着西方强势文明的冲击，走上了现代化的道路，对于西方的思潮、政经制度和生产与管理的技术,不断地加以引进。现代化本身既是一种语言的学习,也是一种制度的建立。显然地,马克思主义的引进既是一种语言的学习,也因着这种语言学习而带动了思考的方式、制度的建立与行为的模式;而资本主义也是一种语言的学习、思考的方式和制度与行为模式的建立。事实上,今天在大陆和台湾所形成的种种差异,也是在现代化历程中,在面对西方挑战之后,采取不同的语言学习所形成的差异。中西文化的关系的问题,应该放置在语言学习的脉络中重新思考①。

就此而言,历来处理中西文化问题的论点,有张之洞等人所主张中学为体、西学为用的"中体西用"论;有胡适之等人主张全盘接受西方文化的"全盘西化"论;有刘师培等人主张坚持中国传统文化优先的"国粹论";还有晚近李泽厚提出以马列为体、中学为用的"西体中用"论。从今天来看,这些论点皆各有其偏失。全盘西化论者只见西方文化之好,不见中国文化之善,既无知于西方文化之弊,复有失自家主体的地位。国粹论者只见传统中国文化之好,不见其弊,也无视于现代世界的新形势,更谈不上如何在现代世界中调适发展。中体西用论既难以辨识何者为体、何者为用,复难以适当予以调和,不免产生精神分裂之感。至于所谓西体中用论至多仅能为中国特色的社会主义提出一种理论的证成。这些说法仍然停留在"体、用"的语言中,不容易适应现代化的需要。

---

① 这一理念见于"Creativity as Synthesis of Contrasting Wisdoms", in *Philosophy East & West*, Vol.XLIIII, No.2, pp.279 - 288, Hawaii: Hawaii UP。

我认为今天处理中西文化的关系问题，必须放弃原先"体、用"的语言，改用"主体与资源"的语言。换言之，我所提倡的是一种"主体资源"论，觉醒到当代的中国人，无论海峡两岸，都是创造自己文化的主体，并在此自觉下，把传统中国文化、西方的文化，甚至其他世界文化传统的精华，都视为是此一创造的主体可以运用的资源。

现代中国人是文化创造的主体，其他无论是儒、释、道等中华文化大传统，或是民间文化的小传统，或是西方文化中的基督宗教、民主、科学、人权与社会主义，或是西方文化中产生的思潮与制度，都只是创造主体过去已创造的成果或今后可以参考使用的资源，并没有一定的束缚性和排他性。就拿儒家来说，儒家的思想与价值固然对中国文化有极大的重要性，但并不因此就得束缚中国人的文化创造力在儒家的格局里面，更不必排斥其他可能性，甚至产生主从意识，认为儒家是主，其他是从。这种主从意识甚或排他意识的偏狭性，非但没有必要，而且会有害处，历代的大儒也都没有这种偏狭的胸襟。

综言之，只要是能够体现并提升中国人的人性和存在的潜在美善，无论是马克思主义或资本主义，或是其他的思潮与制度，皆可引为资源，再造中国人更大的美善。因而更重要的是中国人必须自觉为群体命运的主宰，文化创造的主体，他可以取用过去、现在所有的优良传统为资源，在现代化的过程中创造出足以承先启后的文化形态。

（三）第三条路的探索

人类在 20 世纪的经验，证明了集体主义与个人主义皆有其困境。以个人为核心的自由主义、资本主义社会，虽然在尊重个人自由、私有财产以及私人企业的活力上有其优点，但今天却陷入了困境，个人成为欲望的深渊，自由经济所谓"看不见的手"，变成了操纵消费者的"看得见的广告"，低俗的价值充斥，虚无主义弥漫，生命的意义也被消磨殆尽。

集体主义和个人主义似乎已经难以作为人类社会的组织原理，人类有必要再寻找第三条路。所谓"第三条路"的概念原来是由新自由主义者瑞波克（Wropke）及罗斯托夫（A Rostw）[1]和社会主义阵营里面的齐克（Ota Sik）[2]等人所提出，主要的思考都是在经济上，探索自由主义所主张的"市场经济"和马克思主义或社会主义所主张的"计划经济"之外的第三条路。邬慈（Arthur Utz）教授的巨著《第三条路的哲学》更从哲学角度思考了第三条路的人学基础，提出其"位格主义"的第三条路[3]。

基本上邬慈教授对于自由主义的市场经济和社会主义的计划经济有非常深刻的洞察，并且其所提出来的哲学原理都是切中要点的。邬慈教授很清楚地指出：在西方所谓的第三条路，是曼

---

[1] 参见 H. P. Becker. *Die Soziale Frage in Neo-liberalismus*. Sammlung Politeia XX. Heidelberg Lowen 1985，pp.41 ff。

[2] Ota Sik. *Okonomik*，*Interessen*，*Politik*，Berlin，1966；*Plan und Markt im Sozialismus*，Wien，1967.

[3] A. Utz. *Zwischen Neoliberalismus und Neomarxismus*，*Die Philosophie des Driten Weges*. Koln，Peter Hanstein Verlag，1975，中译本，扬世雄译：《第三条路哲学》，台北：九鼎文化，1991 年版。

彻斯特自由主义与共产主义中央管制经济之间的中间路线,又称为"社会的市场经济"。在基本观念上,视市场为自然秩序,以个人自由为社会现实的唯一原因,私有财产为人天生的自然权利,社会变成人与人之间行为不可预知的系统。此种思想采取"唯名论"的认识论,主张除了"自利"以外,人没有其他社会责任,社会行为的规范主要是立基于"你要别人如何待你,你就如何待人"的金律。换言之,就是立基于个人与个人间的相互性等于普遍性,这种新自由主义的哲学是十分薄弱的。基本上此种第三条路的思考缺乏一套社会哲学,尤其是在个人主义的社会理论中群体生活的意义问题被排除在外。

至于社会主义的第三条路的哲学,尤其是齐克的思想,则是以整体的利益作出发点,承认整体是在经验之外的形而上的现实,个别物没有整体是不可以了解的,因此公共福利赋给个人的利益以意义,在公益中不再存在自利和公益的矛盾。这种看法一方面承认社会是有意义的整体,另一方面又承认个人是根据动机的行动主体,并认为在实际的社会中,个别行动的主体可以透过经济的机构组织,达到自利与公益合一的境界。换言之,是将理想社会的理念变成一种应然,成为个人行动的动机之一。

邬慈教授的研究指出,这个理论主要的困难在于其两点假定:第一,作为努力目标的公共福利,就社会和个人而言皆是可确认的。然而事实上,公共福利往往是透过中央组织工具才能掌握的,在其中所谓私人的利益,只有对社会无关紧要的部分才会被认可。第二,它也预设了社会的成员是由具有公益和私利合一这种道德意识的人组成。然而事实上，公共福利的道德命令与社会实际之间存在着距离；其次，想要建构一个完全使公益和私利合一的经济制度，仅属一种乌托邦。基本上齐克的思想还是正统历史唯物论的铺陈，只不过在其第三条路上，主导者不再是政党，而是计划官署。

邬慈教授也提出所谓"社会位格主义"的第三条路。他承认个人自由创造的有效价值，同时认为公共福利是可认知的一方面，经济组织承认自利的重要性，以之为生产、工作及资本创造的原动力，认可自利倾向可保障人与人之间的和平。但是，他认为私有财产不是人天生的权利，而是经济的秩序原则，在这种秩序原则中，私有财产也包含了社会责任的概念，个人的私有财产应在个人化经济制度的秩序中去实现社会的整体目的。社会责任的形构必须有其法律规范形式，也就是必须显示在经济的法律秩序中，该秩序认可个人企业的行为动机是求取最大的利润。

"位格主义的第三条路"有以下三个特点：① 承认公共福利的要求，赋予经济以整体意义；② 承认自利在行为秩序的优先性；③ 承认竞争包含法律保障的竞争与促成整体利益、善尽社会功能的竞争。就此而言，邬慈特别重视投资所造成的影响。

基本上，邬慈教授的哲学假设是以托马斯哲学（Thomistio Philosophy）为主的士林哲学所发展出来的"位格主义"为基础，他所采取的哲学立场是十分具有包容性和系统性的，能够从位格主义的角度，对于自由主义的市场经济和社会主义的计划经济都有明确的洞见和批判。他认为"个人"和"社会"可以相互协调，而

"自由"与"计划"也可以相互协调。这种基本观念十分接近于当代位格主义者慕尼耶(J. Mounier)所谓的"个人为了社会,社会为了位格"(L'individu pour société, société pour la personne)的名语。位格主义的第三条路之主张,十分切近于《易经》所谓"各正性命,保合太和"。用现代语言表达,是说每一个人皆得自我实现,而整体又显示充沛的和谐,这种精神应是解决个人主义和集体主义困境,走出第三条路的对比哲学智慧。

六、结语

对比哲学不是一元论,亦非单纯的二元论或多元论,它所重视的,是多元因素彼此的同与异、距离与隶属所形成的创造性的紧张关系,借以达至均衡,促成发展。在长期发展历程中,它重视的是延续与断裂、综合与分化的辩证动力,借以显豁历史既能传承又能创新的进程。终极言之,创造性的对比有其存有论基础,立基就存有(道)开显的韵律。

对比哲学在中西哲学皆有其渊源,但重要的是,它是思索中国文化未来的一个兼容性思考模型。此一思考模型固然要就理论层面解析出存在于"意义与结构""主体与系统""人文与科技"之间的创造性对比,使文化得以均衡而动态地进展,尤其要就现实层面,面对当前两岸互动、中西交流、个人主义与集体主义的对比情境,达至"各正性命,保合太和"的境界,使中华文化与现代化接引成功,能在21世纪实现一个既富普世性又富特色性的文化创造。

　　　　　　　　　　　从慷慨外推到文明对话

第二编

第一节　全球化、可普化伦理与宗教交谈①

一、可普化与全球化：一个哲学考察

"全球化"虽说是在晚近举世发生的一个科技、政经与文化历程，不过，既然这是一个发生在普世人类身上的历史进程，按道理说应该在人性的发展上有其依据。就此而言，全球化应可以追溯到人迈向可普性（universalizability）的历程，并可视为此一历程在全球空间中的实现。究其实，人所实现的都不是绝对的普遍性，而只是某种程度的普遍性。换言之，普遍性是人的理想，可普性及其不断地提升才是人性的本然。

故事必须从人性化的开端说起。自从人类在原始阶段捡起第一颗"石斧"（chopping stone），会运用工具后，就从对物质的全盘依赖中获取了某种心灵自由，与物质世界建立起某种程度的自由关系。自此人类踏入了所谓"人化"（hominization）的阶段，开始了某种可普化的经验。

不过，"工匠人"（homo faber）固然由于能运物以为资具，而获取自由，但仍不免于对物质有所依赖。换言之，虽然工匠人已达至"人化"（hominization）阶段，但还不能说是已达到合乎"人性化"（humanization）的阶段。及至人类有了语言，能凝聚经验，

① 选自沈清松：《沈清松学术论集：返本开新论儒学》，贵阳：孔学堂书局，2017年版，第20—37页。

揭露事理,可和他人沟通,传达思绪,并分享他人经验,其可普化程度更踏入了崭新的阶段。尤其当人类开始会从事非实用性的自由活动,诸如游戏、祭祀、原始艺术创作等等之时,便浮现了更大的自由,甚至可与人、与物达至交融的地步,此时人的经验的可普化程度更高。试想原始人在劳动一段时间之后,定会感到疲倦,但在玩游戏或祭祀与舞蹈之时,却可夜以继日为之,毫无疲态,可见这类自由、游戏、创造的活动更属于人性,且人在其中更能彼此心意相通。简言之,"说话的人"(homo loquutus)和"游戏的人"(homo ludens)更能显示人之所以为人,也就是更能显示其可普性,也因而是"人性化"(humanization)的表现。

或许《圣经》上有关巴别塔(The Tower of Babel)的神话,可以象征人类第一次有某种全球化意念①。不过,此一造塔景象除了在布鲁格尔(P. Brueghel)、瓦肯博赫(L. van Valckenborgh)等画家的绘画中可以捉摸一二之外,并无真实历史遗迹可考。然而,其中所显示的意义,或可视为人类第一次全球化构想的兴起。人类聚集在一起,想要造一通天之塔:"来,让我们建造一城一塔,塔顶摩天,好给我们做纪念,免得我们在全地面分散了。"②此一聚集人类的浩大工程是环绕着高层建筑、统一的欲望与人类的骄傲的表现。按照圣经的叙述,其结果是人类的语言反而变得多元化,彼此再也不能沟通,甚至造成分裂与冲突。

人类经历了长期的演变,直到能提炼语言,产生概念,进行对

① 事见《圣经·创世记》,十一章,1—8。
② 事见《圣经·创世记》,十一章,4。

于可普性的界定，并突破人对于物质性的声、形、影像的依赖，借以朝向更大的普遍性推进，从此兴起了哲学，这是人类的可普性更大的突破，或许就是雅斯贝尔斯（K. Jaspers）和韦伯（M. Weber）等人所谓"哲学的突破"之意。雅斯贝尔斯认为，公元前 800 年至公元前 200 年间，在中国、印度、波斯、以色列与希腊等地出现了所谓"轴心时期"，其中人类理性的作用突破了此前的"神统制度"（theogonic institutions），迈向哲学、神论或泛神论的世界宗教。

不过，哲学的突破虽在理念上指向无限的普遍性，然而，仅仅在理念上的普遍性，或说只有指向普遍性的意向，并不代表人在实际上真正实现了普遍性。前苏格拉底时期的哲学家认为宇宙中有理（Logos），人可以透过内在于己的理性（logos），达到对于大宇宙之理的认知。赫拉克利特（Herakleitus）说："人必须遵循万物共遵的宇宙之理（Logos）"①；又说："灵魂有其理性（logos），会自行成长。"②换言之，大宇宙的普遍之理可以透过人这小宇宙的理性去达到。此后兴起的智者们（Sophists）可说是语言学、修辞学的鼻祖，他们掌握到语言对人的重要性，由此开出一条线索，使得古希腊人，即使是希腊哲学黄金时期的苏格拉底、柏拉图、亚里士多德，都把"人"理解为"会说话的生命体"（toon logon exon），而后者在后来的拉丁文化中被翻译为"理性动物"（animal rationale）。

---

① Diels，*Fragmente der Vorsokratiker*，English translations by K. Freeman，*Ancilla the Pre-Socratic Philosophers*（Oxford：Basil Blackwell，1962），pp.24 – 25.
② Ibid.，p.32.

人的理性表现为亚里士多德所谓的"理论"(theoria)或"为知识而知识"(knowledge for knowledge's own sake),追求理论的普遍性,甚至就存有物论存有物(being as being),可说是对于存在的最普遍面相的探求。

然而,古希腊哲学虽已进入对无限的普遍性的向往,但在现实上,即使不世出的大哲学家如柏拉图与亚里士多德,都仍不免同意奴隶制度、男人优于女人、希腊人优于野蛮人的想法。他们所持的理由,是奴隶、女人与野蛮人,按其本性,就分得较少的"理性"(logos)。或许只有希腊化时期的斯多亚学派(Hellenistic Stoicism),由于主张人应顺服天理,并认为万物皆各具足其理,似乎真正掌握到理性的普遍性,然却也仅止于其理论而已。总之,无论苏格拉底、柏拉图、亚里士多德,或斯多亚学派,皆认为伦理是理性的作用范围,并需经由理性不断加以检查,或可声称某种普遍性。然而,彼时亚历山大大帝虽将其势力及于印度,仍未有全球化的症状。

在东方,中国哲学始于对于个人与集体命运的关怀,于是兴起所谓的"忧患意识"。《易经·系辞下传》所谓"易之兴也,其当殷之末世,周之盛德邪。当文王与纣之事邪。是故其辞危,危者使平,易者使倾","易之兴也,其于中古乎。作易者,其有忧患乎"①,在这种忧患意识中所兴起的哲学思维,其所追求的是实践的普遍性,例如《易经·系辞下传》所谓"其道甚大,百物不废"②。

---

① 《周易》,见《断句十三经文》,台北:开明书店,1955年版,第27页。
② 同上。

或《尚书·洪范》所谓"遵王之道,无有作恶。遵王之路,无偏无党。王道荡荡,无党无偏。王道平平,无反无侧。王道正直,会有其极"①。其中所显示的并非理论的可普性,而是实践的可普性。

孔子提出仁、义、礼的概念,更从人心的先验结构,导出人自觉与感通、尊重与分寸、秩序与美感的基础,并进而指出人由相互性迈向可普性的道路。儒家的伦理实践包含了由相互性迈向普遍性的历程,人与人之间相互尊重,有相互性才会有良好关系。当人与人之间的相互性逐渐扩充至可普性之时,良好关系始得以逐渐满全。子路问君子,孔子的回答先是"修己以敬",进一步则是"修己以安人",最后则是"修己以安百姓",可见是由个人的修身不断扩充到全体,使全体社会都能同享安乐,关系良好。由特殊关系发展为普遍关系,伦理生活的意义在于逐渐推动良好的关系,使由你我的相互性推展到放诸四海而皆准的普遍性,人与人不分家庭、种族、国别,只要是人,都可以以仁爱相待,建立良好关系。这是实践上更高层面的可普性。然而,古典儒家不出国门,更别说全球化了。

可以说,至此东西方在人性上、观念上、哲学上所展现的,是人性中的可普化因素,以及人追求普遍理想的过程。然而,人追求理念与实践的可普性,仍然谈不上是人类的全球化历程。

自从西方近代以来,全世界都是在西方文化的主宰之下,

_____

① 《尚书》,见《断句十三经文》,台北:开明书店,1955 年版,第 20 页。

逐步踏入全球化历程。近代西方朝向新大陆、非洲、亚洲、拉丁美洲的发现、征服与殖民之旅,开始了近代世界的全球化历程。近代科技的发展与工业化历程,为以后全球性的商业活动,开启了新纪元。然而,这一历程仍是为了偏私的利益并受限于国家主权,人类至今仍承受其苦。黑格尔认为一个未形成国家的民族,是没有历史的。他把国家视为普遍理性的体现。然而,就今天来看,国家既是新的全球化历程的推动者,也是其阻碍者。启蒙运动注重理性,认为理性体现于科学,且用理性的进步来衡量人的道德进步。启蒙精神推动的科技发展,为以后的全球化奠立了物质基础,可是,启蒙运动过度推崇科技,造成理性的贫乏化与科技的宰制,反倒使人理性的平等与发展机会萎缩。

　　直到今天,由于科技传播的迅速发展、世界市场的巨幅扩充、国际互动的频繁,举世愈来愈被卷入一全球性的整合历程。全球化虽然给予人所追求的普遍性一个物质的场地与象征,但它其实不只是人的可普性的具体实现,而且更需发挥人的更高可普化精神。自另一方面来看,所谓"全球化"其实也可能只是更严重的西化,甚至学术上所谓的"全球化"概念,其实也可能只是西方学界提出的作为在新世局中继续其霸权地位的策略①。同样,所谓"全球伦理"(global ethics)或"普遍伦理"(universal ethics)的主

---

① 例如,西方瓦特思(Malcolm Waters)也认为:"'全球化'概念,正如'现代化'概念,是一明显的意识形态疑问的对象,……用以证成西方文化与资本主义社会的扩充。……即连全球化的模式都是一欧洲模式。"Malcolm Water, *Globalization* (London: Routledge, 1995), pp.3 - 4.

张,也可能只是伸张西方伦理强制观点的一偏之见而已。

一般认为,所谓"全球化"是科技传播、世界市场和国际互动的结果。其实,今天全球化历程的出现,并不只是因为飞速的交通与传媒把全球各个角落紧密地联系在一起,也不只是由于世界性的市场与全球经济秩序的出现,甚或是国际政治愈来愈密切的互动与相互依赖关系所造成的。交通与传媒基本上是科技创新的结果,而全球经济的基本动力也是科技,至于国际的互动有相当程度借重于科层人员与智库的信息与分析。可以说,现代科学与技术的发展才是当前世界历史普世化、全球化动力之所在。

我把当代历史视为科技普世化与历史意识觉醒两者的对比张力与互动历程。一方面,由现代科技所促成的全球化过程,尤其是大众传播与信息科技,已将全世界变成麦克卢汉(M. McLuhan)所说的"全球村落"(global village);另一方面,历史意识的觉醒,导致每一文化传统对其根源性、独特性与生命意义的关怀。此两者的关系是"对比"的,意思是说两者是在一种既差异又互补、既连续又断裂的互动历程中①。在全球化与特色化的对比张力之下,除非透过各传统的独特创造,没有一种文化能够对全球文化有所贡献;然而,每一文化若不放在全球文化的脉络中相互比较,也无法确知自家文化的特殊性何在。历史意识所造成的

---

① 此一论题本人于 17 年前在《解除世界魔咒——科技对文化的冲击与展望》一书中提出。由于涉及长远的历史历程,该论题迄今以及在可见的未来中仍有效。见沈清松:《解除世界魔咒——科技对文化的冲击与展望》,台北:时报文化出版事业公司,1984 年版,第 15—21 页;修订改版,台北:商务印书馆,1998 年版。

多元文化脉络,对于全球化历程也有着重大的影响,譬如,所谓的"全球村落"实际上已被各种不同的文化兴趣与文化表现切割为许许多多不同的"全球村落"。就因特网的使用者来说,因特网虽能使全球的信息为我所用,然而不同兴趣的人每日打开不同的网页,使用不同的信息,往往造成更大的隔阂与差异。总之,今日的世界文化发展事实上已被置于全球化与特色化的对比张力之中。

总之,就哲学层面来看,今天的全球化历程是西方近代以来以科技为主所带领的历史过程的进一步实现,其人性动力基础则在于人性的可普化特质,此一特质随着人性化而诞生,但在"哲学突破"之后,由哲学家所明说,使人类有了达成自觉的凭借。若无全球化历程,此一可普化动力将无法全面而具体地实现,但全球化历程若不溯源并兼顾人性的可普性在不同文化中之表现与发展,则可能只是流于表面,甚或是西方进一步宰制世界的借口。处此情况,不同文化一方面需在全球化历程中认识自己的特色并发挥自己的特色,一方面亦需提炼并发挥自家特色文化中的可普性,在特色中提升并实现更高的可普性。

二、"可普化伦理"的探求

对我而言,伦理的传统,连同艺术与宗教的传统,都是属于一个文化的特色性之所在。文化也可以视为是一群人在特定的信仰、认知、规范、表现与行为等系统中追求并落实其可普性的生活方式,其中宗教属信仰系统,伦理属规范系统,艺术属表现系统①。也因此,我不像孔汉思(Hans Küng)②与阿佩尔(K. O. Apel)那样直截了当地主张单一"普遍伦理"③。就如同没有一个单一的"全球村落",我也认为不能接受单一的"普遍伦理"概念。我想有必要在此提出"可普化伦理"(universalizable ethics)的概念来予以替代虽无单一的"普遍伦理",但是,每一伦理传统愈是能"普化",也就是经由沟通而被更多其他传统所接受,也就更有价值。即使每一文化传统彼此皆有差异,终究能透过相互沟通而展现自家文化传统中的可普化因素。

伦理生活是一个"陶成"(bildung)的过程,借此提升人性中的可普化动力④。我们可以视伦理的陶成为一使人更人性化的普化过程(universalizing process of becoming human)。伦理预设了"多元他者",以及人与多元他者的关系,并朝向他们探寻并分享可普化的价值。德勒兹曾指出,"他者"包含了其他的可能世

---

① 其中以宗教最遭全球化的挑战。参见 Inoue Nobutaka, "The Information Age and the Globalization of Religion", in *Globalization and Indigenous Culture*, Edited by Inoue Nobutake (Tokyo: Kokugakuin University, 1997), pp.80 - 96。

② *The Declaration of the Parliament of the World Religions*, edited by H. Küng and K.-J. Kuschel (London: SCM Press, 1993);中译本,孔汉思、库雪尔著,何丽霞译:《全球伦理》,台北:雅歌出版社,1996 年版;H. Küng, *Project Weltethas*, München: R. Pieper GMbh,1990 年中译本,汉斯·昆(Hans Küng):《世界伦理构想》,周艺译,香港:三联书店,1996 年版,第 5 页。

③ K. O. Apel, "Globalization and the Need for Universal Ethics", paper presented in *La globalisation impose-t-elle une éthique universelle*, Collqium organized by le Centre d'études morales et juridiques de ISP in collaboration with le Centre de Philosophie du Droit Université Catholique de Louvain, Louvain-la-Neuve, Belgium, 24 Mars 1999.

④ 高达美对此一"陶成"过程多所讨论,见 H. G. Gadamer, *Truth and Method*, tr. by G. Barden and J. Cumming (London: Sheed and Ward, 1976), p.13. 不过,高达美认为这是发挥人性中的普遍性的历程,而我只愿保守地说,这是提升人的"可普化性"的历程。

界、他人的面容以及他者的言语①。我想，如果人在心中无他者，不承认有他者，亦不与他者互动，则根本毫无伦理可言。人的主体性的自觉与自我提升只具有道德的意义，然仅此尚不足以言伦理。在伦理中总有自我走出，走向多元他者的要求。伦理需承认差异且经由互动而由差异迈向可普化。

世界上的伦理传统虽各有不同，但仍可经由沟通而提炼出可普化的价值与规范。经由彼此真正的沟通，应可提出适用于全球化时期的可普化伦理。我在此所谓"沟通"，是由能否相互进行"外推"来规定的，就沟通而言，我较偏向于具伦理意涵的沟通概念，如胡塞尔在《现象学观念Ⅱ》中所提出的"沟通行动"概念和我所修正过后的建构实在论的"外推"概念。至于哈贝马斯的"沟通行动"，其实更是一种论辩过程，在其中"论题"与"反论"透过论辩寻找论据（Begrundung），而在双方皆可接受的更高层命题中达成共识②。然而，对于胡塞尔，沟通的意义并不只是语言性和智识性的，而更是评价性和实践性的，其中包含了爱与还爱、恨与怨怼、信任与互信，换言之，包含了伦理关系。胡塞尔说："隶属于社群的个人彼此以伙伴关系相处，不是作为相对立的对象，而是相对应的主体，无论是现实上或潜能上，以爱与还爱、恨与怨怼、信

---

① "Autrui，... C'est un concept à trois composantes inséparables：monde possible visage existant，langage réel ou parole." G. Deleuze, *Qu'est-ce que la philosophie?* (Paris：Edition de Minuit，1994)，p.23.

② 本人对于哈贝马斯沟通行动理论之批评，先是在《传统的再生》中指出"默会的共识"先于哈贝马斯所谓"论辩的共识"；我对哈贝马斯的第二点批评则是认为在沟通中先要有外推，才能达至相互理解，进而形成共识。

任与互信,彼此共同生活。"①胡塞尔这些话把沟通的伦理层面说得很明白。他在《现象学观念Ⅱ》中提出"同理心"(Empathy)作为沟通行动的实质要件。他说:"这是有关同理心的事情,在其展开过程中告知我们别人的性格,其知识与能力等等。"②

我认为,"同理心"虽具伦理意涵,但在今天由于人与人之间被更多的科技产品、符号所间隔,无法单靠同理心与他人达成沟通。处于当前社会,除非能学习他人的语言,说他人可懂的话,才能与他人真正沟通。于是,我们虽仍需具备同理心,但更需超越同理心,进而透过"外推",说他人可懂的语言,以明白他人,并使自己被明白。就其广义而言,"外推"(verfremdung,strangification)一词指称由自己或熟悉的脉络走出,走向"他者",走向外人,走向陌生脉络的行动与历程,换言之,外推包含了"走出熟悉性"(defamiliarization)、"重新脉络化"(recontextualization),并进而相互交谈,而我把相互交谈诠释为一"相互外推"的过程。

若我们要在本土文化中寻找相关的资源,以儒家为例,伦理是由相互性往可普性发展,由特殊关系向可普化关系发展。从儒家观点来看,人之所以能进入他人的世界(微世界、文化世界甚或宗教世界),是因为假定了在不同世界之间存在着某种动态的存有学关系。儒家强调的是人与人之间的自觉与感通,此即"仁"也。"仁"是一种动态的存有学关系,在此一动态的本体关联之上,可以有相互同情理解甚或外推的可能,此即"恕"也。"恕"可

---

① 《现象学观念Ⅱ》,第 194 页。
② 同上书,第 228 页。

以说是儒家型的同理心或外推。儒家的"仁"可以理解为每一个人本具的原初沟通能力。至于"恕",由于"恕者善推",则是较接近胡塞尔的"同理心"或建构实在论的"外推"①。在今天来说,"恕"也可以说是同理心加上外推的过程,藉之人可以不断自我走出,走向他者,并与他者建立适当关系。

三、由"可普化伦理"到"宗教交谈"

由于"他者"包含了他人、自然与超越界的理想和神,这使得伦理与宗教一直有着密切的关系。各宗教的教规都有着很深的伦理意涵,因为教规多属有关行善避恶的规定。不过,宗教虽皆劝人行善避恶,然而宗教的本质并不止于伦理层面,而在于借此使人有适当的心灵状态或人格以接近超越者,并与之建立适当的关系。行善避恶的目的,是为了接近超越者和神圣者并与之合宜相处。可以说,伦理是宗教在行为上的落实,而宗教则是伦理在精神上的提升。然而,由于实际的宗教形式与伦理体系都是有限的,不同的伦理体系可以通过沟通与交谈,相互学习,进而发现可以普化的内涵;同样,不同的宗教传统也可以通过宗教交谈,丰富彼此的信仰与灵修。

在下一节中,我将以"全球伦理宣言"为例,说明宗教交谈有

---

① "外推"一词原为维也纳大学瓦尔纳教授所提出,当作科际整合的知识论策略,本人将此概念扩大到文化际的层面。见 Vincent Shen, *Confucianism*, *Taoism and Constructive Realism* (Vienna: Vienna University Press, 1994)。该书由于引进文化际概念,瓦尔纳在该书序中视为建构实在论的里程碑。单就沟通层面而言,广义的"外推"表示自我走出,走向他者,并说他人的语言或他人可懂的语言。

助于可普化伦理的形成。在此我要指出,当前世界各宗教之所以会被促动去提出一个值得全球遵守的"全球伦理",是因为科技的快速发展,已使整个世界进入全球化历程,其中,伦理问题愈益急迫,举世皆然。不但科技本身已经引起严重的伦理问题,诸如生物伦理、信息伦理、环境伦理等等①,而且原有伦理传统如何与新的全球化历程相适应,也已成为各文化传统关注的问题。在世界各角落,与物质富裕相对照的精神贫困日趋明显,加上虚无主义的猖獗②,更使得伦理重建成为全球性的需求。到底在此全球化历程之中,举世密切互动之际,有没有普世适用的伦理规范? 全人类对于行为准则或伦理价值,是否可以有一些共同可遵循或至少可相互理解的价值规范? 对于这类问题的关心,促成了所谓"普遍伦理"或"全球伦理"的提出。

前文指出,人与多元他者的关系,构成了伦理的内涵,换言之,心中若无多元他者,则毫无伦理可言。宗教是人与超越界的

---

① 关于本人对科技的伦理冲击的其他讨论,见沈清松:《解除世界魔咒——科技对文化的冲击与展望》,台北:时报文化出版事业公司。增订改版,台北:商务印书馆,1998 年版,第 290 页。关于资讯科技与生物科技相关问题,见沈清松:《资讯科技的哲学省思》,台北:《哲学杂志》第 18 期,第 134—155 页;沈清松:《有何伦理判准支持复制人?》,载《中外医学哲学》(*Chinese and International Philosophy of Medicine*)第 1 卷第 3 期,第 125—143 页,English Abstract, pp.201‐203, Swets & Zeitlinger Publishers, the Netherlands;关于科技发展的伦理教育问题,见沈清松:《伦理学理论与专业伦理教育》,新竹:《通识教育季刊》第 3 卷第 2 期,第 53—69 页。

② 今日所谓"虚无主义"(nihilism)一词已失去其原先在 19 世纪末、20 世纪初所谓"重估一切价值"的深刻意义。在今天,虚无主义的概念已然肤浅化、轻佻化、无意义化。该词指的是人们不再有值得生命奉献的理想,相反地,却沉溺在对眼前可见的利益和快乐的追求之中的精神状态。关于"虚无主义"概念,见 L. J. Goudsblom, *Nihilism and Culture*(New Jersey: Rowman and Little-field, 1980), pp.3‐18。在本文中对"虚无主义"的定义则是本人的说法。

他者,或绝对他者的关系,无论此一绝对他者是老天爷,是佛,是阿拉,是上帝,是天主,是无名之神,或是"一切心灵虔诚终将相遇的遥远彼方"。合而言之,与他者的动态关系,构成了伦理与宗教。这其中含有一动态关系的存有论。在伦理上,如果不肯定他人是一不可化约、不可替代、深藏奥秘的他者,则连相互主体亦将成为不可能。诚如德希达所言,每一个人都是全然的他者,其中宛如有上帝存在。然而,如果没有绝对他者,人与他人的关系亦难以成立。可见,伦理问题终需与宗教连起来思考。

　　人虽有开放精神,会追求普遍性,但人也会自我封闭,在私欲中堕落。正如涂尔干(E. Durkheim)所言,若将个人留给其自身,个人将会在欲望的深渊之中备感痛苦,甚至倾向自杀,唯有在群体之中,个人始得以获得解脱。或如霍布斯所言,社会契约对于会因着全面斗争而走向死亡的个人,具有救赎的作用。同样,宗教信仰的救赎作用也离不开群体的解放作用,使人因着指向他者,而从个体欲望的折腾中获得解脱。人性的这种封闭作用也会发生于制度性宗教之中。若是一个宗教自以为是,自我封闭,不向人的生活世界开放,也不向其他宗教开放,将会如同圣殿教派那样,将信徒带向集体死亡。宗教必须向其他宗教开放,看出其他宗教也是神圣显现(theophany)之所在,并借此了解到自身的不足。宗教交谈是建立在如此一个伦理学和形而上学的基础上的。伦理学是因为若无向他者的开放,则毫无伦理可言;形而上学,是因为一切的显现都是有限的显现,必须进而向其他的显现形式开放。于是,向多元他者学习,借以丰富自己也可以克服历史包袱所形成的信仰传统的呆滞性。从多元他者得到自我超越，或说是得到救赎，这是伦理与宗教交谈的共同原则。

四、一个实例："全球伦理宣言"

"全球伦理宣言"可以说是由宗教交谈促成可普化伦理共识的最佳实例。德国神学家孔汉思在宗教交谈的背景与脉络中，试图提出一套"世界伦理构想"（Projekt Weltethos）。先是由联合国国际文教处于 1989 年 2 月在巴黎举行研讨会，由孔汉思主讲，研讨主题是"没有宗教间和平就无国家间和平"（Pas de paix entre les nations sans paix entre les religions），并邀请来自佛教［由阿部正雄（Masao Abe）代表］、伊斯兰教［由亚坤（M. Arkoun）代表］、犹太教［由包络维次（E. B. Borowitz）代表］、基督宗教［由格佛瑞（Cl. Geffre）代表］与儒家（由刘述先代表）的代表。其后，于 1992 年间由孔汉思负责起草宣言，并经过不同的宗教学者、专家的参与和修正，其中包括中国哲学学者李泽厚、秦家懿等人的参与。最后，于 1993 年 8 月 28 日至 9 月 4 日，由 500 位代表全世界宗教的人士在芝加哥集会，研讨世界伦理问题，并发表"全球伦理宣言"，开启了一个"全球伦理"运动[1]。在此一运动的精神下，联合国国际文教处的哲学组也以推动"普遍伦理"为其最重要的工作，于晚近开始分区会议，第一次

---

[1] *The Declaration of the Parliament of the World Religions*, edited by H. Küng and K. J. Kuschel（London：SCM Press, 1993）；中译本，孔汉思、库雪尔著，何丽霞译：《全球伦理》，台北：雅歌出版社，1996 年版，第 19 页。

分区会议在北京举行①。

虽然我个人觉得，是否确定有一个"普遍伦理"或"全球伦理"，是还值得讨论的，但至少"全球伦理宣言"开始了一个不同伦理生活体系彼此交谈的过程，且其中包含了宗教交谈。在现实上，正如第一次研讨会的主题所昭示的，各宗教应能体验到"没有宗教间和平就无国家间和平"。可见，与他者相关的两个部门，宗教与伦理，两者的交谈与互动的历程其实是息息相关的。

在名词方面，原先孔汉思提出的是"世界伦理构想"（Projekt Weltethos），不过，在翻译为英、法语时，孔汉思承认 Weltethos-world 一词可以译为 ethic 或 global ethic，兼具"世界伦理"与"全球伦理"之意；法文译名 éthique planétaire 较为重视"全球伦理"之意，其他意大利文、西班牙文的译名则较重视"世界伦理"之意。虽然说"世界"一词与"生活世界"有较大关系，也有更多的现象学意涵，但是在我看来，无论使用"全球伦理"或"世界伦理"来表意，都只限制在人类居住的地球上，也就是我们所熟悉的这一世界、这一星球适用的伦理，而不包含其他世界、星球或有生物、有智能存在者也适用的伦理。至于联合国国际文教处哲学组所推动的，以及其他哲学家如阿佩尔所提倡的，则是"普遍伦理"。既属"普遍"，在逻辑意义上讲，应有更为全称的意思在内，虽然我对于此一普遍性仍有所质疑，倾向于只承认有"可普化伦理"，而不承认有"普遍伦理"。

---

① 我本人只参加了联合国国际文教处哲学组在北京举行的第一次分区会议。

此外，值得注意的是，"全球伦理宣言"所主张的是"伦理"（ethic，ethos），而非"伦理学"（ethics，ethik），前者只是大家接受或可以接受的价值、规范与行为准则，而后者则是一种对于行为价值、规范与准则的神学或哲学的后设论述。换言之，全球伦理是从宗教悲天悯人的关怀中，发自宗教的灵修与伦理泉源，对于当前迫切的问题，诸如生态、贫穷、饥饿、贫富悬殊、社会失序、藐视公义、杀害儿童、宗教战争、侵略与仇恨等等，而拟议一普世可接受的最低限度的伦理原则，其目的不在于建立一套伦理学说。在"全球伦理宣言"中关切的是：

> 在地球上，成千上万的男女正遭受失业、赤贫、饥饿、家庭破碎的煎熬……两性之间及两代之间越来越紧张。孩子们在杀人和被杀中，不断死亡。……政治及商业的腐败……社会、种族、伦理的冲突，滥用药物，结构性的罪恶，甚至无政府状态，使得我们愈来愈难和平共处。……地球的资源被继续无情地抢掠，生态环境的崩溃威胁着我们的安危……一些宗教领袖一次又一次发动侵略，盲目狂热，仇恨及敌视外国人，他们策动战争，并使之合理化。①

不过，检讨起来，按伦理问题所涉层面而言，世界宗教会议在"全球伦理宣言"中所看到的伦理问题，是不是全球性的，仍有疑

① 孔汉思、库雪尔著，何丽霞译：《全球伦理》，台北：雅歌出版社，1996年版，第19页。

义。像两性之间的问题,在许多文化或国家中,仍局限在个人交际的伦理范围内;至于夫妇之间、两代之间的问题,诸如虐待儿童、家庭暴力问题,有一大部分是属于家庭伦理问题,连同青少年犯罪,虽往往被视为社会问题,但仍有部分是属于家庭的私领域,其中仍有着国家或社会都难以介入的隐痛。至于像失业、赤贫、饥饿、滥用药物、结构性罪恶、社会失序、政治及商业的腐败,甚至无政府状态等问题,其解决迄今仍然局限在主权国家范围内。至于种族、宗教的冲突,往往是属于特定地区。唯有涉及整个地球与全人类者,如环境污染、全球经济秩序等等,是较为明显的全球伦理问题。

值得注意的是,这样一个计划是由宗教界人士率先发起的,显示不同的宗教传统,作为人类心灵的资源,的确可以共同合作,将其对人类命运的关怀与灵修资源,共同注入当前社会,使正行走于后现代虚无主义幽谷的人们,能够重新树立值得奉献生命的理想,服膺于人类可共同追求与遵奉的价值与规范。在"全球伦理宣言"中所提议的必要准则包含了以下四个领域的建构:① 建构非暴力及尊重生命的文化;② 建构团结一致且据公正经济秩序的文化;③ 建构互相包容及具有真诚生活的文化;④ 建立两性之间具有平等权利和伙伴关系的文化①。

大体上,在宣言起草与通过的过程中,没有一个宗教质疑全球伦理宣言的必要及其实用性,他们也都承认"每一个人都应受

---

① 孔汉思、库雪尔著,何丽霞译:《全球伦理》,台北:雅歌出版社,1996 年版,第 24—31 页。

到人道的对待"这个伦理基本原则,也都承认各文明中皆存在着的金律(Golden rules),诸如孔子的"己所不欲,勿施于人"。犹太经师西列尔(Hillel)所说的"不要对别人做你不想他们对你做的事情"。纳匝勒人耶稣说的"任何你想别人对你做,你也要对他们做"。伊斯兰教说的"你们中没有一个是门徒,若他不祝福其弟兄如同他祝福自己一样"。耆那教说的"人应对世俗之物保持中立,对待所有世上之物如同他们希望如何被对待一样"。佛教说的"一个对我来说不舒适愉悦的状态,对别人也是一样的;我又如何能把这对我来说不舒适愉悦的状态强加于他人"。印度教说的"人不能以一个连自己也不喜欢的态度来对待别人,这是道德的本质"①……

如今检讨起来,以上这些金律都假定了"相互性"的原则。其实,"相互性"虽然是社会组成的原理,也是伦理的重要原理之一。然而,如果没有走出自我,慷慨走向他者,就无法真正成立相互性。而且在完成相互性之后,还可以进而发挥无私的爱与慷慨,这更是伦理的极致,正如耶稣为人类而死,佛陀涅槃之时仍然惦记众生。至于相互性还可区分交换的相互性与非交换的相互性。上述的金律属非交换的相互性,有着各宗教都可接受的伦理意涵。至于交换的相互性虽具社会性,然仍不足以称为伦理的,像因着"礼尚往来"而相互"送礼",虽然是一个合乎社会"相互性"要求的交换行为,但并不足以称为是伦理行为。相

---

① 孔汉思、库雪尔著,何丽霞译:《全球伦理》,台北:雅歌出版社,1996 年版,第58—59 页。

反,"赠与"并不是"送礼",而是出自无私的慷慨,这是一个高度的伦理行为。

此外,相互性仍然停留在由"主体"引申出来的"互为主体"层面上。互为主体是近代主体思想的延伸,然而,到了后现代,已由"主体哲学"转往"他者哲学";而我更推出"多元他者"概念,替代后现代所侈言的"他者"。平实而论,心中若无"他者"(otherness,alterite),则毫无伦理可言。所谓"多元他者",包含他人、自然与超越界,而所谓的他人,并不只是别的个人,还包含其他语言、种族、国家、文化的人,各有其面容、语言与个性,已然是多元他者。

值得注意的是,世界宗教议会在讨论"全球伦理宣言"时,有关各宗教传统的信仰对象,如"上帝""阿拉""佛陀"等的差异,接受了来自佛教礼貌的抗议。佛教徒指出:"我们惊异地看到不同传统的领袖解释所有宗教为神的宗教,并且不当地把佛陀与神并列。""佛教徒认为佛陀的意思就是'觉者',这'觉者'居于我们之内,称为佛性。"①按照孔汉思的说法,如果世界宗教议会讨论宗教经验、仪式与灵修的合一,是没有能力引起全体宗教共鸣的,但世界各宗教对于肯定全球伦理与对语言沟通的重视,则深有共识。也因此,他们决定不把不准备寻求共识的议题纳入讨论,且同意一起思考针对现今的情况,寻求将宗教传统中的宝贵古训用共通的语言表达出来。这点显示,人类的伦理生活处境是所有宗教的共同关心,可视为宗教交谈的重点,至于观念系统或教义上

---

① 孔汉思、库雪尔著,何丽霞译:《全球伦理》,台北:雅歌出版社,1996年版,第52页。

的沟通，则倒是不急在一时。即使仍有许多教义及名词上的分歧，"全球伦理宣言"仍然受到全体宗教的共同签署并予公布。

五、宗教交谈的策略："语言习取""外推""相互外推"

一般而言，透过"语言习取"（language appropriation）与"外推"（strangification）、"相互外推"，将可以使得不同的"微世界""文化世界"与"宗教传统"透过交谈，彼此尊重、相互沟通、相互丰富。换言之，借由"语言习取""外推""相互外推"，可以对应当前世界多元分歧与冲突充斥的困境。差异并不排斥可共同理解，相反，正因为有差异，才可以相互丰富。但是，应如何经由差异达到相互丰富呢？"语言习取""外推"或"相互外推"正是两个不可或缺的步骤。

对于当前的宗教交谈而言，"语言习取"或许是更为急迫的事。所谓"语言习取"，简单地说，也就是一种学习其他学科、文化或宗教的语言，这不但代表人对他者的关心，且可借以自我走出，自我丰富并进而进行外推的行为。在我看来，佛教进入中国初期，像竺法雅、康法朗、毗浮、昙相等人所进行的"格义"①，其实也是一种"语言习取"。换言之，他们借着学习与获取老庄的语言，来外推佛学，称为"格义佛学"。对我而言，"格义"基本上是一个语言习取的过程，也会经由文化的特定条件来加以诠释。

由于有了语言习取，进而便可以进行外推，把自己的想法、主

① 所谓"格义"原是指"以经中事数拟配外书，为生解之例"，见《梁传》卷四《竺法雅传》。

张与价值透过别的文化、学科、领域可以懂得的语言讲出去，纵然在翻译过程中会有某些意义流失，这是无以避免的。在"格义"过程里，免不了会加以诠释；在"外推"过程里，意义也会有所流失。但是，整个过程至少说明了自己的内涵与别人可以有共同理解的地方。唯有外推得过去，才可以使自己的内涵被人家了解。如果只是在本土范围里说自家学问有多好，却根本没办法讲得让别人懂，这只证明了这样的主张或价值的局限性。换言之，如果一个主张只能封闭在自己的圈子里，其真理或价值只是局限性的。人不能自满于那些只在自己范围里有效，可以在自家里自吹自擂之物。如果能够用他人或别的学科、文化、宗教可以懂的语言来讲述，即使其中会有流失，仍可以显示更大的可普性。

我近些年来由于参与建构实在论①，也使用其中的"外推"（verfremdung, strangification）观念，并将它从原先只适用于科际整合，扩充到文化际的互动，甚至进而推至宗教交谈，主张"相互外推"。在《建构实在论运动》（*The Movement of Constructive Realism*）一书中，收入了拙作《佛教与基督宗教间的宗教交谈——外推与对比的观点》（Inter-religious Dialogue Between Buddhism and Christianity-Conceived with Strangification and Contrast）

---

① "外推"（verfremdung, strangification）一词是晚近兴起的建构实在论用于科际整合的策略，建构实在论是由许多不同学科的学者所组成的，例如科学哲学家瓦尔纳、维也纳大学心理系教授古特曼（G. Guttmann）、数学及科学组织的学者费雪（R. Fisher）、物理学家皮西曼（H. Pietschmann）、历史学者布鲁纳（W. Brunner）等。此一新的知识论运动目前已推广至德国、荷兰、法国、南北美的一些大学，而且在社会学、人工智慧、医学、心理治疗学、音乐学不同的领域中亦逐渐出现与之相呼应的研究方向。

一文①，其中，我把对比哲学与外推方法推展至宗教交谈的领域。简言之，所谓"外推"是走出自己，走向他者，走向别异的行动（Strangification is an act of going outside of oneself and going to the stranger，to the other）。换言之，外推要求不自限于自己一向的范围，而要不断走出熟悉性，不断向他者开放，不断重新脉络化。除了由学科或语言的不同构成了不同的"微世界"之外，还有由于不同的生活、价值与习俗构成的各种"文化世界"（cultural worlds），以及由于宗教信仰的终极真实不同，教义、教规与礼仪的差异，形成了不同的"宗教传统"。然而，不同的"微世界""文化世界"与"宗教传统"仍可以透过语言习取，相互外推，达成相互理解，甚至相互丰富。我认为可把"语言外推""实践外推"与"本体外推"三种外推方法，推展到宗教交谈领域。"语言外推"（linguistic strangification），指每一宗教传统应可以用另一个宗教传统能够了解的语言说出自己的主张，即使这过程会有不可避免的意义流失。其次，"实践外推"（pragmatic strangification），是将自己的信仰设身处地置于另一宗教产自的社会脉络。至于所谓"本体外推"（ontological strangification），本意是指经由实在本身的迂回，进入另一"微世界""文化世界"与"宗教传统"。这点对于宗教交谈尤其重要，因为经由对于不同宗教的终极真实的体验，可以更容易理解对方的宗教传统。甚至，进而双方彼此"相互外推"。

---

① Vincent Shen，"Inter-religious Dialogue Between Buddhism and Christianity – Conceived with Strangification and Contrast"，in Thomas Slunecko ed.，*The Movement of Constructive Realism*（Vienna：Wilhelm Braumüller，1997），pp.225 – 242.

历史上，中国儒、道、释三教的互动关系，在冲突与融合的过程中也包含了不断"格义"与"外推"的过程。经历了魏晋南北朝，佛、道两家在争论之中也相互影响，不但佛教有对道教的"格义"，道教对佛教语言也有所习取，甚至及于经典，例如道教习取佛教的"佛性说"，改为"道性说"，可见于《大乘妙林经》《道教义枢》等道教经典。此外，唐太宗贞观十三年(公元639年)祭酒孔颖达、沙门慧净、道士蔡晃在弘文殿进行"三教讨论"，这是一种较涉及实质性的教义讨论。自中唐以后，天子生日举行的"三教讨论"则多集中于礼仪性讨论。"三教讨论"也可以视为中国式的宗教交谈的形式之一。

在宗教交谈里面，透过"格义"与"外推"，不同宗教可以在观念系统层次达成相互理解，甚至相互丰富。不过，正如"全球伦理宣言"的研拟与通过所显示的，教义与观念层次的交谈较为困难。过去，宗教之间互动时，宗教家与学者的交谈往往只集中在一些重要概念的比较，例如儒家的"天"，佛教的"佛"，基督宗教的"上帝"；或儒家的"性善"，基督宗教的"原罪"，佛教的"无明"或者"佛性"；或佛教的"空"，基督宗教的"至福"，等等，所以成果不大。平心而论，这些仍可经由语言外推达至相互理解。尤其是透过"实践外推"与"本体外推"，经由对于不同宗教的组织、仪式、教规和终极真实的认识与相互外推，可以更容易达成彼此的认识与理解。究其实，皆旨在寻找终极真实，以获得生命的意义。此外，还需借助于现象学对"体验"与"生活世界"的重视[①]，以及实用主义

---

① Vincent Shen, "Life-world and Reason in Husserl Philosophy of Life", in *Analecta Husserliana*, Vol.XV II (Dordrecht: D. Reidel, 1984), pp.105 - 116.

"信仰与实践互依"的想法①。就此而言,面对当前生活世界的需要,社会由于现代化的冲击,虚无主义的猖獗,价值理想的崩毁,人们精神生活贫乏的困境,各宗教应可透过交谈,共同汲取各宗教中的观念与灵修资源,开启智慧,抚慰人心,同时也可以相互交谈,相互合作,共同促进人类价值与伦理的重建。这种实践的交谈要比教义的交谈更为容易,"全球伦理宣言"可为明证。

六、结语：宗教交谈与信仰忠诚

最后,我们必须指出,在伦理层面向他者的开放与在宗教层面透过交谈而相互理解,并不表示要放弃自己的宗教信仰。特定宗教对某一终极真实的界定,及其与某终极真实的关系,虽可透过伦理普化与宗教交谈而拓深,但不能因此失去该信仰的特性与忠诚。就此而言,伦理普化或宗教交谈仍有其限制。

且让我以所罗门王(King Solomon)为例来说明。首先,所罗门王是举世皆知最有智慧的君王,他之所以有智慧,是因为他向上帝别无所求,不为自己祈求长寿和富贵,也不要求报复敌人,取敌人的性命,而只为自己"求了智慧,为辨明正义"。换言之,他是为了明白治国与伦理所需的正义,也就是为了公共的或可普化的正义,而祈求智慧,并因此而获得智慧。

再者,所罗门王晚年很有宗教宽容的精神,他在晚年娶了许多妻妾,并让自己的外国妻妾都修筑丘坛,各向自己的神焚香祭

---

① J. E. Smith, *The Spirit of American Philosophy* (Albany: State University of New York Press, 1983), p.44.

献。不但如此,他还自己"崇拜别的神","随从了漆冬人的女神阿市托勒特,和阿孟人的可畏之神米耳公"①。伦理与政治的智慧与宗教宽容是这两段故事的主题,其中夹杂着对于女色的欲望。所罗门王虽有伦理的智慧与宗教宽容,但晚年却为了周遭的妻妾而失去宗教忠诚,"他的心偏离了两次显现给他的上主",甚至因此使他的后代失去了王国。宗教交谈需向其他宗教开放,但这并不是要放弃自己的信仰。所罗门王虽宽容其他宗教,但他并没有因此而加深自己的信仰。相反,他在宽容中失去了对自己的信仰的忠诚。

我想,所罗门王的宗教宽容事实上仍是一种伦理意味的宽容,也就是一种对于多元性的生活方式的宽容,这一精神和他早期企求的政治与伦理的正义与智慧等美德,在精神上是一致的。换言之,所罗门王的宗教宽容仅止于伦理层面,还没有达到宗教的深度,没有认清自己与自己所信仰的宗教之间的终极真实的关系,也没有醒觉自己在"宽容"中崇拜漆冬人的女神和阿孟人的可畏之神的意义,使得这样的崇拜成为一种在多元中妥协的行为或因着欲望而成为软弱的表示。

所谓宗教忠诚并不是对某一特定宗教制度、教堂或圣地的忠诚。其实,宗教信仰是一种将自己内在精神中最真诚的部分揭露出来的方式,是一种体验在人性中本具与开显的真理的方式,它肯定了人和终极真实或绝对他者的关系,且后者需要人以最深切

① 《圣经·列王记》第十一章,第1—8页。

的内在、最真诚的精神动力来参与,并不受制于不同的教会制度与神圣场所。换言之,在宗教宽容与宗教交谈中,人所仍须忠诚的,是自己与终极真实或绝对他者的关系,以及此一关系所涉的内在真诚性,虽然这些都可以因着宗教交谈而更加丰富,更可普化。

总之,多元的宗教正显示神圣显现方式的丰富,透过宗教交谈,人应能加深自己的信仰,带出自己的全心与本真。而且,人与绝对他者的宗教关系,也将更能丰富人与人的伦理关系,并以其不断超越的动力,提升伦理的可普化程度,使伦理真正朝向更大的普遍性迈进。

[原载沈清松:《对比、外推与交谈》,台北:五南图书出版股份有限公司,2002 年版,第 459—482 页。]

第二节　海外华人与中道精神
——从灵根自植到和谐外推①

一、中国人的飘散经验和中国哲学

由于全球化的影响,近三四十年来人口的世界性移动现象已吸引越来越多的学者进行学术研究,尤其在人类学、国际研究和比较文学领域。近数年来的世界性人口移动和不同文化团体的身份认同问题,应该也有其哲学向度,也因此值得进行哲学反省,

---

① 选自沈清松:《跨文化哲学论》,北京:人民出版社,2014 年版,第 294—316 页。

就如同我们在一些非洲和印度哲学家研究他们的飘散经验的著作中所看到的①。然而,有关华人的飘散经验的哲学研究工作相形之下却显得凤毛麟角。此外,随着近数十年来世界性人口移动的快速发展,中国哲学家拥有更多的机会出国,无论是求学、交流、研究或教授中国哲学。因此,对华人的飘散经验以及其与中国哲学的关系的思索,应被视为当前中国哲学家的任务之一。更何况背井离乡一直是中国人生存的重要经验,而目前有很多华人因求学、工作、经商、移居而背井离乡,飘散海外。哲学应该也能为这种背井离乡、散居海外的生活,提供安身立命之道。

"Diaspora"一词源于希腊语,原意为"散""分散""散播"等,用来表达在希腊殖民化过程中希腊人的扩散或分散的经验。这种经验在中文里可译为"散"或者"散播"。虽是源于希腊语,同样的语词也被用在翻译《梅瑟五书》为希腊文《七十贤士译本》之时,用以指称犹太人在巴比伦流亡时期被迫离开家园和圣殿的经验。后来,该词也被用来指称晚近犹太人还没有祖国,更不用说没有圣殿的分离和分散的经验。这一经验在中文里较好译为"离"或者"分离"。基于上述,晚近学者综合两者,将 diaspora 一词译为"离散"。

事实上,无论是分散或分离,都含有走出自己去与多元他者相遇并共同生活的变动过程,此一经验始终是一个进行哲学思索

---

① 例如 Jayanta Kumar Ray 诠释了印度人的飘散经验,参见 *History of Science Philosophy And Culture In Indian Civilization*,Volume X Part 8, 2009;此外,Pradeep A. Dhillon 在"Longest Way Home – Language and Philosophy in Diaspora"中诠释了非洲人飘散的哲学,参见 Philosophy Born of Struggle or Philosophy and African-American Studies at http//pbos.com/。

的良好机缘。我认为飘散四方本身就是对哲学思索的一种挑战。难怪古希腊哲学是出现在希腊殖民地,是在希腊人最早的爱奥尼亚(Ionia)殖民地区,更特定的是在米利都城(Miletus),出现了如泰勒斯(Thales)、阿那克西曼德(Anaximander)和阿那克西米尼(Anaximinis)这些最早的古希腊哲学家。遇逢多元他者之处,成为古希腊哲学与西方哲学的摇篮。此外,也是在希腊人统治下的多元文化和种族交杂的亚历山大城(Alexandria),由于当时的犹太人虽接受了希腊语和希腊文化,但仍眷恋着自己的家园和圣殿,从而产生了犹太哲学家如亚历山大城的菲罗(Philo of Alexandria,公元前20—公元50年)。他被称为是"一位离散的思想家"(un penseur en diaspora)。哈达斯·勒贝尔(Mireille Hadas-Lebel)认为,也就是在当时的亚历山大城,最早出现了今日意义的"diaspora"一词,换句话说,"diasporas"不仅是指一种分离状态,而且指分离在家园之外的许多个别社群①。

　　但是,当我们把"diaspora"一词用于祖国之外的华人移民和散居者时,首先,应注意到其与希腊人或罗马人殖民化过程中扩散或分散的经验之差异。后者在建立殖民地时,总是带着征服原住民的暴力以及统治他们的压力手段。对比之下,华人之所以飘散海外,在历史的脉络上并非为了殖民而运用大规模暴力征服的结果。此外,华人的飘散经验也不同于犹太人与圣殿分离的经

---

① See Mireille Hadas-Lebel, *Philon d'Alexandrie: Un penseur en diaspora*(Paris: Fayand, 2003), pp.55－56.就犹太经验而言,我特别将 diaspora 翻译为"分离"或"离散"。

验,尽管飘散海外的华人也是背井离乡,并且仍然眷恋祖国,但华人拥有的是人文关怀、多元信仰和俗世的生活理想,因而并不像犹太人那样系念于一座圣殿。所以,在我看来,一些华人学者用"离散"一词来翻译"diaspora",虽有利于综合原文中希腊人和犹太人"分散"与"分离"的含义,但必须注意的是:这一综合对于了解华人的海外飘散经验,也会产生一些误导。

在 20 世纪后半叶之前,很少使用"飘散华人"(Chinese Diasporas)一词,倒是"华侨"(Chinese overseas,huaqiao)一词运用得非常广泛,用来指称源自中国而居留在中国本土以外其他国家的人。在 19 世纪晚期,"华侨"一词与其他诸如"华人""华民""侨民"等词语一起使用。到了 20 世纪初,国民党人士首先在政治意义上使用该词,后来中华民国和中华人民共和国官方继续如此使用,目的都是为了与爱国的海外华人建立起纽带关系并争取他们的支持。但是,我们现在注意到,"华侨"是一政治上以中国为中心的词语,把所有海外中国人,即使他们已经归化并入籍其他国家,都视为仍然隶属于中国,只是不在中国居住而已。然而,当使用"华侨"一词及其政治内涵时,该词所涉及的政治意义和自我理解曾经给海外华人制造了不少政治问题,甚至是麻烦与灾难,譬如有关他们在居住国入籍的性质、文化认同、政治忠诚和最终归属等;虽然他们有当地国籍,但还是会被带着狐疑眼光的人质疑,因为他们总有潜在的可能,甚至秘密地去服务于中国的利益,而不是当地政府的利益。这在暴乱或种族冲突期间,特别是在带有反华动机的冲突中往往会给华侨带来灾难性的影响。

我目前使用的是"飘散华人"（Chinese diasporas）一词，而不是"华侨"。为了找寻一个更好的中文翻译，我踌躇不愿接受王赓武所用的"散居"一词，其字面意思是分散的移居。遗憾的是，"散居"一词没有明确地区分国际散居和国内散居的语境，然而一个家庭或一个群体往往可能分散移居在自己国内，或者分散移居在其他不同的国家。若使用"离散"一词，又有点太接近"diaspora"一词源于希腊和犹太的语义。为了使其更具有华文意蕴，我倾向于使用"飘散"，甚至"飘散四方"，这样更接近唐君毅所说的"飘零"之意。不同的是，"飘散"和"飘散四方"保留了分散的含义，同时排除了"飘零"中的"零"字所蕴含的零星或零碎分散的含义，因为当前的华人飘散群体规模并不零星或零碎。在当代中国哲学家里，我认为从内地旅居香港的哲学家唐君毅（1909—1978），是最早严肃地将华人的海外飘散经验纳入其哲学反思的哲学家。1961年他在《祖国》发表《说中华民族之花果飘零》，迄今已迈出五十载。该文使用了"花果飘零"此一优雅的词语或隐喻。诚然，花果飘零的隐喻十分鲜活，而且诗意地表述了由于现代中国大量的人口外移而造成的中华文化飘散的事实。

最有意思的是，唐君毅认为在异域定居的华人应将其原有灵根植入新的文化脉络，称之为"灵根自植"。他认为华人的所谓"灵根"就是"中"国人的"中国性"所在，也因此中国人应该守"中"，无偏无颇，他说："要做'中'国人便不要做'偏'偏倒倒的'歪'人。"①

---

① 唐君毅：《论中华民族之花果飘零》，台北：三民书局，1974年版，第104页。

他在多处强调了"中国性"[1],并使用出自《中庸》的"中道"一词加以诠释[2]。他指出,"中"国人注定了要"……行于'中'道。……此是中庸所谓'中立而不倚,强哉矫'的中道"[3]。虽然"中"的论述在该书中没有获得较长篇幅的开展,然而唐君毅似乎把它理解为植根于人内心深处的生活价值与自觉的理想,表现于中华文化和语言之中,诸如讲究修身、孝道、尊师重道及其他家庭价值与社会价值等等。

唐君毅的"花果飘零"和"灵根自植"这两个中文语词虽然十分优雅,且在今天对于飘散海外的华人仍然颇具启发性,但若用作术语,确有诸多不便。在某些语境下,"飘零"一词不适合用于理论语言,用来说明由大量移民导致的人口分散到异国的事实。再者,该词虽不像"华侨"一词那样具有政治上的华夏中心主义,但它仍具有文化上的华夏中心主义,将中华文化散播于异域比喻为"花果飘零",并寻求"灵根自植"。实际上,唐君毅认为中国文化的飘零是一"民族大悲剧"。他甚至建议:中国移民除非在不得已的情况下,千万不要加入外国籍;且他们若与其他中国同胞讲英语而不讲中国话应该感到羞耻。

二、定义"中国性"的"中"概念

接下来,让我来探究"中国人的飘散经验"(Chinese diaspora)

---

[1] 唐君毅:《论中华民族之花果飘零》,台北:三民书局,1974年版,第92、93、95页。
[2] 同上书,第110页。
[3] 同上。

一词里的"中国人"一词，该词强调"中"的概念。老实说，"中"的概念对于中国人的集体意识发挥着深层的思想作用，并且深刻地影响了中国人对于移民和飘散问题的看法。"中"的概念对于"中国"的观念是至关紧要的。"中"的概念有其形而上的、心理的和政治的三个层面的意义。在形而上层面，"中"指的是超越的终极实在。这意味着正中标的之真实存在、真理或是终极实在。正如艾良德（Mircea Eliade）所声称的那样，在所有古代种族与部落的信仰和哲学概念里，人在本体层面的中心，总是与宇宙的终极实在或宇宙的中心联系在一起。在中国哲学里，这一点也是用"中"一词来表达的，认为当人与世界的终极中心合一时，人便能获取宇宙深不可测的创造力。但是，对于那些对终极实在的存在持否定态度或怀疑态度的人，或对于那些声称持着"后形上学"（post-metaphysical）的思考方式的人，或是对于那些把连这样的问题都给遗忘了的人，如此断言，以某一终极实在为宇宙的统一中心，是难以让他们信服的。

在心理层面，"中"可以诠释为情感表达之前的先验自我①。正如《中庸》所说，"喜怒哀乐之未发谓之中，发而皆中节谓之和"。换言之，在人的心灵生活中，有一心理的核心或真实自我，是参照宇宙的中心而界定的。这不仅是如康德所说，仅只是一先验的可能性条件，而是喜、怒、哀、乐等所有经验性的心理状态所出自的先

---

① 我区分"先验"（transcendental）和"超验"（transcendent）。"先验"是指先于经验，而又是构成经验的可能性条件。至于神学家和宗教哲学家使用的"超验"，则是把创造者、无限的上帝，定性为脱离了有限的、被创造的世界。

验的动态根源,至于所有经验性的心理状态,只不过是该心理核心的特定和有限的开显而已。既然该心理核心或"中"必定会开显为不同的经验性心理状态,个人便应该修身或修炼自己,从而把这些已开显的心理状态用适当的尺度去加以调和,使之发而皆中节,以便达成和谐。然而,问题在于,在举世世俗化的过程中,先验自我已然失去了宇宙中心这一参照点,现在每个人、每一社群都有自己各自的精神中心,也因此形成了多元中心,而不只是一个中心。

在政治层面上,"中"的概念是指基于上述形而上和心理的"中",而在政治上表现为不偏不倚、公正无私的原则。《论语·尧曰》上说:

> 尧曰:"咨!尔舜!天之历数在尔躬,允执其中。四海困穷,天禄永终。"
> 舜亦以命禹。

可见,政治上的中道似乎是来自天道。此外,在清华简中,不少学者论者认为出自文王的《保训》,也强调了"中道治国"这一宝贵传承。在该简里,文王四次提到"中",训示将继承大位的武王,应该"求中""得中""中""归中"等。我们还可以在《尚书》里找到类似且表达得更为清楚的中道无私思想,如居于《洪范》九畴的中心①的第五范畴"皇极",被有些学者诠释为"大中"②,有以下的陈述:

---

① 九畴是指五行、五事、八政、五纪、皇极、三德、稽疑、庶征和五福。
② 例如,叶适(1150—1223)把皇极解释为"大中"。

无偏无陂,遵王之义;无有作好,遵王之道……无党无偏,王道平平;无反无侧,王道正直。会其有极,归其有极。

根据此一文本,作为政治上公正无私的"中"的概念,是立基于"有极"——由于与终极实在相关而有的卓越完美,也因此,它也有了宗教意义。相似于艾良德所宣称的"人类的宗教体验总是指向世界的神圣中心",第五范畴所肯定的"中",用艾良德的话来说,也可以视为是"世界的中轴"(axis mundi),是居于世界中心的垂直之"中",是连接天、大地和冥界三重宇宙论层面之所在。此一信念证成了以下的世界观:它们的世界是神圣的,因为它们最接近宇宙的中心。艾良德也指出就接近中心而言,圣殿等同于圣山。宗教人或可将其世界理解为是在这三个层面上作为世界的中心国家、城市、圣殿。就古代中国而言,商朝时代的殷人把安阳看作他们世界的中心,而周朝时的周人则把镐京看作他们世界的中心。我们可以说,不同的族群都可能各有他们自己世界的中心。这意思是说:根据不同的朝代和不同的族群,会有不同的、多元的中心。近年来考古学的发现已经证明,中国文化起源于几个多元中心,出自几个文化同样发达的区域,而不是出自一个一元垄断和不断扩张的中心[①]。

但是,当中国自秦朝开始建立为一个统一的帝国之后,它就开始扮演中央帝国的角色,并自视为中央帝国。由于前述的含义,加上意识形态的硬化,于是构成了一个强烈概念的政治之

---

① See Cf. Kwang-chih Chang, *The Archeology of Ancient China*, 4th ed. (New Haven: Yale University Press, 1986).

"中"。这种在政治上垄断性的"中"的意识形态也有其负面影响。在以中国为中央王国的意识形态下,中国人不愿意离开中央,除非为了逃避战争或洪水、地震等自然灾害,或者是为了寻求更好的生活条件,或者是为了子孙后代谋求更好的生活希望或更好的未来,才会选择离去。

再者,由于"中"变成了政治上硬化了的意识形态,中国历代政府并不倾向于支持以任何理由离开中国的海外华人。受"王道"意识形态的影响,中华帝国未尝成为一个诉诸武力和使用暴力的殖民帝国,因此,它不仅不同于古典时期的希腊和罗马帝国,也不同于欧洲现代性出现之后的国族帝国,如英国、西班牙、葡萄牙、法国、荷兰等。

就中国而言,上述现象可能是中华帝国的"中"的意识形态在国际政治层面上显示的历史后果。所以,当中国商人从宋代开始建立起自己的海外贸易网络时,中国政府并没有给予他们支援。其后,由于明朝政府采取了强硬的措施,禁止中国人去海外经商,使得从南宋开始的海外华人贸易网络到了明朝遂告断绝,而这些商人遂成了"没有祖国的商人"。王赓武教授撰写的《没有帝国的商人》(Merchant without empire: the Hokkien sojourning communities),表述了这样的意思①。王赓武说明了清帝国时期由海外华人建立起的贸易网络,在当时中国人乘坐列籍船舶前往

---

① See Wang Genwu, "Merchant without empire: the Hokkien sojourning communities", in *The Rise of Merchant Empires*, edited by James Tracy (Cambridge: Cambridge University Press, 1990), pp.400 - 421.

海外之时,皆须事先登记。若尔后不乘坐同艘登记船舶返回中国境内,而是滞留海外,他们将从此丧失返回家园的权利,以示中国政府对他们的惩罚。

此外,以"王道"为堂皇借口,明、清政府既不伸手协助任何海外华人建立其殖民地,也没有利用他们来扩张中国领土。相比之下,欧洲的殖民地总能获得其所来自帝国的强大军事和行政力量的支援,并且该帝国离散在外的国人都有权利返回家园。然而,飘散的华人尽管可以接待来自祖国的其他商人访客,但他们却无权返回家园。这就足以说明,为什么当时华人的贸易网络不是一个设计良好、有计划建立的网络,而是一个无计划性、自发性的贸易网络。

三、儒家思想、中道和华人飘散四方

我们可以追问:儒家思想,作为中华文化中主要的伦理与政治思想,是否会鼓励国人飘散四方,并有助于在飘散异乡之时仍可调适新环境、安身立命呢? 在先秦时代、帝国之前,古典儒家思想至少在精神资源上有一强大的思想动能,可以超越个人自己,将"仁"从个人外推到家庭、社区、国家,乃至天下,一如《大学》的文字所说。孔子本人曾周游列国,设法宣传其学说主张,寻找能具体实现其理想的途径。虽然他从未得到在蛮貊之邦实际生活的真正历史机缘,但他依然相信蛮貊之邦可以理解其言行,且其言行范式也将适用于蛮貊之邦[1]。

---

① 例如,子曰:"言忠信,行笃敬,虽蛮貊之邦行矣。"(《论语·卫灵公》)

但从历史的角度来看,儒家思想本身并未主动迈向天下包括西方世界——去传授其主张。相比之下,根据传说,老子远赴西方,并在出关之时为国人撰述并留下了《道德经》五千言。另外,印度佛教高僧凭借其原初慷慨和外推精神,来到中国宣讲佛法,不绝于途。在中国佛教徒方面,像朱士行(公元3世纪)、法显(337—422年)、玄奘(602—664年)和义净(635—713年)等人,曾远赴南亚、印度求法。类似的事情也发生在基督徒身上,像阿罗本在公元7世纪、利玛窦在公元16世纪,皆不顾艰难险阻,长途跋涉,来到中国。而且,正是利玛窦和其他耶稣会神父们,主动把儒家思想引进欧洲,启动了西方的汉学研究。

当我们思考"儒家在过去并未主动走出中国去传授其思想和学说"这一事实时,我们难免要好奇追问这一历史事实是否在儒家学说本身里有其根源。根据我的理解,至少儒家的"仁"和"恕"本身应该隐含有走出自我封闭,以其原初慷慨,迈向多元他者的充分能量,如孔子周游列国与对蛮貊之邦的开放态度所示。但是,在现实历史发展过程中,随后儒家似乎失去了这一原初慷慨,仅着重于"相互性"。而且,更糟糕的是,"相互性"更在僵化的制度化层级关系,如体现于社会规范与政治制度的"三纲",并在其中逐渐失落了。

《礼记》中说:"太上贵德,其次务施报",然后说:"礼尚往来,往而不来非礼也,来而不往,亦非礼也。"[1]可见,《礼记》首先主张

---

① 《礼记·曲礼》,引自《十三经文》,台北:开明书局,1965年版,第1页。

的是"太尚贵德"也就是我所谓的"原初慷慨",并且把有施、有报的"相互性",亦即后来说的"礼尚往来",放在其次的地位,也就是说,以"贵德"优先于"相互性"。这点强调常被后人所遗忘,由于只讲"礼尚往来",因而遗忘了原初慷慨。我这样说,并不是想贬低"相互性"。相反,我是在强调:原初慷慨无论在本体上、伦理上和逻辑上,都优先于相互性,而且能整合并成全相互性,使其成为动态的相互性、他者导向的相互性。

我区别"动态的相互性"和"制度化的相互性","自我中心的相互性"和"他者导向的相互性"。令人遗憾的是,儒家在历史上面临现实政治和他者挑战的过程中,逐渐由动态的相互性沦为制度化的相互性,由兼顾他者而转向专注于主体性与自我,这是失去原初慷慨的儒家思想的现实命运。如果我们把自我的尊严视为是自我中心的一种积极形式,那么《礼记》所谓"礼闻来学,不闻往教",可以说例示了儒家倾向于重视师道尊严优先于原初慷慨,即使《礼记》仍然重视"礼"的相互性[①]。"礼闻来学,不闻往教"这句话虽然强调了真理的价值和为师者的尊严,可惜如此一来常会把本有的原初慷慨精神给遗忘了。这一历史事实的教训让我们重新思考儒家"相互性"的局限,并且明白体会:如果没有一方先以其原初慷慨走出第一步,走向另一方,就不会进一步形成双方的相互性,因而也就不会有儒家所强调的相互性。这是我所谓"原初慷慨无论在本体上、伦理上和逻辑上都优先于相互性"的道

[①]《礼记·曲礼》,引自《十三经文》,台北:开明书局,1965年版,第1页。

理所在。

以唐君毅先生为例。像唐先生如此心胸的当代新儒也仍遵循"礼闻来学，不闻往教"的《礼记》精神。他在提议反对台湾故宫博物院将其收藏品运到美国展览时，曾把这种出国展览的行动看作缘于一种"奴隶"。对于那些想看国宝的外国人，他驳责道："你要看，自己来，岂有远涉重洋，送陈品鉴之理？"[①]对于此种"礼闻来学，不闻往教"的遗绪，晚近的中国哲学学者在态度上就有新的调整了。与先前这种中华中心的态度相比，我很欣赏晚近不少华人学者，不管是由于何种原因和在什么历史背景下，他们有足够的智慧和勇气，离乡背井，在异国他乡教授中国哲学。仅举几个例子，像是陈荣捷、秦家懿、杜维明、成中英、柯雄文、傅伟勋，还有更为年轻一代的学者，像李晨阳、姜新艳、陈荣灼、余纪元、倪培民、黄勇等。由于篇幅所限，兹不一一列举。我认为，他们离开自己熟悉的家园，在异域和异质文化的环境中教授儒学和中国哲学，这就代表了一种不同于"礼闻来学，不闻往教"的新的儒学精神，一种展示了理智上、思想上的原初慷慨与外推精神。

四、透过灵根自植重新活化真我的"中道"

即使过去的儒家思想并非一个鼓舞华人出国，也不是一个主动向全世界传播其思想的哲学，但它仍然是一提倡中国人珍爱的价值的主要学统。当中国人身处海外之时，这些价值仍然温暖了

---

① 唐君毅：《论中华民族之花果飘零》，第34—35页。

他们的心，使他们的生活成为有意义的，换言之，能使其安身立命。正如唐君毅指出，在中国人和中国文化花果飘零时，迫切需要灵根自植。儒学思想和它所强调的"中"及其价值，应被视为这一灵根的重要组成部分。

在此情形下，中国哲学家自然而然地会借助"中"的概念和儒家经典《中庸》，来界定人的主体性，并在自我内在的精神资源中寻找自己的主体性所在。就此而言，我们可以在杜维明的学思历程看到这一点。杜维明在东海大学毕业之后，于 1962 年从我国台湾来到美国深造，首先便是在王阳明思想和牟宗三哲学的启发下，集中研究《中庸》，他借助诠释学方法，试图"通过诠释来阐明《中庸》的文本"①。根据他的诠释，所谓的"中"指的是"君子"②的内在自我的心灵深处，即一个人的道德主体性的核心，也因此君子应"慎独"，而且进行"为己之学"。他说：

> 所谓"中"，就是一个人绝对不受外在力量干扰的心灵状态。但它也不只是一个心理学上的衡静概念⋯⋯人本是一体现天地之"中"的存在。因此，人是通过每个人身上所本有的"中"而"合于天地"的。严格地讲，"中"指的是一种本体论状态，而非一种沉寂的精神状态，因而，"中"这个字只能够恰

---

① Tu Weiming, *Centrality and Commonality: An Essay on Chungyung*（Hawaii：The University Press of Hawaii，1976），p.iii. 此外，杜维明还说："我是很想把自己同诠释学的艺术联系起来，而其出发点便是：一个精神传统的中心文本，绝不是一种诸多孤立陈述的选编，而更可能是一本具有有机统一性的文本。"p.iii.
② 杜维明将"君子"译作"Profound person"，这仅只是他个人的诠释，没有原文中文术语在语言学上的任何支持。

当地运用于"喜怒哀乐之未发"的内在自我。①

　　杜维明把"中"看作人内在自我的创造性来源,进而探讨了君子如何既能在自我之"中""与天地合",亦能有贡献于社会和政治秩序的和谐。由于受到牟宗三的影响,杜维明强调人自身深层的自我和道德主体性。因此,他较为关注的是自我,而不是多元他者,他强调人应为己而学而不是为人而学,甚至特别凸显《中庸》所说的"君子慎其独也"。他写道:

　　　　尽管内在自我作为听视的对象是"隐"而"微"的,但是它对于君子自觉而反思的心灵来说,却又是最明显易见的。正是在这一点关系上,《中庸》特别申言"君子慎其独也"。②

　　与杜维明同时的另一位华人哲学学者,是出生于上海,在香港长大曾在台湾工作过的秦家懿(Julia Ching)。她所撰写的博士论文也是关于王阳明的,并以此获得澳大利亚堪培拉大学的博士学位,后来执教于多伦多大学。她所理解的"中""和",也是从参照宇宙动力而进行修身的层面来理解的。她认为:

　　　　……宇宙也有情感悸动,至于人,无论他或她,都能透过修润这些宇宙情感而有所改造。受赞扬的是平衡,是"中",

<hr>

① Tu Weiming, *Centrality and Commonality*,p.27.
② Ibid.,p.5.

此乃种种情感未发之前主导的意识状态,与"和",此乃情感发显出来而仍保持适当平衡的意识状态。显而易见,要警惕的是防止过度的情感。这一点是我们都能体认的:过度的情感,无论是愤怒、快乐或悲伤,都是高度毁灭性的。[1]

请注意,秦家懿在此强调的,是"中"与"和"在心理学上和自我修身上的含义,其中尽管有一定的宇宙论余韵,但仍未触及其形而上含义。这种诠释仍然旨在凸显出道德行为者,或人的主体性的精神生活和自我修养。秦家懿强调的不是作为一个先验自我或真我的核心,而是把该核心当作一种适度而无偏的"意识状态"(state of consciousness),因而不同于一个被当作所有其他类型意识状态的核心的同一实体。

我们可以看出,主体性的创造性核心,不管是作为深处的内在自我,或是作为喜怒哀乐情感未发之前的意识状态,都是被杜维明、秦家懿两位学者视为是一个人的"灵根"所在,无论他/她身在何处,无论是在国内或国外。我们可以将这样的见解,视为是用主体哲学的框架来对飘散情境中的"灵根自植"所作的诠释。我把这种学术思想看作是在哲学上尝试在异国脉络中指认所要自植的华人灵根所在的一种努力。

我必须提到,晚近,杜维明对于这种在哲学上定义"中国性"的尝试,显得更加谨慎,按照他的说法,这是因为这一概念的"流

---

[1] Julia Ching, *The Religious Thought of Chu Hsi*(Oxford: Oxford University Press, 2000), p.104.

动性",以及他认为这种尝试"不仅在学术思想上平淡无奇,而且在意识形态上、逻辑上令人反感"①,也因此,他转向使用更属隐喻性的表达,如将中华文化比喻为"这棵常青树"或"一条气势磅礴流动的长河"②。不过,杜维明仍然在其所作的《文化中国:以外缘为中心》(Cultural China:The Periphery as the Centre)文中宣称有一个由三个象征世界不断互动形成的象征性的文化中国(symbolic cultural China)。第一个象征世界涵盖了中国大陆、中国台湾、中国港澳和新加坡地区;第二个象征世界是指遍布世界的华人社会;第三个象征世界包括个别的男士或女士,无论是学者、教师、新闻杂志从业者、工业家、贸易家、企业家和作家,乃至一般读者,他们对于中国所形构的思想观念。因此,依照杜维明晚近的看法,"中"的概念在定义文化中国的"中国性"上不再扮演一个显态的重要角色,而且对于中国的"象征性"视角而言,他也认为不再需要这样的一个定义。

五、从"中"到"时中":差异与冲突的和谐化

根据我对于华人飘散经验的解读,杜维明在《中与庸》(*Centrality and Commonality*)一书里对于"中"的理解,是以之作为真我的核心,他相信这是天人相合之处,而这就是中国人的灵根所在,无论人在何方,特别是当人远离祖国,生活在海外之

---

① Tu Weiming, editor, *The Living Tree: The Changing Meaning of Being Chinese Today* (California: Stanford University Press, 1994), p.vii.
② Ibid., p.1.

时，人都能透过此一灵根达至和谐。然而，这点假定了主体哲学的概念架构。在晚近的后现代思潮中，对于主体哲学多有批判，而且促成了由"主体"往"他者"的移位。在那些并不参照主体哲学架构的哲学里，"中"会失去作为真我的意涵，而重心则会转往价值冲突的解决，调节经与权、常与变等观念的"中和"观。例如，北美的华人哲学家柯雄文（Antonio Cua）就对"中"这一概念有不同的理解。柯雄文出生于菲律宾一个经商的华人家庭，早年赴美国求学，后来在美国教授中国哲学。不同于杜维明的诠释学方法，柯雄文采用了分析哲学的方法。他对《中庸》一文的"中"与"和"作了不同的诠释，视为是一种解决情感冲突的方式。柯雄文说：

> 尽管《中庸》开篇强调了人道或与天道或自然的理想关联，然而这段话明白说出中和之见是人努力的实际目标，假定了行为主体能将自己各种冲突的情绪给予纪律化并调节适当。[①]

依柯雄文看来，把"中"和"和"两个词放在一起，代表了"中和"的理想[②]。他认为："一个反思的、真诚的儒家应该把价值冲突，特别是人际的价值冲突，不仅看作一件憾事，而且是邀请人坚持利用人的能力和资源，从而达到一种和谐共存或平衡（中）的状态。"[③]柯雄文不强调纯粹的"中"概念，宁愿认为当人尝试达到适时的平衡

---

① Cua，A. S.，*Moral Vision and Tradition-essays in Chinese Ethics*（Washington DC：Catholic University of America Press，1998），p.28.

② Ibid.，pp.125－126.

③ Ibid.，p.320.

之时,在局部的、具体的情况下的道德裁量是有必要的。在此,他引述了孟子说的"执中无权,犹执一也,所恶执一者,为其贼道也,举一而废百也"①。在论及这段文本时,柯雄文把兴趣转移到"经"和"权"关系的讨论,重新诠释了朱熹所说的"经者,道之常也;权者,道之变也"②。由于篇幅所限,在此我不对经权关系作进一步的讨论。

除了柯雄文的中和观以外,成中英也强调"时中"概念。基于自己对《易经》的本体宇宙论的阅读,成中英认为儒家伦理不是一种情境伦理学,而是一种时中伦理学。他写道:

> 道德行动,无论强调的是道家的还是儒家的,道德行动都能被描述为"时间意识""适宜时间""立基于时"和"时间评价"的。这是针对某一道德行动是否适时,按照儒家的"时中观"应有的理解。所有的道德行动都是,而且必须是,攸关"时中"问题的事体,因为只有把握"时中",行动才会被视为是道德的。③

把"中"解释为"时中",这是基于《中庸》里说的"君子之中庸也,君子而时中"。这一诠释考虑到了时空的差异与变化,以及其间牵涉的各方之间的潜在冲突。因此,从华人的飘散经验的角度来看,我们可以说,当吾人将中和的概念用来处理价值和立场的

---

① Cua,A. S.,*Moral Vision and Tradition-essays in Chinese Ethics*(Washington DC:Catholic University of America Press,1998),p.260.我把柯雄文文本里的威翟式更改为拼音。

② 朱熹:《朱子语录》卷37,第三册,黎靖德编,台北:正中书局,1962年版,第989页。

③ Chung-ying Cheng,"Time and Timelessness(shizhong)",in *Encyclopedia of Chinese Philosophy*,ed. by Antonio Cua(London:Routledge,2002),p.731.

冲突,经和权的冲突,以及时间的变迁时,柯雄文对于"中和"的诠释和成中英对于"时中"的诠释,都是颇具启发性的。尤其是由于巨幅人口迁移导致的华人飘散四方,引起时空体验上的巨大改变,往往会面对各种价值观、信念、行为模式的冲突。两人的想法虽不依附于主体哲学框架,但仍能给予飘散四方的华人提供来自"中"的一种概念性的洞察,即使在充满冲突、变化多端的多元文化与不确定的年代,仍可以帮助所涉各方都能努力达至的和谐。

六、透过对于他者的同情理解与恕道达至和谐

李晨阳是一位 20 世纪 90 年代在美国获得博士学位并开始任教于美国的中国哲学学者。他在对美国学者安乐哲(Roger Ames)和郝大维(David Hall)对于《中庸》的英文翻译和诠释的长篇书评中,针对他们将"中庸"解为"专注于平常"(focus on the familiar),一方面虽同情他们用非实体和非本质主义的方法来诠释《中庸》,然另一方面也指出他们的诠释忽视了"中"与"和"对于儒家思想的根本重要性。他说:

> 我与安乐哲和郝大维的不同,绝不是鸡毛蒜皮的细节,因为我坚信儒家思想对于当今世界哲学和世界政治所能作出的最有意义的贡献,正是在于《中庸》里所强调的和谐思想。①

---

① Li, Chenyang, "Zhongyong as Grand Harmony—An Alterative Reading to Ames and Hall's Focusing the Familiar", in *Dao: A Journal of Comparative Philosophy*, 3.2(2004),pp.173 - 188.

李晨阳对于安乐哲和郝大维的非本质主义式和非实体性的方法与思路的同情，具有一个重要的含义：他认为运用过程哲学对于《中庸》的理解，有助于厘清儒家"和"的根本要旨，因为唯有一个动态的世界才可能有意义地和谐化。在我看来，实际上李晨阳有一个多元文化的世界观，认为今天我们应该思考儒家思想对于世界的多元文化处境的可能贡献①，亦即儒家"和而不同"的观念。李晨阳的和谐观主要关注如何处理差异，正如他所说："这里一个关键的问题在于如何处理各种差异。世界上大多数的差异都是与各种宗教和历史上根深蒂固的传统联系在一起。在处理差异时，我们必须了解这些差异的不同根源。"②于是，李晨阳把对差异的同情理解视为达至和谐的必要条件。为了理解和协调差异，他提倡用儒家的"恕道"来达至和谐。

　　……我们可以说，所谓"恕"是指推己心于他人，对于他人有同情的理解，无论是他人之所欲或是其所不欲。此外，"恕"并不仅限于能够相互利益的双方之间的关系。"恕"已超越了这一点，从而提供我们，在与所有其他人互动之时，包括那些不能对我们的关怀行动回报者在内，我们应怎样做比较适当，这一问题上可以遵奉的指导原则。③

---

① 参见李晨阳：《多元世界中的儒家》，台北：五南出版社，2006 年版。
② Li，Chenyang，"Zhongyong as Grand Harmony—An Alterative Reading to Ames and Hall's Focusing the Familiar"，in *Dao: A Journal of Comparative Philosophy*，3.2（2004），pp.173 - 188.
③ Li，Chenyang，"Confucian Harmony and the World"，in *Classical Confucian Philosophy*，Edited by Vincent Shen Springer（forthcoming）.

在这段文字中,李晨阳认为"恕"超越了相互性,并指导我们在与他人互动之时应该怎样做比较适当。从飘散四方的处境来看,既然每个人和每个社群都各有其理解事物的方式和核心的信念体系,也就是说各有自己的中心,我们的确是处在多元主义、多元文化的世界会有的多元中心情况。在此意义上,我同意李晨阳的观点:一个广大的和谐概念,足以整合"中"的概念和"恕"的美德,似乎为飘散海外的华人提供了一个居存于飘散世界里的安身立命之道。

关于"和谐"概念,我已在其他地方阐述了我的"充量和谐"概念(concept of optimal harmony),我也是着重"和谐化"的过程,而不只是单纯的"和谐"。由于篇幅所限,我不在此进一步讨论①。对我而言,海外华人的确迫切需要一些指导性或规范性原则,来与飘散世界中的多元他者相互沟通。我相信"诚""仁""恕"与"和"等这些儒家价值,仍然可以担任这样的规范性原则。依我看来,在全球化过程发展出来的各种社群和网络中,人类应恒以"诚""仁"与"恕"相互沟通,以达至和谐。其中,我把恕道从同情理解的层面往外推,用以促进不同人、社群、学科、文化和信念体系之间的相互丰富。这应该从每个人和社群在彼此之间实践恕道开始。

我认为儒学中的"恕"可被看作一无私地走出自我封闭、走向

---

① 可参阅沈清松:《三层存在关系与充量和谐》,台北:《"国立"政治大学学报》1996年第3期,第1—31页;Vincent Shen, "Harmonie optimale, enrichissement mutuelle et étrangéisatio," in Diogène, Paris: Presse universitaire de France, October - December 2007, pp.122 - 137;英文版: Vincent Shen, "Optimal Harmony, Mutual Enrichment and Strangification," in Diogenes, Los Angeles: SAGE Publications, November 2008, pp.108 - 121。

他者或更好地走向多元他者的行动。"恕"可用"推"来诠释和实践，如所谓"恕者善推"和"推己及人"等。在《论语》里，孔子常说"恕"是可以终身行之的一个字。子贡问曰："有一言而可以终身行之者乎?"子回："其恕乎! 己所不欲,勿施于人。"(《论语·卫灵公》)我们可以肯定,人可以透过"恕",将一己的存在扩展到越来越大的生存领域。"恕"是一不断走出自我界限,走向多元他者的行动,从自我到家庭,从家庭到社群,从社群到国家,从国家到天下,而所谓"天下",用今天的话来说,也就是所谓的全球化世界。我相信在今天这一全球化的时代,通过发扬"仁"和"恕"概念中所预设的原初慷慨,儒学必能复兴,而原初慷慨虽然超越了相互性,并不否认相互性,反而是整合并成全了相互性。当儒学强调的相互性能经由"恕"的外推而扩张为可普性时,仁善的人际关系才得以圆满实现。这意味着人应超越特殊的相互性关系的局限,走向可普遍化的关系。同时,不管他/她的性别、教育、家庭、职业、公司、种族和国家,人皆应以"仁""诚"和"恕"对待他人,不为了什么,仅只因为他人或其他生命也是人类或生物圈的一员,作为一个人,或甚至只是一个活的生命。

七、从灵根自植到和谐外推

我近年来所做的一件事,就是主张从"灵根自植"模式转向"和谐外推"模式。我们生活在全球化和多元文化的时代,有许多来自世界不同地方的文化社群,飘散而来,在同一个乡村、城市和领土的空间相遇,并且一起共同居存。此时迈向和谐的唯一方法,是相互丰富,而不是自我封闭和坚持己见,后者导致了今天的文明冲突。在我看来,"多元文化"(multiculturalism)这一概念诚然意味着对文化主体性和文化差异的尊重,正如同查尔斯·泰勒在《承认的政治》一文中所强调的那样。但是,也不能仅限于此①。我认为每个文化社群的确应有其自身的文化主体性,并尊重彼此的文化差异。然而,远不止此,人还需首先通过与同样飘散至此同一时空的不同当地文化社群,相互交流,达至相互丰富之境。

近年来,我提出相互外推和语言习取(language appropriation)作为促使多元文化社群相互丰富的可行性策略。到目前为止,我没有找到一个比"外推"(strangification)②更好的语词,在语源上能包含陌生人、外人(stranger)之意,来指称走出自我封闭,走向多元他者,走出自己的熟悉圈、人民和国家,走向陌生的外地、外国、陌生的文化,走向陌生人,走向多元他者,或者说走向任何别异圈的行动。我认为在飘散四方之时最显著的经验,就是与众多外邦人相遇③。外推行动可以在语言层面、实践层面、本体层面进行,然而它假定

---

① See Charles Taylor,"The Politics of Recognition",in *Philosophical Arguments* (Cambridge:Harvard University Press,1995),pp.225 - 256.

② 我把它作为一个新词。我认为作为该语词的铸造者,我们有权决定其含义。这个新词不是意指"变成陌生人",而是仅指"走向陌生人"。我视人内在最深处的欲望为一种走向他物和他人的能量。我把它看作人身上的原初能量,意即"原初慷慨",可走出自身,走向他者或多元他者。

③ 我这里指的是乔治·齐美尔(George Simmel)、克里丝蒂娃(Julia Kriestaeva)和瓦登非尔斯(Bernhard Waldenfels)阐述的"陌生人"概念。See Simmel,*On Individuality and Social Forms: Selected Writings*,edited by Donald N. Levine (Chicago:University of Chicago Press. 1971),pp.143 - 149;Julia Kristeva,*Strangers to Ourselves*(New York:Columbia University Press,1991);Bernhard Waldenfels,*The Question of the Other*(Hong Kong:The Chinese University of Hong Kong,2007).

了先前需能习取陌生人的语言。借助语言习取，我们学会运用他者的语言或他者能懂的语言，来表达我们自己的思想或价值。然而"外推"和"语言习取"又假定了走出人的自我封闭、走向多元他者的原初慷慨，去找寻并且实现对方依其本性能有的善，而不把自己局限于相互性的主张中，更何况原初慷慨总是能纳入相互性并将其实现。人不管是为了什么原因背井离乡，去生活在与自己的祖国完全不同的土地上，无论是为了摆脱极权制度，为了避免战争和死亡，或为了建立贸易网络等，我能了解，即便是深爱着家园而仍能有此毅然走出家园的动力，总是有一种隐含着的原始慷慨，推动人去超越自己，走向他者或多元他者。这一原初慷慨唯有当一个人通过相互外推与多元他者达到相互丰富之时，才能获得对"主动的慷慨"和"被动的慷慨"全面满意的区别。所谓主动的慷慨，是这样的一种美德和行动，借之我们走出自己的熟悉圈和自我封闭，走向陌生人，走向多元他者，而且不带丝毫优越感地拿出我们最好的价值、思想和论述，作为不求回报的礼物，来丰富多元他者在实际上、知识上和精神上的生活。至于所谓被动的慷慨，也就是列维纳斯(E. Levinas)和德希达等人所强调的"好客"(hospitality)，是一种接待他人的慷慨，透过任凭自由地款待他们，仔细聆听他们，使陌生人和多元他者能感觉到宛如在家，并且自由自在。

当我们在与其他飘散的文化社群交流互动之时，在对待多元他者之际，我们应兼顾主动慷慨和被动慷慨或好客。借此，我们便能参与相互外推的过程。"相互外推"应被视为是不同文化社群之间彼此交谈的过程。在文化社群甲与文化社群乙的交谈中，在语言外推层面上，甲应把其核心理念或主张的真理/价值/信念系统翻译成乙能懂的语言。与此同时，乙也应把其核心理念或主张的真理/价值/信念系统翻译成对于甲能懂的语言。若在翻译之后仍然有效，这就意味着该思想、表达语言、价值或宗教信仰在一定程度上具有可共同分享的特性。若这些在翻译过程中变得荒谬，那就应该承认它们的局限性，并因此对其原则、方法和有效性进行检讨。

在实践外推的层面上，甲可以把其核心理念或主张的真理/文化表达/价值/宗教信仰，从其原先从属的社会或组织脉络中抽离出来，放入乙的社会或组织脉络中；同时，乙也可以把其核心理念或主张的真理/文化表达/价值/宗教信仰，从其原先从属的社会或组织脉络中抽出，放入甲的社会或组织脉络中，来看看其在什么程度上仍然能行得通。若它们在新的脉络中仍有价值，那么它们便在一定程度上具可共同分享性。若在他者的脉络下行不通，不应该责备他人，相反地，此时人应该对自己主张的真理、文化表达/价值或宗教信仰，作出反省和自我批判。在此过程中，人可以在他者的实践脉络中检测和扩充自己的主张和信仰的有效性。只有这样，我们才可以用自己的方式或出自自己文化的方式，真正地对多元他者行善。

在本体外推的层面上，甲可以努力经由对于实在本身的体验的迂回，譬如对于人、社群、自然或终极实在，如儒家的仁和诚、道家的道和德，或佛教的空、基督教的上帝、伊斯兰教的阿拉等的体验进入乙的文化世界或宗教世界。同时，乙也应努力经由对于多元他者的生活世界、实在自身或终极实在的体验的迂回,进入到甲的文化世界或宗教世界。

总之,在进行相互外推时,我们要透过彼此把自己的语言翻译成多元他者的语言或多元他者可懂的语言,通过把它放入多元他者实践的脉络,或经由实在本身或多元他者的生活世界的迂回,我们的科学/文化/宗教/生活世界能够被多元他者所理解。这一相互外推的过程,不仅要在日常生活、科学研究、文化和宗教生活中进行,更要在经济和政治生活以及世界共同关注的全球生态议题中运用。因为在以上各方面,不同的政党、利益集团、政府和人民等,都要始终致力于沟通,以便达到相互丰富,而不是相互冲突甚或战争。

语言的外推是在三者中最为基本的。通过语言的外推,把某一种科学/文化/宗教世界中的理念/价值/表达翻译为另一种科学/文化/宗教世界的语言,或能够被另一种科学/文化/宗教世界所理解的语言。即使在翻译的过程中,必定会丧失某些意义内涵,特别是一些诗意的、审美的、宗教的论述必定会如此,但后者不应成为不去进行外推努力的借口。我们没必要根据翻译过程中会有意义丧失的事实,来论证不同语言游戏中的极端的不可翻译性。我们能够说的是,在不同的语言游戏中,必定会有起码的可翻译性,以便使外推行动成为可能。

为了别人的善或好处而走出自身,无丝毫优越感地走向多元他者,这样的行动中所蕴含的原初慷慨,应视为是建立所有相互性关系的必要条件。法国社会学家莫斯在《礼物》一书中强调,相互性是人类社会的基本原理。然而,我认为,从哲学角度上说,在双方能建立某一种相互性之前,必定先有某一方先行走出自我,走向他者的慷慨行动,从而使得相互性的关系能因之而建立起来。我认为,为他者的善或好处而走出自身、走向多元他者的原初慷慨,在本体上和逻辑上都优先于相互性,而且这种原初慷慨也能衍生并且发展出多种平衡且健康的相互性关系。

换言之,当前世界全面性的人口飘散现象,促使不同文化社群的交谈成为必要,而这应从走出自我封闭,走向多元他者的行动开始。然后,透过相互外推,我走出自身,走向你,你也走出自身,走向我,从而彼此能形成交谈,导向相互丰富之境。

八、灵根自植、内省和"中"的重新语境化

在上述的讨论之后,我们现在可以重新回到唐君毅的"灵根自植"模式。事实上,正是在与多元他者的交谈过程中,人们才会逐渐开始更好和更深入地了解自己的传统或灵根。也正是透过更深入地了解自己的文化根源和资源,人才能通过与多元的飘散社群和主流社群相遇,对世界的文化拼盘作出贡献。对我而言,外推与内省是交互辩证发展的。只外推而不内省是盲目的,而只内省而不外推则会自我封闭。飘散海外的华人应能灵根自植,并同时丰富多元他者的文化社群。

从哲学上看,我把人生看成一不断借助外推而扩充存在,并借助内省而达成自觉的过程。一方面,所谓"外推"是指一种走出自我走向多元他者、从熟悉走向陌生、从自己人走向陌生人的行

动。另一方面,人也需要花时间独处,致力于自觉和内省,即便是他们自然而然甚至不可避免要与多元他者居存在一起并且相互沟通。牢记多元他者的存在和人与多元他者之间的关系,会更有利于我们构建一个身心健全的生活。这一点对于任何地方,包括乡村和城市、高山和海洋、祖国和异国他乡,都是一项真理。

依我看,从人的无意识开始,人的欲望中就有一寻求意义的、未确定而能超越任何特殊实现形式的动能。这是一人可借以发自内在而达成超越的原初能量,不仅是作为理想主义的精神冒险过程,而且是立基于身体欲望的一种道成肉身的能量,它可以步步向上发展,乃至全面展开,整合了心理与精神层面。我在其他地方已经阐明,这一过程开始于我们体验的身体(corps vecu),然后发展成各种的表象形式——在初级阶段是非语言的表象,然后是语言的表象,而在语言表象方面,先有口语的,然后才有书写的语言。这为我们后来习取更高级、更精致的语言形式做好了准备,譬如文化的科技的属灵的语言。从我们的身体动力和语言习取开始,人能扩充到社会层面,进行有意义生活的共同建构(co-construction),逐圈扩大,如家庭、社群、国家、天下,甚至扩及人性存在的宇宙层面。我们必须透过内省的过程,当然是与外推辩证的内省,在所有越来越高的层面上——获取相对透明无碍的自觉境界。我认为只内省而不外推,易流于自我封闭,而只外推而不内省,则易流于自我异化。伟大的中国哲学家都各自用不同的论述来表明外推是人类生存至关重要的过程。这一过程不断地把自己外推到家庭、社群、国家、天下,甚至整个宇宙。然而,外推若无内省,注定要导致人在外物和外人群中丧失自我,犹如庄子所批评的惠施,是"逐万物而不反"①。伟大的儒者都能洞识内省与外推的关系。例如,孟子一方面重视"推",主张"推恩足以保四海,不推恩无以保妻子。古之人所以大过人者无他焉,善推其所为而已矣"②。同时,孟子也主张"返求诸己","尽心"和"知性",他说:"尽其心者,知其性也。知其性,则知天矣。"③我想,孟子的确清楚表明了"外推"和"内省"之间的动态张力和辩证进程。

九、结语

近三四十年来,分散在世界不同角落的华人飘散社群,以及探讨这一现象的事实与意义的论述,不断迅速发展,对此亟须有一来自中国哲学的反思。我想,儒家思想仍然可以在此一哲学反思中发挥巨大的作用。特别是"中""时中""仁""恕"与"和"等这些儒家概念,应可以通过创造性的解释,提供我们诠释和理解全球化、飘散四方脉络下的华人的存在意义与适当的概念范畴,同时也提供我们在其中生活和创造有意义世界的行动规范准则。

本文的重点主要是集中在"中"的概念。我透过我所谓的"动态关系的存有论"的视野,肯定在华人飘散四方的情境里有多元的"中",而不只是一个单一的"中"。即使每一个人和社群都是从自己的"中"来进行思考和行动,但他们都应该在原初慷慨的敦促

---

① 郭庆藩撰:《庄子集释》,台北:世界书局,1982年版,第408页。
② 朱熹:《四书章句集注·孟子》,北京:中华书局,1983年版,第209页。
③ 同上书,第349页。

下走出自身自己,走向多元他者,用善思、善言、善行,来达到彼此相互丰富,最终达至"充量和谐"。这一视野是立基于我对于更为宽阔的人生的看法。对我而言,人生是一构建有意义的世界的过程,是由不断的外推和内省的辩证所构成的。外推开始于内在于人之"中"那超越自己、走向多元他者的内在能量,然后通过内省和自觉逐步返回最真诚和真实的自我也就是向内移动,直抵真我。华人飘散四方的处境,尤其是飘散在那些国际化大都会里的华人,在大城市里展现了无数差异的生活形式和存在方向,无论是个人的或是集体的,率皆辐辏在城市的多样而复杂的网络之中。在这种种网络里,人类可以通过外推去探寻自己生活的意义,从内在到超越,从自我超越到跨越边界,实现人性的价值与意义;同时,人也可以通过日益增强的自我理解、内省和自我透明,返回到经此历程而不断被丰富了的内心深处,那是一个不断因慷慨和自觉而丰富了的内心本源,是一个"放之则弥六合,卷之则退藏于密"的动态发展之"中"。

第三节　西圣遇逢东圣
——当代中华新士林哲学与现代性困境的超克①

　　旅人九万里远来,愿将以前诸论与同志翻以华言。试假十数年之功,当可次第译出。……使东海西海群圣之学,一脉融通。此

---

① 选自沈清松:《跨文化哲学论》,北京:人民出版社,2014年版,第169—186页。

真圣明御宇,千载之一时,梯航跋涉,抱此耿衷。[1]

一、中华新士林哲学与现代性

在当代中国哲学,尤其是在台湾近六十年来的哲学思想发展
中,中华新士林哲学(Chinese Neo-Scholasticism)可以说继承了
利玛窦以来的传统,而有了比此前更进一步的重要发展,一方面运
用西方古典与中世纪哲学的系统与概念结构,以及晚近的新士林
哲学思想,来与中国哲学交涉求通;另一方面又从中国哲学的关心
点与敏感度,重新诠释了西方古典与中世纪哲学,并且形成新的综
合体系。此一思想走向由于超越了西方近代以来所强调的人的主
体性,因而比起在主体哲学架构中思考并企图以之奠立中国现代
性的当代新儒家,更能提供一跨越现代性困境的思想与实践走向。

1583 年,意大利天主教耶稣会士利玛窦来华,带来了西方的
科学、哲学与天主教,对于中国的思想界产生新的挑战。西方他
者主动前来叩门,带来了他者的佳音。其本意便有期盼、邀请中
国从其中心主体性的坚持,朝向他者开放,或更好地说是朝向多
元他者开放。可以说,从此整个近代中国哲学思想工作的重要课
题,就是面对西方思想的挑战,进而融合西方的思想。然而此一
他者的佳音,从现实的角度来看,有其双重性。一方面利玛窦等
人来华时期,正值西欧近代性兴起[2],西欧民族国家在获取近代

---

① 艾儒略:《西学凡》,见李之藻集:《天学初函》,台北:学生书局影印,1965 年版,第
59 页。
② 这里所用的"现代性""近代性",视文字脉络而替换,其意视为等同,在英文皆是
modernity 一词。

性的过程中也获取了实力，并借其实力扩充主权，争夺市场利益，以致像葡萄牙、西班牙、荷兰、英国、法国等国族帝国主义横行，往往以"带文明给其他地区"作为殖民借口。欧洲帝国主义者所谓"文明"的内涵中，当然也包含了基督宗教。基督宗教的传教士赴远方传教，虽然出自散播与分享信仰的热诚，但也需要有利的政治环境与工具支援，例如安全、船只、邮务等等。处在这种情形下，传教士也受到牵连。然而，另一方面，若从文化交流与宗教热诚的角度来看，利玛窦及其他传教士的来华却是意义深远，而且可以说是完全出自对他者的慷慨。他们千里迢迢，远渡重洋，历尽千辛万苦，不惧旅途艰辛与随时可能失去性命的危险，不但给中国带来了天主教的福音，而且带来了西学的挑战，其中包含了西方的科学、哲学与基督宗教。换言之，他们虽带来了他者的佳音，但并未带来近代性的祸根。他们如此以生命与好礼相赠，是出自双重慷慨的行为，一方面勇于自我走出，走向不可知的异文化，其中有着潜藏四伏的危险；另一方面他们也携带着自身文化最佳的内涵，作为给予对方的不求回报的赠礼。

士林哲学(Scholastic Philosophy)原是欧洲中世纪在学院中讲授的哲学，其中最大的一支属亚里士多德-托马斯传统，以发扬永恒哲学为职志，有系统地探讨形而上学、知识论、哲学人学、宗教哲学等各方面的哲学问题。可以说，这是西方欧洲近代性萌发之前的哲学体系，其本身自不受限于近代的主体性哲学。而且这种跨文化的努力自身就有一种自我超越与沟通他者的意趣。

为什么我们要从现代性困境的跨越的角度来重新品评中华

新士林哲学的意趣呢？主要原因是现代性乃立基于人的主体性，强调人的理性，以及人所建构的表象文化，使得主体得以掌握权力，透过理性与表象的建构，宰制他人与他物，造成种种困境，弊端丛生，于是自 20 世纪 70 年代出现了后现代思潮，对于西方现代性多有质疑。按照我的看法，西方现代性强调人的主体性、表象文化、理性作用与宰制性，其根本问题在于人封闭于其主体性之内。简言之，现代性的困境如下：

（1）由于主体的膨胀造成主体的自我封闭与权力的膨胀，甚至导致尔后主体的幻灭。

（2）专注于表象文化的建构，甚至变本加厉转为"拟象"（simulacre）。表象的建构与拟象的虚构，失去了经验的深度与参与的向度。

（3）理性化历程走向纪律的控制与专业分化，价值理性萎缩，工具理性膨胀，人们没有什么值得献身的理想。只重视理性反而使理性贫乏化。

（4）宰制化的倾向是由于主体封闭，为己利而运用表象的建构性与操作性，透过理性的组织与效率，来对多元他者进行化约，不但化约了多元他者的多元性与丰富性，甚至化约了多元他者的主体地位，使其成为遂行主体意志的工具或奴隶。

针对上述困弊，在 20 世纪 70—80 年代产生后现代思潮，对现代性加以质疑、批判与否定。后现代思潮由"主体性"转向"他者"，质疑理性与表象而转向参与，批判宰制，并从对宗教的排斥转向重新肯定信仰。虽然后现代思潮也有其问题，但非本文旨趣。我只在此指出，由于士林哲学产生于现代性之前，强调人的开放性与超越性便有很重要的参照价值。人在对不可知的未来感到恐惧不安之时，总可以在此前的思想与智慧中找到一些指引。

更重要的是，在今天看来，"现代性"应该是一多元概念，因着不同的历史与文化背景，不同文化传统可以有不同途径进入并发展不同模态的现代性。对于中华文化传统而言，我们更关心"中华现代性"，如何能在中西文化与哲学遇逢之中，健康地形成与发展。这一动机促使我们去探索中西哲学初逢之后，形成的中西综合体系——中华士林哲学。

当初，利玛窦及其他耶稣会士如艾儒略（Giulio Aleni，1582—1649）、傅泛际（Francisco Furtado）、毕方济（Franciscus Sambiasi）及高一志（Alphonsus Vagnoni）等人，在其著作（如利玛窦的《交友论》《天主实义》，艾儒略的《性学觕述》《西学凡》，高一志的《空际格致》，庞迪我（Didacus de Pantoja）的《七克》等）或所译西方著作［如葡萄牙科殷布拉学院（Collegium Coimbra）编撰评注的亚里士多德著作］中，将 De Categoriam 译为《名理探》，De Caelo 译为《寰有论》，De Anima 译为《灵言厘勺》，伦理学译为《修身西学》等，其中一方面引介西哲如苏格拉底、柏拉图、亚里士多德、奥古斯丁、托马斯等人，可以说是中国人第一次得以听到他们的大名和思想；另一方面，他们也在这些著作中，选择中国哲学里的适当语词和理论，来译介西方哲学理论并作出局部的融合，借此开启了中国士林哲学的传统。这一途径也由当时的文人如徐光启、李之藻、杨廷筠等，以及后继的中国天主教徒如夏大

　　　　　　　　从慷慨外推到文明对话

常、张赓等人所接续。利玛窦与徐光启等人开始的中西融合事业为当代台湾天主教学者所继承，又加上了20世纪以来的西方思潮，尤其梅西耶枢机（Cardinal Mercier）、吉尔松（Etienne Gilson）、马利丹（Jacques Maritain）、马雷夏（Joseph Marechal）、拉纳（Karl Rahner）、罗纳根（Bernard Lonergan）等人的新士林哲学，综合于其哲学思想，于今可称为"中华新士林哲学"。由于中华新士林哲学所继承的古希腊与中世纪哲学有深厚的前现代经验，且其投向超越界的宗教深度、对外邦人的伦理关怀，与对宇宙万物的知识兴趣，使其不封限于主体性，而更重视交流与沟通的向度，因此与着重人的主体性，以近代德国观念论融合孟子与陆王的当代新儒家有所不同。

整体来说，当代新儒家所从事者，是以主体性为基调的哲学体系。牟宗三早在《认识心之批判》一书中便已对此义言之甚详。他说："吾所形成者，乃是摄逻辑于知性主体之'主体主义'。……主体有二：一曰知性主体，一曰道德主体。"①我想，当代新儒家的兴起，主要是在主体哲学的架构中思考并追求中国哲学的现代性，虽不强调表象文化，也不强调宰制性，也因此有所不同于西方的现代性。当代新儒家主要关心的民主、科学与文化乃是五四时期的基本议题，而非后现代情境中，全球化与在地化张力下的哲学议题，然欲更进而从哲学角度在中国人的主体性中奠立民主、科学与文化的先验基础。可以说，新儒家是要在中国哲学的精神

---

① 牟宗三：《认识心之批判》上册，香港：友联出版社，1956年版，第i—vi页。

所点化并达成自我了解的主体性上，来为五四时期追求的现代性奠定哲学基础。

当代新儒家一方面习取西方近代德国观念论尤其康德与黑格尔的哲学语言，但并不是用以进行慷慨的外推，而是用以返回自身，重构中国哲学史，在其中讲明中国哲学之旨趣，借以显明认识主体与道德主体的结构与动力。另一方面，新儒家也试图以此主体性作为民主与科学的先验依据，借以奠立中国现代化的心性根基。当代新儒家在人的心性主体中探索民主、科学与文化的先验依据，采取主体哲学进路，是想从主体来统摄系统，从意义来生发结构，因此也强调整体理性的作用，尤其是理性提出有关心灵境界的大叙述，以证成个体与群体命运的指导作用。然而，他们并不赞成工具理性的膨胀，也不顺从西方的表象思维，反而要返回直观的认知，例如牟宗三所谓的"智的直觉"；至于西方近代文明中的宰制（domination）精神，则是新儒家所要反对的，而欲代之以"对列"（coordination）或"协调"的精神。当代新儒家于修养功夫的论述与实践不甚着力，牟宗三解"仁"为主体的自觉，诚亦可贵，然未及爱人之义，其哲学体系以主体性为中心，并无他者的地位，更遑论多元他者，且不讲论与实践爱的伦理学。整体来说，当代新儒家所从事者，是以主体哲学为基调的哲学体系，基本上仍框限于现代性之中，至于如何跨越现代性的困境，仍有待其后继者去思考新儒家强调人的主体性并用以重建中国哲学和奠立中国现代化的先验依据，而忽视了他者的向度，尤其忽视人对终极他者的开放性。相较起来，当代中华新士林哲学在融合中华文化的过程中仍力图维系对终极他者的关系。虽然他们用基督信仰所诠释的，并不必然是中国哲学的历史图像，但他们努力要指出中华文化和中国哲学中具有不可化约为人性内在的朝向终极他者超越的向度，且勤于实践，确是弥足珍贵。由于篇幅所限，以下仅举于斌、罗光、李震三人为例，说明其思想与实践如何能超克现代性的困境。

二、于斌的三知论及其教育哲学

当代天主教哲学在当代思潮与中国哲学的脉络下，继承了利玛窦以来的士林哲学传统，可称为中华新士林哲学。从于斌开始，中华新士林哲学便有意识地避免将哲学基础封限于人的主体性，而是置于人与天、与物的关系脉络中。

于斌才华横溢，使他成为一位宗教领袖、教育家、文化思想家与政治家，而不是一位专业哲学学者。不过，中华新士林哲学在台湾的振兴，与于斌促使北京辅仁大学在台湾复校，以及于斌本人的三知论有密切关系。他是辅仁大学在台湾复校的首任校长，在复校时的指导思想，是他在 1959 年的"文化与修养"讲座中提出的三知论。三知论一开始就把对人的认知放在知天、知人、知物的脉络中，也因此不只是关心人自身，更不会只关心人的主体性。他说：

> 所谓"三知论"，实际上就是三知配合论。三知在我们中国古书上是有根据的，所谓知人、知物、知天。"一物不知，儒

者之耻"，"欲知人，不可以不知天"。所以三知论，实际上是中国古来传统的知识论。所谓知人、知物、知天，三才者，不是偏于一隅，……而是一种平衡的发展，调和的发展。对于人、物、神，都有一种平衡的理论，而且可以说到今天作为人性指导的原则。①

"三知论"成为于斌兴办辅仁大学的理念依据，也因此吴经熊先生称"三知论"为"辅仁之精神"所本，并特别强调其中开阔、求新的开放精神②。此一精神基本上是属于中国哲学里开放的人文主义一脉，于斌将大学教育宗旨放置在文化的脉络中思考，对于当时由于西方现代性没落造成的各种文化问题与危机皆有深入的观察。在他的谈话中显示他对欧美现代性尤其是对封闭的人文主义对人主体性的过度强调，使得人的主体性自我封闭失去对他人、对世界、对天的开放精神，以及这种封闭的人本主义所造成的文化危机，有深刻的洞察。他很早便注意到，当时的西方文化、欧洲文化已然发生问题。他在《中西文化之比较》一文中说：

尤其近代许多欧洲学者已经开始感觉到文化发生了问题。许多人认为欧洲的文化是没落了。也有人认为欧洲文

① 于斌：《三知论——1959年3月讲》，见《于斌总主教哲学言论集》，台北：新动力杂志出版社，1961年版，第86页。其出处是《中庸》所谓"思修身，不可以不事亲；思事亲，不可以不知人；思知人，不可以不知天"（《中庸》二十章）。"一物不知，君子所耻。"语出刘知几《史通·杂说中》。
② 吴经熊：《辅仁之精神》，见《哲学论集》，台北：辅仁大学出版社，1973年版，第1页。

　　　　　　　　从慷慨外推到文明对话

化虽然没有没落,整个前途也非常悲观。当然欧洲文化的颂扬者是很多的,不过因为世界人类的问题发生了大的震荡,使我们过去生活的理想发生了动摇。[1]

于斌对于文化危机的论断并非出自空谈,而是出自他自己对于世界文化相当广博而具体的了解。他在《中西文化之比较》《中西文化比较研究》等文中谈抽象画,谈披头士,谈学生运动,谈当时文学与艺术之媚俗,也谈及科技发明对于人性的冲击,甚至对于科技造成的自动化问题有深刻的洞见。当他谈及自动化之时,也指出自动化假定人应先具备道德条件[2]。

在西方现代性产生危机之时,于斌特别关心以创新方式继承中华文化传统。他的"三知论"实是出自中国哲学,尤其是出自《中庸》所言"唯天下至诚,为能尽其性;能尽其性,则能尽人之性;能尽人之性,则能尽物之性;能尽物之性,则可以赞天地之化育。"于斌主张由知人、知物、知天三知发展出四类科学,包含自然科学、人文科学、社会科学与宗教科学,并认为"这四种科学,在我们中国就叫知物、知人、知天。所谓'欲知人,不可不知天'"[3]。

于斌认为,"三知论"及其所含的四类科学,应该是为人的物质文化和精神文化服务。他主张人不应自我封闭于主体性,而应更为关心交流与互动。他最为关心文化交流及其取舍标准。关

---

① 于斌:《中西文化之比较》,见吴经熊等:《中西文化论集》,台北:"国防研究院"中华大典编印会,1966年版,第356页。
② 同上书,第396页。
③ 同上书,第367页。

于文化取舍的标准,在物质文明方面,他主张以"用"为标准。就此而言,他并不看轻功利主义,而是将功利主义定位于物质层面。他说:"物质方面,只要合用都可以接受。"①

在精神文明方面,他主张以善、真为标准。他说:"用真善来作高级文化现象和高级文化思潮批判的标准……用真善作标准来批评,就是讲是非的、讲善恶的,并不是讲功利的。"②在此脉络下,于斌的思想与视野并不局限于中华文化,而是以中华文化为主,进行文化交流,择善而从,截长补短,订定标准。他说:

> 实际上文化包含的内容,就是这几项。物质生活就是体,精神生活就是德、智。人性的要求,是德、智、体。因为体的关系,物质文明是重要的。要使身体能生存,要合理的生存,要合乎公共卫生的生存,甚至要生活得舒服一点,多有一点时间来做点文教工作。③

在"三知论"与文化视野的脉络下,于斌的教育哲学注重以通识教育解决技术与人文脱节问题。于斌关心技术教育与人文教育脱节的问题,因而特别重视大学中的通识教育。他在《中西文化比较研究》一文中以哈佛的通识教育为例,指出:"技术教育与人文教育脱节,……尤其在有传统文化思想的人看起来,这个问

---

① 于斌:《中西文化之比较》,见吴经熊等:《中西文化论集》,台北:"国防研究院"中华大典编印会,1966 年版,第 368 页。
② 同上书,第 370—371 页。
③ 同上书,第 366—368 页。

题要是不解决,教育的前途颇难乐观。""今天的科学技术教育已经危害到人文教育,人一成了个专家,便不是一个普通人了。换句话说,愈专这个人味愈不多了。"①其次,他强调做人先于做事,重视伦理教育:于斌枢机继承了中华文化和天主教对伦理道德的重视,认为大学教育还是要先教做人。"我们的教育是教做人,不是教做事。教做事是后话,先是教做人。所谓六艺之教,固然有许多技术问题、做事问题在里面,可是主要的还是做人。……大学之道,在明明德,在亲民,在止于至善。是这样一个了不起的理论。……所谓'大学者,大人之学也。''大人者,与天地合其德。'这是圣人。所以大学就是圣学。换句话说,要求的水准愈高,道德修养也愈高,才合乎中国古人的理想。"②

此外,于斌特别重视哲学教育和宗教教育。他主张教育应有哲学基础,并重视哲学教育,但认为哲学本身应中和而不偏激。他把宗教教育视为大学教育的重要一环。他批评封闭的人文主义,主张开放的人文主义,认为人不应该"画地自限"③。"普通学校提倡四育,我校则五育并重,灵知德体群。……圣在宗教上讲,是天人合一,灵魂与上主契合。"④也因此,辅仁大学是以"圣、美、善、真"为校训。不过,于斌在宗教方面的态度是很先进的。不同于梵二之前的保守态度,于斌枢机主张宗教多元与宗教交谈,并

---

① 于斌:《中西文化之比较》,见吴经熊等:《中西文化论集》,台北:"国防研究院"中华大典编印会,1966 年版,第 406—407 页。
② 同上书,第 382 页。
③ 同上书,第 394 页。
④ 《于斌枢机三知论原流》,台北:"中国大众"康宁互助会,1988 年版,第 475 页。

实际推动宗教团结运动,可以说是领世界的风气之先。他说:"我们不能否认,宗教是多元的存在。……今天这个世界的宗教,也走进大团结的一个阶段。这是一个世界的趋势。在我们中国,也可以说我们是先进。……二十年前我们就开始,现在才成了一个宗教界正式的联合组织。"①

从上可知,中华新士林哲学是以超越的精神和向多元他者开放的精神,克服现代性主体封闭的危机。这种向多元他者开放的精神,活生生地表现在于斌的言行之中。于斌在教育、文化与宗教方面有整体而深入的洞见,然而,毕竟他并没有工夫来细细整理中国哲学与基督信仰的关系,更无法从形而上学方面来超克现代性的困境。这一工作是由罗光及其他人来承担的。

三、罗光的形上生命哲学与中华新士林哲学体系的形成

罗光兼治中国哲学与士林哲学,并融合两者于其形上的生命哲学之中。罗光原先在意大利教授哲学,所浸润与获取的是西方的士林哲学传统,所潜心关注的,则是中国哲学。他曾表示自己在"哲学方面的书很单纯,都是关于中国哲学;介绍西洋哲学的书,大抵有两册《士林哲学》,以及三册比较哲学研究的书"②。关于士林哲学,罗光著有《士林哲学理论篇》《士林哲学实践篇》两巨册,是用中文系统地整理并诠释了士林哲学体系的两部巨著,不

---

① 于斌:《中西文化比较研究》,见吴经熊等:《中西文化论集》,台北:"国防研究院"中华大典编印会,1966 年版,第 440—441 页。
② 撰写本文时,本人在多伦多,因此无法翻查本人在木栅的资料,本注及以下四条注解出处参见 http://lokuang.blogspot.com/2010/08/blog-post.html。

过其中仍不乏需与新士林哲学后来的发展俱进与更新之处。早在他著述士林哲学之前,已经在香港出版《中国哲学大纲》两册,由香港商务印书馆出版。罗光自己表示在传信大学讲授中国哲学,"为别国同学,讲中国哲学,是用拉丁文讲,只能讲大纲;为中国同学,当时有三十余人,则讲得更为详细。我是想用系统的方法,把三家哲学,各为一系统"①。返台之后,他又以士林哲学的观念架构,融合中国哲学的内容与精神,重写中国哲学史,著有《中国哲学思想史》九巨册,从先秦哲学一直写到民国,包含当代新儒家。又著《生命哲学》一书,自诩为"自己的哲学",他说:"而我自己的哲学思想,则是形上生命哲学,这部哲学,前后五册,但以后三册为定本。"他以此书比拟于唐君毅的《生命存在与心灵境界》和方东美的《中国哲学之精神及其发展》。方、唐两位是罗光最为佩服的当代哲学家。不过,罗光自我要求行文要更为通俗易读,以接近一般读者。

罗光所谓形上生命哲学,不是以哲学来讲生命,而是以生命来讲哲学,并以此精神来承合儒家哲学与士林哲学。其书浅易中自有系统,分从本体论、宇宙论、知识论、理性心理学、伦理学、宗教哲学,层层转论生命的体认、生命的本体、生命与宇宙、生命的创造、生命的旋律、生命的超越。换言之,罗光心目中的宇宙图像是这样的:无限的天主以其无穷的创造力,创造了宇宙,宇宙生生不息的过程中出现了生命,从生命历程中了出现人,人继续发

① 撰写本文时,本人人在多伦多,因此无法翻查本人在木栅的资料,本注及以下四条注解出处参见 http://lokuang.blogspot.com/2010/08/blog-post.html。

展生命，一直到回归天主，与万物与人在爱中圆融。这是一个有坚实的形上基础的生命哲学，足以充分超克现代性的根本困境。罗光称之为"形上生命哲学"。他说：

> 我乃沿用士林哲学论变动来解释，构成了一个系统的形上生命哲学，存在即是生命，生命是内在之动。内在之动是造物主，创造宇宙，为一动力，称为创生力，宇宙为一动力，每一实体也是一动力，全宇宙是动，动为创造之动，创生力由造物主的创造力，常在动的状态。这种动是种内在之动，称为生命，因此说宇宙万物都有生命。[①]

罗光的形上生命哲学，立基于士林哲学丰盈创造的存有观，以结合中国哲学生生不息的变易观。他认为宇宙万物之有是来自创造者天主，天主本身是一无限而能创生的大有，其所创造的万物也是在不断变易的有物。由于天主的创造力与万物的创生力与变易形成了生生不息的历程，为此整体存有界可以视为一生命之历程。

罗光而言，从形上学看来，存有乃一切万物之根本。凡存有者，或属自有，或属依他有。天主是自有者，具"创造力"，从无中创造物质，生化万物。万物是依他有，虽属被造之物然仍兆于变化，且富于"创生力"。就形上学言，天主为一切变易的存有学根

---

① 撰写本文时，本人人在多伦多，因此无法翻查本人在木栅的资料，本注及以下四条注解出处参见 http://lokuang.blogspot.com/2010/08/blog-post.html。

基,不但是一切万物最后的解释性原理,而且也是其存有学原理。天主创造万物,"生生"的第一义;万物也在不断变易历程中,依各自之理而发展其性,也具有"创生力",且继续创生不已,是"生生"的第二义,这是因为万物虽为依他有者,仍从天主那里分受了内在的动力,能在变易中求发展。在变易之中,一方面有生发之历程;另一方面亦有稳定之结构。所谓"道"即为变易中的生发原理,属动态;"理"则为变易中的结构原理,属静态。理在各存在物而言即成为各物之本质称为该物之"性"。万物各有其性,依其性而群分类别,各从其类,不断变化。罗光说:

> 形上生命哲学主张宇宙由造物主所造,造物主以自己的创造力,创造了一种力量,称为创生力。创生力的质即是物质,由造物主从无中造成,创生力的理,为造物主之创造理念,创生力物质和理合成今日的宇宙,宇宙乃是创生力。创生力和创造力相结合,常相通。圣托马斯常说创造是继续的创造,创造力使创生力常动,使宇宙物质按造物主的创造理念,引起变化。动为生命。动为本体内在的动,由创生力而发,不是外力引起的动。①

如此,罗光从这生生的形上学引申出一套生生的宇宙论。天主是一切万物的存有学根基,其根本活动在发显其创造力而化生

---

① 撰写本文时,本人人在多伦多,因此无法翻查本人在木栅的资料,本注及以下四条注解出处参见 http://lokuang.blogspot.com/2010/08/blog-post.html。

万物;天主所创造之万物的根本活动及其存在之完成,在于参与天地的创造活动。整个变易历程乃按照互补互成、时位中庸、联系和谐等原理来进行的。进而,在上述的本体论与宇宙论的基础上,罗光建立了新士林哲学的人性论与伦理学。

在人性论上,罗光形上生命哲学的主要概念是仁。"上天有好生之德",朱熹亦以天地之心为好生。罗光的人性论秉承其宇宙论,认为人得天地之心为心,故仁。人一方面要发挥其人性的生命,另一方面亦要发挥万物的生命。尽己性,尽物性,始能赞天地化育与天地参。在这一点上,罗光可以说从其形上生命哲学体系回应了于斌的三知论。他更进而认为,人有理智,追求真;有意志,追求善;有才情,追求美。人性可以不断创新发展扩充自我之重重圆周,由己立立人,己达达人,到形成大同世界,到万物己体,到天人合一,经历此四重圆周而实现其自性。就此而言,罗光是一开放的人文主义者。人虽可与天合一,但人不是天。更且,罗光主张空虚自己、观过、空虚自我意识,超越自我封限,迈向爱的圆融,于是形成他的伦理学和修养论的基本论点。我必须说,这不只是一种学术论点而已,而是他一生的生命实践与道德修养所在。我们很少看到一位著作丰繁、成就斐然的作者会如此谦虚。正如他在出版感言中说的:

> 全书出版,我无所有,只是一个名字,但是代表我一生的工作。好坏我自己不能说,别人说好说坏,我都献于天主。……我自己只有如圣路加福音所载基督的话:"你做完主人要你

做的事,你要说:我是无用的仆人,做了我该做的事。"①

　　像这样的谦逊之德,我尚未能在哪一位新儒家身上看见。我很难想象,若无罗光如此深沉的宗教体验,并以天主为最终所向来修身立德,如何能有如此虚己、谦虚之德。然如此谦虚,并不妨碍他热爱天主,愿与之共融。他甚至认为,人既可以与天主圆融,也可以与万物圆融。可见,他是用天主教的爱的密契论,也就是以人与天主、与万物在爱中的圆融,来诠释并实践中国哲学中的天人合一之说,并在此人生至境,融合天主教信仰与中国哲学,而不至于像西方现代性的人学的大叙述那般,封限于人的主体性之困境。罗光的哲学思想,不但能从本体论、宇宙论、人性论、伦理学、修养论的角度,超克现代性由于主体膨胀所造成的困境,而且他是在谦虚、祥和与热爱的伦理与宗教实践中,迈向与万物、与人、与天主的共融。

四、李震开放的人文主义

　　当代中华新士林哲学的另一位代表李震,则是从对宇宙论的关心,对人与上帝关系以及人性的超越性,指出一条超克现代性困局的思路。李震是极少数当代中国哲学家中曾对宇宙论加以探讨并有所著述的哲学家②。他对于上帝与人的关系也做了长

---

① 撰写本文时,本人人在多伦多,因此无法翻查本人在木栅的资料,本注及以下四条注解出处参见 http://lokuang.blogspot.com/2010/08/blog-post.html。
② 参见李震:《宇宙论》,台北:商务印书馆,1994年版;《哲学的宇宙观》,台北:学生书局,1990年版。

久而仔细的研究。也因此，他在哲学方面，有《宇宙论》《基本哲学问题》，以及五卷本的《人与上帝》对中西无神论的研究①。此外，他的才情挥洒于文学与哲学之际，他写诗，写哲学散文，也评论文学家的作品，著有《由存在到永恒》②《永恒的追寻》③《灵心语丝》④，以及《杜斯妥也夫斯基的精神世界》等⑤。综合说来，这些书都透露了一个核心观念：关心人，也就是关心人性中的超越性。人由于深自心灵指向上帝，因此是介乎现实与永恒之间；人的存在是既有限而无穷，既内在而超越。

李震神父是一位人文主义者，肯定人发自内在而迈向成全的动力；然而，不同于那些故步自封于人的内在性的人文主义者，李震并不将人框限于自己的内在，而是将之放在人与宇宙的关系、人与存有的关系、人与上帝的关系之中，是一开放的人文主义者。对他而言，人的内在动力，正是一不断自我走出、自我超越、自我成全的动力，也就是说，人文的开放性表现在人本有的超越性上。李震最用心思考的哲学基本问题有二：一是存有与虚无的问题，二是存有的本根的问题。对于第一个问题，他认为生命意义的基础是存有的满盈而不是虚无。对于第二个问题，他认为存有的本根是上帝。而且，对于此两问题的答复，要求人自由地、实存地抉择。他说："人必须在有与无之间，在有神和无神之

① 参见李震：《人与上帝》卷一、二、三、四、五，台北：辅仁大学出版社，1995 年版。
② 参见李震：《由存在到永恒》，台北：商务印书馆，1995 年版。
③ 参见李震：《永恒的追寻》，台南：闻道出版社，1970 年版。
④ 参见李震：《灵心语丝》，台北：辅仁大学出版社，1981 年版。
⑤ 参见李震：《杜斯妥也夫斯基的精神世界》，台北：辅仁大学出版社，1975 年版。

间抉择,这是人生最根本最重要的抉择,在此抉择中,存在表现最大的自由。"①综言之,李震对于存有与虚无的探讨,使其抉择了存有的满盈;由于以上帝无限完美的存在作为全体存在的本根,肯定人发自内在追求无限的动力,使他关心内在与超越的辩证;在伦理上李震以仁爱和慷慨为伦理实践的要旨。

首先,关于人与上帝的关系:基本上,李震神父的思想展示了基督徒对于人性远景的深刻洞见,也呈现了此一洞见在哲学上的合理性与一致性。对于基督徒而言,人除非在绝对完美的存在者中达至终极的完美,否则人的存在焦虑是会与时俱增的。李震的哲学一方面指出人的有限性;另一方面又力陈其中迈向无限的动力。人的生命意义所赖以建立的基石,是由内在建立起来的,然而,人性的本然倾向就是既内在而趋超越,既有限而趋无穷。如果把人生的远景完全建立在内在性上,也就否认了人性的超越性,而人性在其内在性中的自我封限,也就成为无神论的根源。李震说:"把人生完全建立在内在性原则上面而否定任何超越原理的可能,最后必将走向无神主义的路子。"②

李震在《人与上帝》一套书中,对古希腊的无神论者、文艺复兴的无神论者、理性主义、经验主义、启蒙运动等中的无神论以及康德、菲希特、黑格尔、马克思、恩格斯、列宁、密尔、孔德、叔本华、尼采、伯来得里、罗依斯、詹蒂莱、克罗齐、杜威、罗素、沙特、梅洛·庞蒂、卡缪等人的无神论,加以爬梳整理,尤其是针对那些无

---

① 参见李震:《由存在到永恒》,台北:商务印书馆,1995 年版,第 70 页。
② 李震:《人与上帝》卷一,台北:辅仁大学出版社,1986 年版,第 9 页。

神论的人文主义者,他都耐心地与他们对话,更清楚地分析出人性的内在动力与超越动力的辩证出路。他指出,人的心灵和精神若能向着天主而开放,那么,因着来自天主的光明,决不会自封闭,尤其不会封闭在内在的人文主义。迈向他者而不自我封闭,这是因心中有爱,正是天主教的人文主义的基本精神。李震指出:"天主教的人文主义是使人复归无限的存有,在此天人关系中实现自我。无神的人本主义却是要把人带离无限存有,否定天人之际的超越关系,因而必需虚无的机。"①在此,李震把超越与内在的天人关系与存有与虚无的关系连接起来。人之所以既内在而超越,是为了返回存有的满盈;至若封限于人自我的内在性而否认天人关系,则终会堕入虚无的危机之中。

其次,关于存有与虚无:对于李震神父而言,人生意义问题建立在对于以下此一基本问题的答复:"存在的最后根本是什么? 是有? 还是无?"他认为,如果"有"是真实的,是站立得住的,如此世间才有道德和真理可言,也才有万物的最后基础,亦即神的存在可言。如果绝对的虚无才是真实的,而且存在只能建立在非有、矛盾和空虚的基础上,那么人的存在与神的存在是同样虚伪的存在,荒唐的存在,毫无意义的存在②。人生意义的基础是存有的满盈而不是虚无。这是士林哲学的基本原则,也是李震的基本原则。

基本上,李震神父所排斥的,是绝对的无、非有与虚空。这是

① 李震:《人与上帝》卷二,台北:辅仁大学出版社,1988年版,第462页。
② 在这里,"有"与"存有","无"与"虚无"基本上是同一语词,只为了文辞的对仗,而"有"与"无"并用,"存有"与"虚无"并用。

士林哲学的基本立场。他认为，我们之所以有虚无的观念，因为有限物的缺陷而来。我们在经验中发现许多有是有限的，由于有限物本身的不足与缺陷，我们兴起了"无"的观念。至于恶，只是善的缺乏。李震引用圣托马斯的说法："恶无非是善的缺乏，这正是所谓恶不是存有，也不是善。因为存有本身是善的，存有的缺乏包含善的缺乏。"①

对于基督徒而言，上帝是位格性的终极实在，是最完美的精神性的存有，他是整个宇宙的创造者，全体人类和其他一切有生之物与无生之物皆来自他。上帝本身是不能够用一切人为的论述（包含哲学、科学和神学）来解释和言喻的。即便是现存的任何对于宇宙的源起的科学或哲学或宗教的论述都不能相称于上帝本身的奥秘，也不能满足人在这方面的好奇。换言之，一切的科学或哲学或宗教的论述，都不足以作为全体存在之基础，但这并不表示存在本身是没有基础的。对于基督宗教而言，上帝才是真正的基础所在。上帝创造万物，也是万物完美实现的目的所在。李震所阐述的存在的最后基础，存在的本根，仍在于存有的满盈，在于能提供万物无穷无尽的可能性的完美的上帝。

最后，关于爱的伦理学：相似于罗光，李震所主张与实践的是爱与慷慨的伦理学。从存有的满盈与不断的超越出发，他认为上帝是爱，上帝的大爱，走出自己，走向万物与人。人也应返回于爱，返回于上帝无限的爱。李震说："上帝是爱，他因此大爱创造

---

① 李震：《人与上帝》卷二，台北：辅仁大学出版社，1988 年版，第 415 页。

人类,借此大爱使远离他的人回归自己。人出于爱,其终极目的也是爱,只有在无限的爱中,人才能找到真正的自我,使生命获得圆满的实现。"①换言之,上帝创造万物,虽然需要理性的计划,但在精神上创造是一赠与的行动,这是一伦理的行动,在其中,上帝走向万物与人,将存在与本质赠与人和万物。也因此,创造并不是如黑格尔所言,来自上帝的缺乏与无聊,而是来自上帝存有的满盈,来自上帝慷慨的赠与。人与万物的创造,无论其历程在人看来是如何缓慢与复杂,都是来自上帝的爱与慷慨。既然以爱为存在的本根与伦理的本质,则人生的意义不难确定,就在不断从自私的思想、行为与要求中断然撤出,不断以无私的善行还归大爱,不断地慷慨施予。在《由存在到永恒》一书中,李震有如下深刻的陈述:

> 一个缺乏爱情的存在,也是最贫乏的存在。当存在将自己局限于自己的小圈子里,将逐渐失掉活动的自由,因而感到空虚的压迫,自私的空虚。在自私的空虚中,个人的生存已经失掉意义,它的末日将会如影随形,接踵而至,即使挣扎着生存下去,也只是一个空虚的躯壳而已。②

爱并不泯灭自我,反而会成全自我。爱中的共融,并不排斥自我的成长与探索。相反地,人的存在仍要求超越共融与合一的

---

① 李震:《人与上帝》卷二,台北:辅仁大学出版社,1988年版,第462页。
② 李震:《由存在到永恒》,台北:商务印书馆,1995年版,第72页。

关系不断返回自我,也在不断超越中,投向至善。由于人与神的爱所带来的善,是人间的爱与人对万物的爱的基础。李震说:"心灵的自由在爱情中圆满实现,爱情是存在与存在之间的共融与合一。然而存在也需要时时超越这些关系,返回自身,投向至善,在与至善的单独来往中,吸取爱情的力量,充实自我的独立性。"①这一段话可以说是出自他一生实践的深刻体会。既然李震考虑到人需一方面不断返回自我,另一方面又需不断自我超越,认为内在的我奔向爱的圆融,超越的爱则足以丰盈自我。由此看来,并不是要否定近代哲学所发挥的主体性,而是要用超越的爱加以满全。超克现代性,并不是要否定现代性的宝贵遗产,而是要用爱的思想和实践来予以成全。

五、结语

平心而论,对于主体的地位、结构与深度的探讨,仍是近代哲学最宝贵的遗产。然而,主体若封限于一己之内,运用单向度的理性,操弄表象,争取权力以宰制他人他物,造成了现代性的根本困境。当代新儒家能在中国哲学园地内开发人的主体性,使中国的民主、科学与文化有了来自中国人本心的根源,是其贡献。然而,若因此过度昂扬甚至膨胀人的主体,会有使之趋于自我封闭的危险;加上当代新儒家强于论述而实践不足,难以为处于现代性困局的人们,树立人格典型。就此而言,中华新士林哲学在于

---

① 李震:《由存在到永恒》,台北:商务印书馆,1995 年版,第 73 页。

斌、罗光、李震及其他天主教学者的努力下，很早就意识到现代性主体封限的危机，而能在形上学、人性论、伦理学、教育哲学、文化哲学、修养论及基本哲学问题方面，建立一既内在又超越的哲学体系，为中国现代性的探索与形成奠立了一个综合中西的哲学基础。中华新士林哲学能以持平的立场看待实在界，发扬人性，且能实践爱的伦理学与谦逊虚己的修养，爱天主、爱人、爱万物，是可以为现代性的困局，带来超脱的契机，纳入现代哲学的宝贵遗产，又超克现代性的弊端。

第四节　儒家思想与可普遍化伦理①

一、引言

由于科技的快速发展与普世化作用，今天整个世界已然进入一个全球化历程。然而，就在同时，伦理问题也愈急迫，举世皆然。不但科技本身已经引起严重的伦理问题，诸如生物伦理、资讯伦理、环境伦理，等等②，而且原有的伦理传统如何与崭新的

---

① 参见沈清松：《儒家思想与可普遍化伦理》，载《国际儒学研究》（第十辑），国际儒学联合会，2000 年，第 182—209 页。

② 关于本人对科技的伦理冲击的其他讨论，见沈清松：《解除世界魔咒——科技对文化的冲击与展望》，台北：时报出版公司，第 290 页。关于资讯科技与生物科技相关问题，见沈清松：《资讯科技的哲学省思》，台北：《哲学杂志》第 18 期，第 134—155 页；沈清松：《有何伦理判准支持复制人？》，载《中外医学哲学》（*Chinese and Interactional Philosophy of Medicine*）第 1 卷第 3 期，pp.125－143，English Abstract，pp.201－203，Swets & Zeitlinger Publishers，the Netherlands；关于科技发展的伦理教育问题，见沈清松：《伦理学理论与专业伦理教育》，新竹：《通识教育季刊》第 3 卷第 2 期，第 53—69 页。

全球化历程相适应，也已经成为各文化传统关注的问题。伦理教育已成为全球性的需求，无论对于个别文化传统或对于全人类，它都十分重要。到底在此全球化历程之中，举世密切互动之际，有没有普世适用的伦理规范？全人类对于行为准则或伦理价值，是否可以有一些共同可遵循或至少可相互理解的价值规范？对于这类问题的关心促成了对于所谓"普遍伦理"或"普世伦理"的思考①。德国神学家孔汉思在宗教交谈的意义下，试图提出一套"普遍伦理计划"（Universal Ethics Project）②。联合国国际文教处的哲学组也是以推动"普遍伦理计划"为其最重要的工作。

值得注意的是，举世虽然愈来愈被卷入全球性的整合历程，然而所谓的"全球化"其实也可能只是更严重的西化。正如所谓"普遍伦理"的主张，也可能只是伸张西方伦理的强制观点的一偏见而已。

在由科技带领的普世化历程中，伦理教育愈趋重要，其任务在于确保人性的发展，使人能成为科技的主人，而非科技的奴隶。在此一历程中，伦理教育无论对于各国或对全球人类的未来都是攸关重大。所谓"伦理教育"并不只是一种制度化的伦理教学，而且它更涉及人格的陶成，无论是靠自己或是借助于重要

---

① "普遍伦理"与"普世伦理"两词皆是 universal ethics 的中译。不过，在语意上，"普遍伦理"是就此伦理的普遍性而言，至于"普世伦理"则兼及于此普遍性对全世界的适用性。不过，在本文里，我们不特别加以区分。

② Hans Kung, A Global Ethics；The Declaration of the Parliament of the World Religions，1993；Global Responsibility：In search of New World Ethics，1993.

他人(significant others)的帮助，以实现其内在全部潜能。一如伽达默尔所言，这是一个"陶成"的过程，借此把人提升到人性中的普遍性层面①，我们可以称此一伦理陶成的过程为一使人成为人的普遍化过程(a universalizing process of becoming human)。

整体来说，"伦理"是人与人在特定社会中彼此互动所依凭的价值与规范，其所关涉者乃社会行动者在交互关系中应如何以社会和历史的方式实现有意义的共同生活。至于"道德"则涉及个人的主观意向及个体的自我实现。道德指称的是行为主体实现其人性的历程与成就。主体性是道德的核心指涉，不过其实现仍需在伦理关系的脉络中为之。至于伦理则是预设了他者以及人与他者的关系。正如德勒芝所指出的，他者的实在性包含了其他的可能世界，他人的面容以及他者的言语②。我个人认为，如果人在心中无他者，不承认有他者，亦不与他者互动，则根本毫无伦理可言。人的主体性的自觉与自我提升只具有道德的层面，然而仅此尚不足以言伦理。在伦理中总有自我走出，走向他者的要求。伦理承认差异，且经由互动而由种种差异迈向可普遍化历程。

二、"可普遍化伦理"而非"普遍伦理"

世界上的伦理传统虽各有不同，但却可经由沟通而在不同伦

---

① H. G. Gadamer, *Truth and Method*, tr. by G. Barden and J. Cumming (London: Sheed and Ward, 1976), p.13.
② "Autrui, ... c'est un concept a trois composante inséparable: monde possible, visage existant, langage reel ou parole", Deleuze, *Qu'est-ce que la philosophie?* (Paris: Edition de Minuit, 1994), p.23.

理传统中提炼出可普遍化的价值与规范。我认为,经由彼此真正的沟通,可以提出适用于全球化时期的一套可普遍化的伦理架构。至于我在此所谓"可普遍化",则是由是否能相互进行"外推"来规定的,这一点稍后再行讨论。

就目前而言,关于沟通,我较偏向于胡塞尔在《现象学观念 I》中所提出的"沟通"概念①,更甚于哈贝马斯在其《沟通行动理论》中的想法。早在后者出版之前,胡塞尔在《现象学观念 I》中已经使用了"沟通行动"(communicative act)概念。对于胡塞尔而言,单一而孤立的主体及其纯以自我为中心来看待环境的想法,是抽离了沟通行动与相互了解的结果②。胡塞尔把"沟通行动"放置在人与人的关系之中。此一沟通行动概念对于建构一有意义的社会存在而言,要比哈贝马斯的沟通行动概念来得更为重要。对于哈贝马斯,批判的反省和负责的沟通对于有意义的社会生活而言是必需的,否则社会生活会常被意识形态和权力关系所扭曲。哈贝马斯所谓的"沟通行动"其实是一种论辩过程,在其中"论题"与"反论"透过寻找论据(Begründung),而在双方皆可接受的更高层命题中达成共识。然而,胡塞尔的《现象学观念 II》中,沟通的意义并不仅只是语言性和智性的,而且也是评价性和实践性的,其中包含了爱与还爱、恨与怨怼、信任与互信。胡塞尔说:

> 隶属于社群的个人彼此以伙伴关系相处,不是作为相对

---

① Husserl, *Ideen I* (The Hague: Nijhof, 1952), S.192.
② Ibid., S.193.

的对象，而是相对应的主体，无论是现实上或潜能上，以爱与还爱、恨与怨怼、信任与互信，彼此共同生活。①

胡塞尔这段话把沟通的伦理层面说得很明白，不像哈贝马斯那样只框限于论辩之中。胡塞尔的"沟通行动"一词是用来表达意义的社会建构②。若将两人的"沟通行动"略加比较，便可以发现，哈贝马斯所谓的"沟通行动"的四理想要件，诸如真诚、真理、可懂、正当，都只是形式要件而已，无法保障"沟通行动"目标的达成。相反地，胡塞尔在《现象学观念Ⅰ》中提出"同理心"（Empathy）作为沟通行动的实质要件。他说："这是有关同理心的事情，在其展开过程中告知我们别人的性格，其知识与能力等等。"③我们可以说，同理心是一种进入他人心灵的方式，不过，除非能以他人的语言，说他人的话，我们无法真正进入他人心灵。同理心完成于说他人语言，以明白他人，并使自己被明白。关于这点，下文再论。在此，我们需指出，胡塞尔所言的"同理心"可以扩而充之，不但可以构成个人的沟通行动，而且可以扩大到婚姻、家庭、友谊与社群中的沟通行动。就此而言，胡塞尔的沟通伦理的可扩充性以及其对社会意义的共同建构看法，十分类似于儒家的"仁"，后者可以

---

① Husserl, *Ideen II* (The Hague: Nijhof, 1952), S.194.
② Husserl says, "Sociality is constituted by specifically social, communicative acts, acts in which the ego turns to others and in which the Ego is conscious of these others as ones towards which it is turning, and ones which, furthermore, understand this turning, perhaps adjust their behavior to it and reciprocats by turning toward that Ego in acts of agreement of disagreement ... etc." Ibid.
③ Ibid., S.228.

从个人关系扩充至家庭、朋友、社群、国家乃至天下。在儒家而言,此一可扩充过程是经由"恕"的作用来进行的,恕也可以说是一种同理与外推的过程,借之人可以不断自我走出,走向他人,走向更大的社群,甚至走向天地。

在儒家而言,一个有意义的社会生活的共同建构,是透过仁的扩充,由小而大,借以在更大的社群中实现自我与共在。儒家伦理由相互性往可普遍性发展,由特殊关系发展而为可普遍关系。我将儒家所言"仁"理解为每一个人本具的、原初的沟通能力。至于"恕",由于"恕者善推",则是较接近胡塞尔所言的"同理心"或建构实在论所言的"外推"(verfremdung, strangification)①。

就其广义而言,"外推"一词指称由自己脉络走出,走向外人、走向他人脉络的行动与历程。原先,"外推"是由建构实在论所提出,作为科技整合研究的知识论策略。由于不同的训练、方法和语言,每一学科或研究方案都局限于某一微世界之中,唯有进行外推,始能推动科技整合研究。按照建构实在论的想法,有三种外推。第一种是"语言的外推",借此我们可将某一特定学科或研究方案的研究发现或主张的论题,翻译为另一学科或研究方案可以明白的语言,看看是否能行得通因而被另一学科所接受,或者会因为行不通且使得该命题因而变得荒谬。如果翻译得通,即使

---

① "外推"一词原为维也纳大学瓦尔纳教授所提出,当作科际整合的知识论策略,本人将此概念扩大到文化际的层面。见 Vincent Shen, *Confucianism*, *Taoism and Constructive Realism* (Vienna: Vienna University Press, 1994)。该书由于引进文化际概念,瓦尔纳在该书序中将其视为建构实在论的里程碑。单就沟通层面而言,广义的"外推"表示自我走出,走向他者,并说他人的语言或他人可懂的语言。

意义有部分流失,仍可证明该项发现或命题具有可普遍化性。如果行不通,则必须对借以建立原有的学科或研究方案的语言的原则与方法进行反省。

第二种是实践的外推,借此我们可将一被认为真理的某一主张或论题从其所产生的社会与组织脉络中抽出,将其放入另一社会与组织脉络之中,看它是否还行得通,或者会行不通。如果行得通,代表其具有更大的可普遍性。如果行不通,则其所谓真理仅限定于某一社会与组织,也因此需再检讨其原则与方法。借此,一项主张或论述可以澄清实践含义并扩充其社会与组织的可能性。

第三种是存有论的外推。按照瓦尔纳的见解,经由外推而从一微世界到另一微世界,本身就是在不同的微世界中旅行,因而也就具有存有学意味了。然而,我认为,不能说只要使用对方的语言进行外推,便可以从一个微世界转到另一个微世界。不能说单单在不同微世界中走动,就有了存有论的外推。我认为所谓"存有论的外推",也就是透过实在本身的中介,去接近另一微世界。从"微世界1"要直接进入"微世界2"虽然困难重重,但是,经由进入实在本身,例如进入自然,再来看某对自然的论述;或进入某社会,再来看某对该社会的论述。简言之,对实在本身的经验,可以"滋养"我们的语言①。

我认为,外推并不只限于学科际的微世界互动,而且可以用

---

① Vincent Shen, *Confucianism, Taoism and Constructive Realism* (Vienna: Vienna University Press, 1994), pp.126 - 129.

　　　　　　　　　　　从慷慨外推到文明对话

于不同的文化世界的交流。在运用外推之时，我们借着将自己的语言翻译为别人的语言，或至少别人可以明白的语言，因而使自己的世界能被其他世界所了解。外推假定了"语言获取"的过程，正如我们自幼儿时期起，便透过"语言获取"而得以接近这世界；当我们长大之后，则是透过获取他人的语言，而得以进行外推，并使自己被他人所明白，借此丰富自己的思想。例如，当我们在学习某一门科学或某一学派的思想之时，同时也是在进行一种语言的获取。

从儒家的观点看来，我们之所以能进入他人的世界（微世界或文化世界），此一事实假定了在不同世界之间存在着某种动态的存有学关系。换言之，儒家所关切的是使外推、沟通与反省成为可能，并因此获取正当性的存有学条件。对此，儒家强调的是人与人、人与自然、人与天之间的内在关联与同质性，此亦即"仁"也。"仁"是一种动态的存有学关系，使得外推成为可能。儒家甚至认为，在此一动态的本体关联之上，可以有一种相互同情理解的可能，此即"恕"也。"恕道"可以说是儒家构思外推的一种方式。

"外推"是甚为有用的策略，不只可以用在科际整合研究，而且可以用在不同的文化世界之间的互动。就科际整合而言，外推要比"证真"或"证伪"更适合作为科际整合的知识论策略。无论逻辑实证论或理性批判论都只关心命题的真伪，而不适用于科际整合。关于在科学研究中如何判断一个命题是不是真的，逻辑实证论主张"检证为真"（verification）。这点遭遇到很大的困难，因为命题是如此抽象、普遍，而实验室中观察到的只是某时某刻某分某地的个别具体现象，如何能用以证明普遍而抽象的命题？一方面性质不合，一方面也不合演绎逻辑。在逻辑上，条件句只有在"肯定前项"与"否定后项"两种情形下为真①。卡尔·巴柏(Kal Popper)的证伪(falsification)原则所遵循的即是否定后项式。巴柏将科学活动理解为一不断提出假设并予否证的历程②。不过，问题在于：每个研究者在其学门内部就可以一直进行否证，根本无需也无法进行科际整合，也因此卡尔·巴柏的理性批判论无法提供科际整合以知识论策略。每一个人在自己的论述或实验室中可以不断地做证伪的工作，如此无需走出自己的学门，其"逼真"也只在某一微世界里有效。

建构实在论所提出的是另一标准，既不是证明为真，也不是证明为伪，而是看其可否外推。若可以外推，可以翻译为另一种语言(语言性的外推)，则它便有可更普遍化的真理；能否外推在另一社会组织中(社会性的外推)，若能，则它便具有可更普遍化的真理。如此一来，才有助于科际整合和不同学科的互动。

就文化世界的互动而言，"外推"要比哈贝马斯的"沟通行动"来得更为基本、更为可行与成果丰硕。在多元文化中如何寻求共识，这是当前不可忽视的问题。我认为外推的工作是十分基本的

---

① 前者"若 p 真则 q 真；p 真，所以 q 真"，后者如"若 p 则 q，非 q，所以非 p"。针对"若 p 则 q"的条件句，可以推论"非 q 则非 p"，但却不能推论"若 q 则 p"，换言之，不能说"若一个个别的经验是真的，则某一理论是真的"。
② 详言之，为了解决一问题 P1，必须不断地提出尝试性理论(TT)，再不断设法证明其为伪，借以排除错误(EE)，将问题提升到更高的层次 P2。科学活动因而是一个提出尝试性理论，然后排除错误的过程。卡尔·巴柏认为，我们都是在错误中学习，并且不断地排除错误，如此方可逼近真理。

工作,甚至较哈贝马斯所谓的"沟通行动"更为基本。哈贝马斯的沟通是一种"论证"(argumentation)的过程,在两种对立的立场之间,提出事实与论据,加以辩论,以寻找更合理的共识。但是,在现实论辩中,此种方法很难达成共识。哈贝马斯所提出的四个理想要件:① 可懂(understandable);② 真实(true);③ 正当(legitimate);④ 真诚(sin-cere),都太过理想化,无助于形成共识,反而由于论辩双方彼此所使用的语言、所追求的利益、所遵行的规范南辕北辙,彼此不可理解,对真实的看法有异,对正当性的看法有别,亦难以显示真诚,因而往往造成更大的冲突①。

建构实在论的观点是:若要达成共识,须先将自己的论题用对方的语言或对方可懂的语言说出给对方听,反之亦然。如此一来,可懂、真实、正当与真诚四标准才有可能行得通。因此,哈贝马斯的沟通行动假定了外推。换言之,外推的步骤优先于论辩,如果没有外推,论辩便不可能进行。

三、儒家的伦理实践

在科技的冲击之下,每一文化群体在创造新的伦理价值之时,总可以诉诸其原有的伦理传统,以达到对自己的文化特殊性的自我了解。传统并非一已经构成的整体,一如启蒙运动与基要论者所主张的,启蒙运动认为传统是非理性的,必须全盘予以抛

---

① 本人对于哈贝马斯沟通行动理论之批评先是在《传统的再生》中指出"默会的共识"先于哈贝马斯所谓"论辩的共识";在此则是我对他的第二点批评,我认为在沟通中要有外推,才能达至相互理解,进而形成共识。

弃;至于基要论者则认为传统是一切合法性的来源,因此必须全盘予以接受。我认为,传统是一仍在构成中的历程,其中不断有意义的创新与继承,使得每一代人可以了解自我。换言之,吾人应该把传统视为"活的传统",而不是"死的传统"。当我们在考量全球化时期中的伦理之时,也应从活的传统的眼光来看自家本有的思想资源。

儒家的伦理思想,时间纵深甚长且影响最为深远,可以说在华人心中或多或少都受到儒家传统的影响,也因此是一"活的传统"。吾人欲阐明活的传统中的观念,一方面要把地方性的传统放到全球化的脉络中,看其观念所蕴含的潜力;一方面也要把全球化的思考扎根于地方文化的观念传统之中。基本上,我将此种工作视为一种"语言获取"与"外推"的工作,借此可将传统伦理思想资源翻译与诠释为可普遍化的论述,并不断地进行再脉络化(re-contextualization),与时俱进,常葆活力,借此使自己本具的观念资源为其他文化所理解,甚至达至相互丰富的目的。

首先,关于儒家伦理思想,我愿在此提出以下几个要点,供今日面对普世化挑战的再思考:

第一,儒家伦理的源起,是在面对社会转型与价值冲突之际,提出新的伦理价值,以伦理实践重建生命意义与社会秩序。孔子居处于春秋晚期,原先周公制礼作乐所订定的社会规范已然式微,原有社会秩序逐渐解构,新的社会价值尚未兴起。起初周公制礼作乐,周礼曾是维系社会秩序的重要力量。"礼"包含三重意义:一是祭祀仪典;二是社会制度;三是行为规范。春秋后期,周礼式微而僵化,社会制度遭逢巨变,甚至发生孔子所谓"天下无道"的乱象,基本上是由政治秩序的混乱带动社会秩序的混乱①。然而,孔子珍惜美好传统,向往周礼的丰赡,尝慨叹:"郁郁乎文哉,吾从周。"孔子思想的提出,是为在新的社会脉络中,重振人心,感发生命活力来源,为礼的活力之恢复奠定先验基础②。孔子说:"礼云!礼云!玉帛云乎哉?乐云!乐云!钟鼓云乎哉?"换言之,礼并不只是致赠玉帛,音乐也不只是敲钟打鼓,内心若无感通,丝毫不合礼乐本意。所以,孔子进一步问道:"人而不仁,如礼何?人而不仁,如乐何?"可见,孔子"仁"概念的提出,是为针对礼坏乐崩的状况,让人心恢复原有感通能力,进行伦理实践,借以重振礼乐的精神。

第二,儒家伦理实践的观念架构,是由仁、义、礼的先验奠基构成的。何谓"仁"? 所谓"仁"即是每当人见到他人、他物之时都会有的感通。换言之,"仁"就是内在相互的感通,是内发于每个人自己,孔子说:"仁远乎哉? 我欲仁,斯仁至矣!"仁一定要出自真诚,因为只有真诚才有感动,因此,"仁"是以真诚作为最重要的判准

---

① 孔子说:"天下有道,则礼乐征伐自天子出;天下无道,则礼乐征伐自诸侯出。自诸侯出,盖十世希不失矣;自大夫出,五世希不失矣;陪臣执国命,三世希不失矣。天下有道,则政不在大夫;天下有道,则庶人不议。"可见,所谓"周文疲弊"是由政治秩序的混乱带动了整个社会秩序、社会规范的混乱,这种规范的混乱甚至进而造成规范解构的情况。

② 所谓"先验"(transcendental)有别于"超越"(transcendent),换言之,不是指在超越世界或人性的神明,而是指在人主体之内,先于经验而又使经验成为可能之意,不止于知识论之可能性条件,且亦为存在上的可能性条件,也就是追溯在人性中使礼得以导出的先在条件。就此而言,本文在此所谓"先验"(transcendental)之决,也不同于康德强调的知识论上的、形式性的可能性条件。

的。所以孔子说:"巧言令色,鲜矣仁!"一个在外表上装样子奉承,用美言讨好的人,是很少有感受、有感动的,一点都不真诚,所以是"鲜矣仁"。但是,"刚毅木讷,近仁",刚毅木讷反而显示内心的真诚,所以有仁。仁的根本意义就是真诚出自内心的感通与感动。

从"仁"出发,对人、物都有感动,进一步便会对他人、他物皆有尊重、有分寸,"义"就是有尊重,有分寸,所以说是"由仁生义"。孔子说:"君子喻于义,小人喻于利",所谓义,就是从内心出发,对他人、他物的一种尊重与分寸。"夫达也者,质直而好义"是指达者内心正直,而且追求分寸与尊重。

从"义"出发,进一步发展出"礼",孔子说:"君子义以为质,礼以行之。"真正的君子是内心有尊重与分寸,如此才能以礼实践出来。这句话充分表达出从义的分寸与尊重进而表现为礼,如此方可以重振礼的精神。礼的意义非常丰富,包含上文所说祭祀仪典、社会制度,甚至行为规范。《礼记·哀公问》曰:"丘闻之,民之所由生,礼为大。非礼无以节事天地之神也(按:即祭祀),非礼无以辨君臣上下长幼之位也(按:即社会秩序、制度),非礼无以别男女父子兄弟之亲,婚姻疏数之交也(按:即行为规范)。"[1]但对于孔子而言,礼并不仅止于这三层意义。礼也是一种文化理想,小至每个人的生活细节,大到国家的重大仪典,以及整体社会生活,都充满秩序与美感。"礼"的概念虽可详细讨论,但简而言之,可归约为"秩序之美"。用现代话予以诠释,就是在秩序中的

---

[1]《礼记·哀公问》,见《十三经注疏》第5册,台北:艺文印书馆影印本,1985年版,第848页。

美感，或有美感的秩序。孔子弟子有子进一步说明："礼之用，和为贵，先王之道斯为美。"礼就是在秩序里展现和谐与美感，或者说，礼就是在秩序和美感中达至和谐。

第三，儒家的伦理实践包含了显发与奠基的双重辩证历程。由仁的根源开始，一种显发（manifestation）的历程。首先，仁是真诚的感通。其次，由仁生义，从仁的感通产生对他人、他物的尊重与分寸。再次，由义生礼，从尊重与分寸进而产生秩序与美感。倒过来说，则有奠基（foundation）的历程，也就是摄礼归义，摄义归仁，就是把外在的礼奠基于义，将义奠基于仁，也就以内在的精神，奠定外在秩序与美感的基础。如果没有内在的尊重与分寸，不可能有外在的秩序与美感；如果没有内心真诚的感动与感通，也不可能有尊重与分寸。如果说由仁生义、由义生礼是一显发的历程，则摄礼归义、摄义归仁便是一奠基的历程。

第四，儒家伦理实践的目的是德行的陶成，分别涉及个人能力的卓越化与群体关系的和谐化。德行可以分个人和群体两部分来看。首先，对于每个人而言，德行就是个人所拥有的良好能力的卓越化，可称为"能力美德"。其次，对群体而言，德行是人群中良好关系的满全，可称为"关系美德"。关于个人能力的卓越化，孔子谈到许多不同种类的德行，其中最重要的就是智、仁、勇三大德，指的是人的认知能力、情感能力以及意志能力的卓越化，结果成为德行①。

---

① 孟子对此也言之甚详，他以恻隐之心、羞恶之心、辞让之心、是非之心四者为四端，亦即四种内在本有善性，并认为若能加以扩充发展，善尽其性，则可以成就仁、义、礼、智四种德行。

孔子以为，卓越化的德行大部分都不是孤立或自我中心的，而是与别人、与社会有密切的关系。孔子说："能行五者于天下，为仁矣。……恭、宽、信、敏、惠。""恭"是行为上的恭敬，"宽"是心胸宽厚，"信"是守信，是行事敏捷，"惠"是善待别人。所以说"恭则不侮"，若为人有礼貌、恭敬，就不会被人侮辱；"宽则得众"，人的心胸宽厚就会得人支持；"信则人任"，若为人守信用，就会获得别人信任；"敏则有功"，行事敏捷，事情就会做成功；"惠则能使人"，能善待别人，则别人亦乐于服务。可见，"恭、宽、信、敏、惠"五种德行，都与别人有关，并能达至良好关系的满全。

孔子尤其重视人群中良好关系的满全，并以之为真正的美德。孔子说："弟子入则孝，出则悌，谨而信，泛爱众而亲仁。"在家中，孝顺是子女与父母间的良好关系的满全；个人出外，言行须能谨慎守信，广博的爱众，并且亲近有仁德的人，如此一来，社会关系亦会良好。从在家到在外，从内在到外在的关系都良好，这是人的"关系美德"之所在。

第五，儒家的伦理实践包含了由相互性迈向普遍性的历程。所谓良好关系的满全，基本上是由相互性往普遍性的发展。人与人之间相互尊重，有相互性才会有良好关系。宰我问孔子三年之丧，认为只要守丧一年即可，理由有二：第一，"君子三年不为礼，礼必坏；三年不为乐，乐必崩"，这是就君子本身维持社会规范的功能而言，为了不使礼坏乐崩，君子不应离开社会太久，所以守丧一年就好。第二，"旧谷既没，新谷既升，钻燧改火，期可已矣"。认为旧谷没，新谷升，钻燧改火，又是新的一年，按照自然律则，一年更换周期,这是按照自然周期的论据来说的。

孔子并不接受宰我上述两个论证,他问的是"于汝安乎",并说:"子生三年,然后免于父母之怀。……予也有三年之爱于其父母乎?"人在初生下来最脆弱的三年,都是由父母抱着长大的,由于在生命最脆弱时父母给予的爱,人才能成长,所以孔子问宰我有无"三年之爱于父母"。可见,孔子讲的"安心"是立基于人与人之间的相互性,合乎此相互关系,才会心安。所以,问题不在于是否三年之丧,而在内心安否,与人和人之间关系的相互性。相互性的表现方式可以改变,但人与人之间应有相互性则是恒常不变的。

当人与人之间的相互性逐渐扩充至普遍性之时,良好关系就得以逐渐满全。子路问君子,孔子的回答先是"修己以敬",进一步则是"修己以安人",最后则是"修己以安百姓"。可见是由内在德行不断扩充到全体,使全体社会都能同享安乐,关系良好。换言之,由特殊关系发展为普遍关系。伦理生活的意义在于逐渐推动良好的关系,使由你我的相互性推展到放诸四海而皆准的普遍性,人与人不分家庭、种族、国别,只要是人,都可以以仁爱相待,建立良好关系。

四、科技发展对于伦理处境之冲击

在阐述了儒家的伦理实践之后,我们回头讨论,促成全球化历程的现代科技发展究竟如何影响人类的伦理实践。整体言之,在科技快速发展的冲击之下,人的伦理情境具有以下特性。

（1）科技发展强化了人与人、人与其他存在物更密切的关联性，并倍增其互动，使得伦理关系更为复杂化、严格化。科学和技术已然结合为一大系统，扮演在人、自然与社会之间的中介角色，使其彼此依赖，彼此互动，甚至密切到牵一发而动全身的程度。这点尤其表现在当前资讯科技的发展上。相对于近代以来的文化分散历程，今天由于资讯科技的发展，开始产生一种新的文化整合历程。在网际网络（Internet）里，人随时可以进入各种世界性的资料库和网络，并和世界上其他的电脑连接起来。而且，资讯科技也整合了各种文化形式，不论电影、音乐、设计、表演，及其他各种文化表现形式，都可以和资讯科技连接起来。

资讯的发展俨然成为新的文化统合因素。资讯文化超越了近代以来太过讲求自我、主体、自省的个人文化，而出现一种新的组合，在其中主体与自我萎缩，甚至出现无名无姓的文化。

由于科学与技术之中介，人与自然的互动更为频繁，并采取了各种开发和操控的形式。自然不再像从前那般被认为是堆被动的物质，而是可予以新组合、新转化的可能性。科技的发展也使得现代社会的分工情形更为细化，更为复杂。它亦创造了一个交通迅速而便利的现代世界，人在其中可以更高的频率来彼此互动。在更短的时间里面有更多的人必须与更多其他的人接触，这会使得原先位格的、情感的关系转变为非位格的、制度化的关系。人与科技产品有越来越多之互动，并透过科技产品而与自然和社会进行互动。在科技社会中，人生活于符号与机器之间。今后，人类生活世界乃技术（techne）之世界，而非自然（phusis）

之世界,乃组织(organization)之世界,而非机体(organism)之世界[1]。

总之,人与自然、人与社会、人与科技的相互关联之增强,构成了人的伦理实践之崭新脉络。正如同在语言学上,语法的结构愈是复杂和严格,则其语意将变得愈为精准与明确。同样,在道德哲学里面,伦理关系在科技发展影响之下变得更为复杂和严格,则赋予伦理关系以意义的道德行动亦需更为精准明确。

(2) 科技发展亦提高了人的自由,增加了人自律的可能性,因此亦提高人的道德责任。此一特性与前一特性恰成对比。科技之发展在把世界联系成一个系统整体之同时,亦增加了每一个人的自由和自律。因为人能按其自由选择来控制的范围已经大大增加,则人的道德责任亦因而增加。唯有当人能预知其行动之后果,并能有效予以控制之时,人才必须为其行为负责。须负道德责任的行为,是一明知且有实效的行为。如果事情在人毫不知情且无法控制的情况下强制于吾人身上,丝毫不顾及人的自由抉择,则属人负责的范围之外。即使人能自由行动,但却无法控制其发生,则此种无法控制之历程亦是在人真正的责任之外。但是,由于科学的发展,人对于周遭与生命攸关的环境认识愈来愈清楚而细致;由于技术的进步,人能以有效的工具来控制迄今难及的领域愈益宽广。自然科学与技术帮助我们认识自然的规律,控制自然的现象,摆脱部分自然的决定;社会科学与技术帮助人

---

[1] 前者乃亚里士多德所区分,后者乃贝底亚也夫(N. Berdyaev)所区分。

认识社会的规律,改良社会的制度,增加人的社会自由。简言之,科学的知识和技术的操作增加了人的行动之自由和效率。人的行动愈是自由和有效,人的道德责任愈是重大。可见科技的发展实为道德责任之扩充,而非道德责任之减缩。

由于科技发展使得人能自由地、自觉地发动一个行动历程,予以控制并评价其后果,这使得人的自由意志可以在有自觉的行动中明白自己的能力。经由自由意志自主自觉地控制,使得科学知识和技术操作成为与道德有关的知识和操作。因此,一个医生运用其医学知识和技术;一个工程师、企业家……这些由相关的科技所支持的职业行为,皆可以变成道德行为。自然法则和社会规律,一旦被一个自由、理性的人内化为其具体行动的规范之时,便可能变成道德行动之规范。人的自由意志实为一种实际的转化力量,能把原先的科技行动之规范转化成为道德行动之规范。人的自由意志可以把新的科技发明转化成为新的道德价值。

综合言之,科技具备了人所向往已久的自律性与关联性。此一命题既显示了科技的特性,也表现出其与人性的深刻构成之关系。我们应可以如此说,科技所具备的自律性与关联性,其实是来自作为人性内在的结构与动力的自律性与关联性。

五、人性的自律性与关联性

前述自律性之提升与关联性之扩充,两者的对比将有助于吾人重新了解人性。我们在前面已经讨论了儒家的伦理实践。儒家的仁显示人与其他人的内在关联性及其相互感通（道家的"道"
概念则显示人与自然、与终极实在的内在关系）。中国哲学强调
人生存于关系的脉络之中，西方近代哲学则强调人的自我及其自
主性。到底在全球化过程中，应如何思考人的本性及其地位呢？
在此，我所主张的立场是按照我的对比哲学而界定的①。我不拟
在此赘言对比，只愿在此简单表示，自律与关联的对比，既是科技
发展所愈益凸显的一种对比，理当可以带领我们更完整地了解人
性。也因此，当我们重新思考康德所提出的问题"什么是人"之
时，吾人必须避免走入片面，例如西方近代哲学自笛卡儿开始只
从自律的主体来定义人；或如某些中国哲学家只从人与万物的关
联性来了解人。值此科技时代，当我们在了解人性之时，必须把
人的自律性与关联性之对比纳入考虑。

　　由于前节所述科技对现代伦理处境之冲击的启发，我们似
乎必须把人定义为"由自律性和关联性之对比所构成、所推动之
位格（person）"。唯有如此了解人性，始能维系人的整全性和内
在动力，并避免其他人性论的片面性。例如，笛卡儿的"我思"（Je
pense）乃是一种思想的实体；康德的"先验统觉"（transcendental

① 我所谓"对比"（contrast）乃差异与统一、采取距离与共同隶属、断裂与连续之互动
　关系，构成了研究对象之结构与动力。吾人用对比来代替比较研究、黑格尔辩证
　法和结构主义。比较研究倾向静态，缺乏内在统一，并只是限于方法学。但对比
　则既在差异中见统一，复在统一中见差异，且在其历史哲学和存有论之意涵。黑
　格尔的"辩论"失之于过度强调否定性，吾人的对比法和对比哲学则代之以积极的
　创造力。结构主义强调对立元之关系，并抹杀主体的地位。对比哲学则在对立中
　见统一，此即"对比"之义，并重视主体的地位，主张"主体"与"结构"之对比。
　Vincent Shen, *Actior et Créativité* (Louvain-la-Neuve: Université Catholique de
　Louvain, 1980), pp.4－36.

apperception)则仅为人的实证知识的可能性条件。此外,康德亦把灵魂的自由当成仅为人的道德行动的标准之一。当代新儒家牟宗三先生则强调人的道德主体性,后者不但有自律性格,而且体本无限。以上这些哲学皆是从自律性的一面来看待人。另一方面,构成传统中华文化的儒家与道家,则似乎比较强调人与人、人与自然的关联性。为了避免人性论流于片面,我主张以人为由自律性和关联性所构成、所推动的位格。位格的这两个构成因素以辩证的方式互动前进,迈向人性的完满实现,对比的结构与发展是人的自我实现的逻辑。

首先,为了达成自律,人终究必须对来自自然、社会甚至超越界的异质束缚和外在限制采取距离①;人终究必须摆脱一切外在的决定,按照自己的自由决定而行动。所谓"自律"意指由行动者本人的自由意志来颁布行动的法则。人的自由意志不会制定任何相反于其自我实现的行动规范。相反地,他只能寻求以最高的程度来实现其自我。在此意义之下,我们可以接受康德和当代新儒家所重视的自律的主体,但并不以之为只是认识的可能性条件或道德的形式性预设,亦不以之为涵盖一切的自由无限心,而是以之为一自主的位格,倾向于更圆满地实现其潜能,并以独特的方式来确定存在的意义。海德格尔对于笛卡儿的主体哲学之批判,其功劳在于指出人是"此有"(Dasein),以于此定在中开显存有为务,我们不能因此而忽略了在形成的人的自律主体。不过,

---

① 采取距离亦可视为现象学的存而不论(époqué)的重要意义之一。

人的自律主体仍与万物息息相关，人的自由是有关联的自由，人的自律亦为有关联的自律。

其次，人的位格，就在追求自律的同时，仍然隶属于其他的存在物共同分享的存在领域。当代心理学、社会学、人类学的思想家似乎皆重新发现了人此一关联性的层面。例如，法国心理学家拉康重新诠释弗洛伊德所言的欲望，认为"欲望是他者的语言（langage de lautre）"①，是人在潜意识中本有之旨意动力，指向别人和别物。因此，欲望乃吾人人格的构成因素，显示出人与其他人，其他存在物之间的内在相关性。

由此可见，人的位格的关联性和自律性之间的结构对比和动态对比正是伦理教育的人性论基础。值得注意的是，科技对此一基础的影响是相当歧义的。一方面，科技的发展提升了人的自由，并扩充了关联性的体系，此乃积极面的结果。但是，另一方面，科技亦有其消极后果，它促动人去滥用自由，并且盲目地、被动地接受社会与科技体系之决定。在此种脉络之下，如果人要能"役物而不役于物"，成为科技的主人而非其奴隶，就必须确立人的位格为伦理教育之核心。问题不在于科技如何破坏人的自律性和关联性，而在于把科技的发展当成是从人提升自律性和扩充关联性的扩充的活动中引申、发展出来的。

在此我要特别提及鲁汶大学哲学教授赖醉叶（J. Ladrière）在《理性的赌注》（*Enjeu de la rationalité*）一书中的精彩解析。

---

① J. Lacan, *Ecrits*（Paris：Edition du Seuil，1966），p.524，838.

赖醉叶认为,"科学和技术是自由意志内在愿望实现的最佳象征与实现场所"①,同时,赖醉叶也指出,"自律的原则是道道地地与相互性的原则相关联的"(Principe d'autonomie est lié par excellence au principe de réciprocité)②。虽然我认为不能只停留于相互性原则,而必须由相互性迈向可普遍性,不过我们仍可以接受赖醉叶的建议,把科技部门的自律性当成是人透过其道德行动、社会行动、历史行动所欲实现的自律性之象征和具体形象。从此角度看来,科技亦能预备吾人实现道德自律性之园地。透过科技的帮助,人可以从外在决定之中解脱出来,免除纯属偶然与巧合之行动,建立起一个人能清楚认识且有效控制的世界,由人的位格来予以管理,并协助人类迈向自我实现。

其次,我们也可以把科技部门的系统性当成是人与自然、人与社会的内在关联性的象征,并为其最为雄辩之表白。科技系统会越来越殊化为更为细部的次系统,同时又会越来越集结更多的次系统为更大的系统,此种自动组织、自动复杂化的历程,似乎终究能为人与其他存在物的关联性之具体实现,预备一个理性的园地。

简言之,重视确立人的位格为现代科技社会的伦理生活之核心,表示人的位格的自律性和关联性之陶成与实现是优先于科技的自律性和关联性,并且能予以产生与导出,此乃人类迈向成为科技的主人之途径。

---

① Jean Ladrière,*Les enjeux de la rationalité le defi de la science et de la technologie aux cultures*(Paris:Aubier-Montaigne/Unesco,1977),p.145.
② Ibid.,p.146.

六、一个可普遍化伦理框架的提出

从以上的人性论出发,我们要进一步探讨一个可普遍化的伦理,虽然无法巨细靡遗,但至少能勾勒出一概括的观念框架。这对于今后将日愈重要的全球化伦理教育亦将深具重大意义。伦理教育的内容在于使学生能把某些基本的伦理规范加以内化,并且陶成某些重要的道德品格。这些最后皆需以人性的动力和要求为本,并参照一可普遍化的伦理框架所订定的伦理规范与德行总目。所谓"道德规范"是用一种显态的方式,订定出在某些具体情况中,为了要实现人的自律性并发展其关联性,所必须采取的行动方式。因而,伦理规范所扮演的是一种中介的功能,透过它,人可以在具体的行动状况中肯定其自律性,并体现其与外在世界的关联性。就此层意义而言,伦理规范是由吾人前文所解析的人性的结构和动力所引申出来的。

首先,从人性之追求自律、自由和自我实现,可以引申出"正义"的规范。"正义"的概念虽有许多定义,其主要的意义是指"尊重每一个人实现自我的权利"的道德规范,基本上应属一可普遍化之规范。至于"分配的正义"则属第二义,因为分配的正义只有在有贡献于所涉及的人之自我实现之时,始具有伦理意义,否则仅具社会意义而已。至于"报复的正义"则更是由伦理的正义和分配的正义所派生出来的。历史的实情是往往由于不尊重某些个人与阶层,造成分配不公,伤及正义,因而引起报复。

就其为伦理规范而言,正义在根本上即是尊重每一个人有实现自我,成为自律、自由的位格的权利。

从正义的伦理规范,吾人可以引申出其他相关的规范,例如尊重人权。人权可以具体化为一个人权清单,至于此清单的内容如何,则会因历史文化与国情差异而有别。

从人与其他存在物的关联性,吾人可以引申出"仁爱"的规范,此一规范可浓缩在孔子所言"仁者爱人"、佛陀所言"慈悲"、耶稣所言"你们应彼此相爱"。仁爱乃温馨地关怀别人可能实现的美善,显现并纯化个人与别人或别物的内在关联。在仁爱之中,唯有完成所爱之人或所爱之物的美善,才能有贡献于自我的美善。

再者,从仁爱的规范,吾人可以引申出尊重生命的规范,此在一切文化之中皆为可普遍化之规范。此一规范在消极方面禁止伤害和杀害任何生命,在积极方面则要拯救生命、改善生命。

除了将以上这些可普遍化的伦理规范予以内化之外,伦理教育还有另外一项重要任务——陶成某些重要的道德品格。首先,现代的科技世界需要具有"批判"和"参与"的精神。一方面,"正义"要求我们具备"批判"精神。所谓"批判"并非如康德所言,仅止于寻求所研究对象的可能性条件,亦非如黑格尔所言的"弃劣扬优"(Aufhebung),后者经常是以否定的方式来运作。批判的真意指在日益复杂、急剧变迁的社会中,以一种适当的方式分清楚每个人自我实现所需之恰当程度的自由和自律。另一方面,仁爱要求我们具有"参与"的精神。所谓"参与"并不表示毫无宗旨、盲目地介入于事件与行动之流,而是一种具有自我了解的分享和共在(being-togetherness)的主动实现。正如同"批判"扮演"采取距离"的角色,以使正义的实现成为可能;同样,"参与"扮演"共同隶属"的角色,以加强人与其他人、其他存在的内在关联。因此,批判和参与是迈向人的主体性和互为主体性的圆满实现的两个辩证环节。

为了实现正义的批判和仁爱的参与,人须能度一"行动"和"反思"之生活。行动和反思对于伦理生活而言,是极为重要的。"批判"要求吾人进行"反思"。在此,所谓"反思"并不意指在自然科学或社会科学中形成理论的过程,也不是参照某一理论来对某一自然现象或社会现象下判断。"反思"之真义是在心理上采取距离,以便审视正义之情境,并依据可普遍化的理想价值来加以批判。"参与"要求吾人付诸行动。在此,"行动"并不意指在技术上应用科学理论来操控自然或社会现象①。"行动"之真义在于创造性地介入由世界的相关性所引发的事件之流,借以体现可普遍化的理想价值。

七、结语

值此科技快速发展、举世进入全球化的历程中,正确认清各文化本有的活的传统,致力于建构可普遍化的伦理,借以厘清伦理教育之功能并明白其哲学基础,是十分要紧的事情。在今天,

---

① 有关以反思为形成理论,以行动为科学理论的技术性应用之批判,参见 Habermas J., *Theory and Practice*, tran. by Vieriel (London: Heinemann, 1974), pp.1 – 40, 253 – 282。

伦理生活当前的功能之一在于确保人性并借此使人堪任科技之主人,而非其奴隶。人性在结构上和动态上是由自律性和相关性的对比所构成,此乃一可普遍化的伦理思想与伦理教育的人性论基础。至于科技本身的自律性与系统性,则是由人性此一深刻的结构和动力所引申发展出来的。如此地了解科技,将使吾人能将科技联系于人类全盘实现其自我潜能的计划之中。

再者,在陶成个人品格的伦理教育中,我们必须树立起一个既能反省又能行动的人格范型。所谓反省是为了透过批判,达到正义;所谓行动则是为了透过参与,实现仁爱。在反思与行动、批判与参与、正义与仁爱之间的对比张力与辩证发展,终究可以引导吾人走向主体性和共同主体性的圆满实现。然而,这一切皆是立基于其人性论的基础上,作为既自律又相关的位格,此即人性,此即人的可普遍性之所在。吾人可以将以上的构想,用图表示如下:

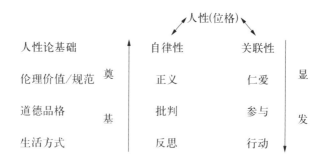

参照儒家伦理所蕴含的奠基历程与显发历程,从以上的图中我们可以清楚地看出,伦理教育的奠基历程是由反思而批判、而

正义、而达自律之位格；由行动而参与、而仁爱、而达关联之位格。伦理教育之显发历程则是由位格之自律而正义、而批判、而反思；由位格之关联而仁爱、而参与、而行动。其中，位格之自律性与关联性属人性论基础；正义与仁爱是最基本的道德规范；批判与参与则是应陶成的道德品格；反思与行动则是伦理的生活形式。第一阶段的两端(反省与行动、批判与参与、正义与仁爱、自律与关联)都是处于结构的对比和动态的对比之情境。对比的逻辑穿透了完整人格的整个陶成历程。伦理教育，无论是作为教导和学习的制度化历程，或是作为人格构成的整个历程，都必须把奠基和显发两者纳入考量并勤于实践，若能因此而陶成更多既自律又关联的人格，则此种伦理教育终有一天能使人类成为科技之主人，而建立一能自我认同、相互尊重、相互丰富的全球伦理秩序。

第五节　儒家利他主义、慷慨和正义：对全球化的回应[①]

一、全球化的蕴义

我将全球化定义为：一个跨越界域的历史进程，在此过程中，人的欲望、本体的内在关联性与可普性在整个地球上突现出来，并在现今与不久的将来体现为扩张至全世界的市场、跨国际的政治秩序和文化的全球在地化(localism)。首先我将对欲望、

[①] 沈清松、张志祥：《儒家利他主义、慷慨和正义：对全球化的回应》，载《扬州大学学报(人文社会科学版)》2015年第2期，第40—45页。

本体的内在关联性和可普性作出解释，这些语词对这个定义很关键。我用了欲望这个词来描述每个人内在的能量，导向多元他者（人和事物）而走向更高层面的可普性。这个动力在本体层面上预设所有事物和人都是内在互联的，所以我们总是指向多元他者，该过程蕴藏着我们人生的重要意义。我对普遍性和可普性作了区分，我不相信在这个具体的历史世界中有单纯而简单的普遍性。对于我来说，在我们人的时间性存在过程中，我们一直在寻找更高的可普性。随着时间的推移，全球化是在时间历程中实现可普性的一个过程。

二、人性寻求更高的可普性

既然全球化是关注整个人类的进程，它应该有一些人类天性的基础。从哲学上来说，它应该是基于人类一直对更高的可普性的渴望。全球化的技术、经济和文化进程应被看作人性的可普性动力在物质层面的实现。对于被历史性所决定的人类，不可能存在单纯而简单的普遍性，而只有随着时间推移的可普化过程。也就是说，单纯而简单的普遍性仅仅是一个存在于不断后退的视野的抽象理想，真正的人类历史是不断迈向更高层次的可普性的前进和超越的进程。

从人类学来说，这可能需要追溯到当人类第一次捡起劈石开始使用工具这一历史性的时刻，通过这一手段，人类超越了物理自然的决定论，由此建立了与物质世界的自由联系。从那一刻开始，人类进入了人化的进程，成为工匠人，能够使用工具，超越了物质世界的限定。然而,他仍然要依靠物质世界,因此还没有完全合乎人性的要求。当人类能够通过语言(凝聚人类经验的符号系统)与他人沟通,并通过与他人沟通,揭露了事物的道理之时,他们就开始存在在一个新的可普性的水平上。然而,当人类参与到有关审美和超乎利益的活动,比如游戏、祭献和进行艺术创作之时,就出现了更高级的自由,甚至到了在事物与人群中忘怀自己的地步。当人们完成一天辛苦的工作备感疲乏之后,却仍然有精力去跳舞、玩游戏,或参与祭祀仪式活动。这揭示了人类在这些自由的游戏与创造性的活动中更合乎人性这一事。

也因此,语言人(homo loquutus)阶段和随后的游戏人(homo ludens)阶段更像人样,更具可普性,也因此更合乎人性,而不仅仅是人化而已。从这人性化阶段开始,人性中的可普性动力就进入了人类历史进程中。这也许是为什么轴心时代(在公元前 8 世纪到公元前 2 世纪之间出现的哲学大突破时代)的东方和西方的哲学家们,会将理视为人类心灵最重要的功能的原因。在古希腊学中,人被定义为"to on logon exon"(会说话的生命体),其后被翻译成拉丁文"rationale"(理性的动物),其适切的表现在于"理论",换言之为知识而知识,在理论上寻找可普性。在中国古代,则更关注于人性实践中的公正无私,百物不废,也就是实践的可普性。尽管有理论上或实践上的差别,东西方都对可普性有共同的兴趣。

三、外推的必要性

如今,全球化带来了与之对比的地方化,还有同质化与多元化的对比。这是在人类历史上人一方面感到人与人之间更加接近,而另一方面则是更加隐弱、更会冲突的时刻。在这个关键性的历史时刻,人应该向他人开放,而不是封闭自己。为了回应当今由于不同人在不同专业、文化知识和宗教团体中自我封闭而导致冲突的紧张现状,我们人类应该更关注他人和相互丰富的可能性。

我建议把"外推"的策略作为一个通过构建有效对话来克服对立的工具。从词源上来说这个词的含义是个人走出自己,迈向多元他者的行动,或超越自己熟悉的范畴,走向陌生领域,走向众多陌生人。此行动的前提是语言的习取,我们学会透过他人的语言或他人所理解的语言,来表达自己的意见和价值。"外推"和"语言习取"预设了个人对于多元他者的原初慷慨,而不限制于个人对于相互性的主张,后者常为社会关系和伦理规则所预设。

在此我将讨论三种外推的方式。第一种是语言的外推,我们通过将一种论述/价值或文化表达/宗教信仰,译成另一科学、文化或宗教团体的论述/价值或文化表达/宗教信仰。若经过翻译后可以达至理解,那就具有有效的可普性。否则,它的有效性就被限制在自身世界,就需要对自身的论述/价值或表达/信仰的局限性进行反思。

第二种是实践的外推。若一个论述/价值或表达/信仰能从它原有的社会和实践脉络中抽离放入其他社会和实践脉络中,而还仍然有效,这就意味着它更具有可普性,它的有效性并不受其自身原有脉络的限制。若它在被重新脉络化之后失效，那就需要对其自身限制进行反思或自我批评。

第三种是本体的外推。一种论述/价值或表达/信仰，当它是通过对实在本身的体验来实现其可普性，比如通过对其他人、自然甚至终极真实的直接经验，这将会对理解其他不同科学的微世界(学科或研究项目)、文化世界和宗教世界大有帮助。这尤其对当今的宗教对话非常重要，意思是说，与其进行概念上的辩论，不如通过人对终极真实的迂回，来达到一个宗教对另一宗教的理解，如果终极真实的确是终极的，终将允许人们对其不同的开显面貌有所接近。

今天，不同文化传统和宗教之间所需的对话在这脉络下也应被理解为是相互外推的过程。宗教和哲学对话应被看作是基于相互外推的行为。在 A 和 B 的对话中，从语言层面的外推来说，A 应该将他的主张或思想/价值观/信仰体系翻译为 B 的语言或 B 能理解的语言，同时，B 也应将他的主张或思想/价值观/信仰体系翻译为 A 的语言或 A 能理解的语言。

从外推的实践层面来说，A 应将他的主张、假定的真理/文化表达/价值观/宗教信仰从他自身的社会、组织中抽离出来，将其放到 B 的社会、组织中去。同时，B 也应将他的主张、假定的真理/文化表达/价值观/宗教信仰从他自身的社会、组织中抽离出来，将其放到 A 的社会、组织中去。

从外推的本体层面来说，A 应努力通过他/她对实在本身(比如作为个人、社会团体、自然或终极真实)体验的迂回，进入 B 的微世界、文化世界和宗教世界。同时，B 也应努力通过他自己对实在本身体验的迂回来进入 A 的微世界、文化世界和宗教世界。

也就是说，与他人的沟通和对话将永远不能在个人自我封闭下进行。只有当人走出自我封闭，接触他人（亦即我所说的相互外推过程），这样的沟通和对话才会开始。为了达成一个相互丰富的对话，我走出我自己的世界，走向你；你走出你自己的世界，走向我。当我们进行相互外推时通过将我们的语言翻译为另一个人的语言或另一个人能理解的语言，通过将之放入人的实践脉络中，或通过对实在本身或他人生活世界的迂回，来使自己的科学/文化/宗教/生活世界为他人所知。这个相互外推的过程不仅发生在每天的生活中，发生在科学研究中和文化、宗教生活中，也应发生在经济政治生活中。不同的政党、利益团体、政府和人民等，应承诺互相沟通，迈向相互丰富，而非冲突或战争。

在相互外推形式下的外推和对话，要比哈贝马斯理解为论辩的沟通行动，更为重要。对于我来说，哈贝马斯的论点预设了先前外推的努力，即对于表达个人的论题来说，必须用他人的语言或他人能理解的语言来表达，如果没有这种努力，就不可能有真正的互相理解和反思，哈贝马斯的四个理想主张，即可理解性、真理性、真诚性和正当在现实世界中就行不通。没有事先的相互外推，那就会造成我认为我是真诚的，而你却认为我是虚伪的；我认为我所讲的是真理，而你却可能认为这很荒谬。而且，既然还没有共同认可的规范，或者合法性所需的法律仍是辩论的议题而已,就没有所谓公认的正当性。

四、对多元他者的慷慨

如今,在全球化的世界里,我们所面对的是本国和国际层面上的多元文化传统,我们应该用外推和对话来实践和他人的相互外推。我用"多元他者"替换法国后现代主义者,如吉尔·德勒兹、伊曼努尔·列维纳斯和雅克德里达的"他者"概念。因为"他者"这个术语隐含了自我和他者之间内在的对立,尤其是当我受到儒家的五伦概念、道家的万物概念和佛家的众生概念的启发,倾向于使用这个术语"多元他者",对于我来说这就是我们所出生、成长和发展的具体本体论脉络。若我们常记住我们与"多元他者"生活在一起,生活将会更为健康。"多元他者"的概念比列维纳斯"第三方"的概念——意指他者的他者——更实际,更清晰。

同样,一个人走出自我的首发行动所隐含的原初慷慨,应被看作是所有相互性关系的必要条件。从哲学上来说,在我们建立任何一种相互性关系,如马塞尔·莫斯在其著作《礼物》中强调的人类社会的基本原理,之前必须先有由自我走向他者的行动。如果在古典世界和近现代世界都非常注重黄金法则,相互性关系被视为是社会性的基本原理,那么在后现代和全球化时代,我们需要一个超越相互性关系的原理。我们正在寻找的新的伦理和社会的原理,应该立足于原初慷慨和外推(走出自己,迈向多元他者的行动)。

五、儒家的"仁"和"恕"

所有社会制度和社会进程，不论其性质如何，对人类来说，都应该有实存的和伦理的意义。这也适用由于通信技术发展并实现于经济、政治、文化层面的全球化进程，后者将人类带入到一个越来越系统化的网络中。生活在网络中的情况从实存的角度印证了儒家学说很早以前就提出的动态关系本体论。儒家关于"仁"的概念意指人与人之间，甚至人和所有存在于宇宙间（天和地）万物的内在关系。因着"仁"，人类可以彼此感通并相互响应；通过"恕"的行动，他们可以超越自己，扩展到他人、家庭、社会团体、国家、天下——如今称作全球化。这个动态关系的网络不存在于实体的形式，也不能称为不存在或虚无。它一直都在场，动态地发展，不仅在本体层面，而且也在伦理层面。

孔子追根溯源，在"仁"（即人与人、人与自然、人与天象的内在关系）的基础上，尝试活化当时制度化的人际关系（等级制度和行为规范），亦即"礼"。"仁"开显出人的内在自我和责任（responsibility），其最初含义为透过真诚道德觉识的响应能力。也意味着支持所有社会生活和伦理生活的本体内在关联性。因此，按照我的诠释，"仁"意味着本体的内在关联性，以及由此而来的人与多元他者（包含人以及之外的存在物）的回应能力。我的理解是：因着"仁"，人类有了内在动力，可以自我走出，慷慨迈向多元他者，而不会丧失自我。这就是为什么孔子说："仁远乎哉，我欲仁，斯仁至矣。"换言之，"仁"并不难，当人有意感时，他会发现"仁"早就存在他自身内。在这一点上,孔子对人与自然、社会和天的互动建立了一个先验的基础。在这个哲学语境中,"责任"被理解为是一种对多元他者的回应能力,而不是人必须承受的负担,或一个行为者在主体性哲学架构下所必须承负的责任。这意味着通过看见并回应多元他者的良善,人可以实现其自我。

在我看来,能够走出自我封闭并对多元他者慷慨的美德,在全球化过程中至为重要。在儒家学说中,"恕"可以被看作一种基本的美德。尽管经常被翻译成"站在别人的立场考虑"[1],或"利他主义"[2],或甚至是"用自身作为衡量他人的标准"[3],在此最好的理解和诠释的术语是外推,一如"恕者善推"和"推己及人"之意。

在《论语》中,"恕"涉及不多,尽管孔子认为这应该成为一个人一生的行为准则。子贡问曰:"有言而可以终身行之者乎?"子曰:"其恕乎? 己所不欲,勿施于人。"[4]在此,"恕"是按照消极的黄金法则精神来理解,"己所不欲,勿施于人",在孔子回答仲弓关于"仁"的问题时,重复了同样的消极黄金法则。从这一重复中,以及两者有相同的定义这一事实来看,我们可以看到"仁"和"恕"两者之间有着密切的关系。另一方面,当孔子回答子贡所提"仁"

---

① Translated by Ames. R. and Rosemont H. *The Analects of Confucius*, *A Philosophical Translation*(New York:Ballantine Books,1998),p.92.

② Chan. W. T. *A Source Book in Chinese Philosophy*(Princeton:Princeton University Press,1963),p.44.

③ Translated by Lau. D. C. *Mencius*(New York:Penguin Books,1970),p.74.

④ Translated by Ames. R. and Rosemont H. *The Analects of Confucius*, *A Philosophical Translation*(New York:Ballantine Books,1998),p.189.

的问题时,也提出这样一个积极的黄金法则:"夫仁者,已欲立而立人,已欲达而达人。"①

我们可以看到,儒家消极的和积极的黄金法则,是基于自我和他人的相互性关系。一个人有了"恕",他可以不断扩大他的存在范围,超越自我至多元他者,从自我到家庭,从家庭到小区,从小区到国家,从国家至天下。这是"推己及人"的行动。儒家的存在是一个基于自我修养的不断扩展的人生。

儒家的生活方式是将一个人的人性(仁)逐圈扩大,并在此过程中完善自我。即使为了道德完善,自我修养优先于"多元他者",然而伦理和政治活动仍然要外推或"恕"。孟子说过:"故推恩足以保四海,不推恩无以保妻子。古之人所以大过人者,无他焉,善推其所为而已矣。"②

对儒家来说,自我和他人的紧张关系通常通过黄金法则来解决,包括消极和积极的金律,而最终是根据相互性的法则。在这个意义上,我们可以说在儒家的世界里,人的行为必定是通过相互性来制约的,甚至由"恕"所启动的走出自我,走向他者的行动,及其所隐含的原初慷慨,也必须是由相互性来制约的。

相互性的原则成为《大学》中社会和政治哲学的指导原则,这被称作为"絜矩之道"。在正面的说法之后似乎随着负面的说法,这个原则被从"治国"扩展到"平天下"的脉络中。正面的说法如

---

① Chan. W. T. *A Source Book in Chinese Philosophy* (Princeton: Princeton University Press, 1963), p.31.
② Translated by Lau. D. C. *Mencius* (New York: Penguin Books, 1970), p.57.

此写道：

> 平天下在治其国者：上老老，而民兴孝。上长长，而民
> 兴弟。上恤孤，而民不倍。是以君子有絜矩之道也。[①]

这里的主要观念是"仁治"，当统治者尊重他的人民并进行仁
治时，他的人民也会用安宁与和谐来回应。积极的相互性会促进
子女孝顺、兄弟友爱、人民谦恭、尊老爱幼。随后，也同样有絜矩
之道的负面说法：

> 所恶于上，毋以使下；所恶于下，毋以事上；所恶于前，毋
> 以先后；所恶于后，毋以从前；所恶于右，毋以交于左；所恶于
> 左，毋以交于右，此之谓絜矩之道。[②]

很清楚地，在此相互性以类比的方式从一面扩展到其对立
面；从上级到下级，从下级到上级，从左至右，从右到左，从前到
后，从后到前。因此形成了一个立体的关系，而不仅仅是一个平
面的相互关系，尽管经常是负面意义（恶、毋）。在此立体的相互
性关系结构中，更注重的是水平关系，即从右到左，从左到右，从
前到后，从后到前；而不是在上级和下级之间的垂直关系，后者仅

---

① Chan. W. T. *A Source Book in Chinese Philosophy*（Princeton：Princeton University
   Press，1963），p.92.
② Ibid.

被提及一次。尽管如此,这一"扩展的相互性关系"在这最大程度的人类关系上,也就是从国家至天下,扮演着重要的角色。

六、孔子的"慷慨"

总体来说,在此所讨论的慷慨可理解为两种意思:大方和恢宏。在我们寻找儒家关于大方或与分享有关的慷慨的美德时,我们可能首先想到的是子路。当他和颜回一起随侍孔子时,孔子问他最想做什么,他回答道:"愿车马,衣轻裘与朋友共,敝之而无憾。"①这表明子路拥有大美德。尽管只是分享,而不是无条件的赠与,但子路仍然表达了他不喜欢占有,而是喜欢与朋友般的多元他者分享。尽管子路没有说"与任何他者分享",但是说了"与朋友分享",而所有的朋友都是平等的,且对彼此的好是相互的。所以看起来,相比于物质财货,子路更珍惜友谊。与人分享物质财货的友谊可谓强友谊。根据亚里士多德的理论,友谊同样也是一种美德。从这个意义上说,子路可以说在友谊的脉络中拥有慷慨的美德。

但是子路的慷慨是分享自己财货的大方,他甚至在另一对话中表示,有要管理千乘之国的抱负,然而与其他人的抱负相比起来,并没有得到孔子很高的评价,孔子更喜欢和赞扬公西华的回答:

莫春者,春服既成,冠者五六人,童子六七人,浴乎沂,风

---

① Translated by Ames. R. and Rosemont H. *The Analects of Confucius*,*A Philosophical Translation*(New York:Ballantine Books,1998),p.102.

乎舞雩,咏而归。①

听到这句话,孔子长叹一声,并说他赞同公西华,因此我们可以看出,孔子注重实存的感受,在精神上注重人与自然韵律的亲近,这表明孔子的心有宇宙般的视野。的确,孔子的思想如此伟大,他对慷慨的美德不只是大方,而更接近亚里士多德所说的"恢宏"。孔子不太在意物质的东西,他的抱负是精神上的,远比渴望财富和职位来得崇高。他说:"饭疏食,饮水,曲肱而枕之,乐亦在其中矣。不义而富且贵,于我如浮云。"②用他自己的话来说,他的抱负是"老者安之,朋友信之,少者怀之"③。说明孔子最关心的是所有人实存的安适,这可能是因为他有要普及仁德的愿望。

我们在此应该指出,孔子也同样在相互性关系的意义上理解慷慨。在回答子张关于"仁"的问题时,他说道:"能行五者于天下为仁矣……恭、宽、信、敏、惠。"我们可以看到,在这五种美德中,宽(大方)和惠(慷慨)是和慷慨美德相关的,尽管所有五种都和相互性的美德相关,就像孔子自己解释的:"恭则不侮,宽则得众,信则人任焉,敏则有功,惠则足以使人。"④孔子从结果的角度阐述具有这五种美德的人会受到他人尊重,赢得众人心,别人信任他,

① Translated by Ames. R. and Rosemont H. *The Analects of Confucius*,*A Philosophical Translation*(New York:Ballantine Books,1998),p.38.

② Ibid., p.114.

③ Ibid., p.102.

④ Chan. W. T. *A Source Book in Chinese Philosophy*(Princeton:Princeton University Press,1963),pp.46 - 47.

会取得成功,可以领导他人。这表明孔子认为道德不仅和意向论相关,而且他从结果论来考虑。但是在儒家看来,大方和慷慨就它们所带来的结果来说,仍然依于相互性的关系。

七、儒家正义

儒家将正义理解为(道德的)义或公正,而这上可追溯到人类基本的本体构成"仁",下可通过度化的行为规范和社会制度,称之为"礼",来予以实现。孔子从"仁"衍生出了"义",即公正。对他来说,"义"代表了对多元他者的尊重,并合适对待多元他者。孔子对于"义"所言不多,尽管他说的对儒家学说至关重要:"君子义以为质,礼以小以出之,信以成之。君子哉!"[1]注意,在此"礼"是君子用来实施"义"的,而义则是君子之质。对于孔子来说,"义"也是区别君子和小人的标准,所有的道德规范、道德义务,我们对此的意识甚至总是照此执行的美德,都是基于"义"。

然后,孔子从"义"衍生出"礼",仪式或礼节在理想意义上代表了具有美感的和谐,在实际意义上代表了行为规范、社会制度和宗教仪式。孔子的弟子有子说:"礼之用,和为贵。先王之道,斯为美,小大由之。"在此意义上,"礼"可被理解为儒家文化理想的一般概念,视为具有美感的和谐,或导向美与和谐的优雅秩序,有了它,人类生活的过去才值得怀念,将来才值得期待,现在才意义充盈。

---

[1] Translated by Ames. R. and Rosemont H. *The Analects of Confucius*, *A Philosophical Translation*(New York:Ballantine Books,1998),p.43.

在我看来,在儒家道德经验中,有两股并行的动态方向。一股是开显的动态方向,"仁"开显为"义",而"义"则开显为"礼"。另一股则是奠基的动态方向,在此,我们在追溯"礼"到"义",并奠基于义。从"义"追溯到"仁",并奠基于仁。这两股动态方向的交互运动模式构成了儒家伦理。

因此,按照儒家,分配正义的观念立基于道德正义,其意为对个人的尊重。而当人不尊重每一个人的时候,则在资源分配上无公正可言。然而,道德正义是从"仁"(本体上的内在关联性和回应能力)而来,而"仁"自身是须通过道德正义来实现,而道德正义则是通过"礼"(礼节)来实现的。

八、结语

从哲学角度来看,全球化进程可视为一历史进程,在这进程中,人性的先验性和可普性得以实现。在此实现的背后动力是人类的智慧和欲望,其可普性和可完美性,从人类通过语言和艺术来人性化开始,到进一步通过哲学的努力而自觉地发展。到了现代时期,人类从自身的主体性寻找资源,并用概念表象从事对于世界的理性建构。然而,现在我们已然进入了全球化进程,我们需要一种新的伦理,立基于人对于多元他者的原初慷慨,并通过不断外推来予以实现。

没有全球化,人类进入更高层面的可普性就不可能实现。然而,全球化本身应尊重并取资于各种不同的文化传统。全球化应该是一个邀请,而非强迫。在这脉络下,儒家"恕"的概念及其慷慨美德可能是一个灵感来源,尽管在儒家所强调的相互性关系上仍有限制,就后者而言,儒家需要自我批评,并从原初慷慨精神中得到进一步的支持。如果人类还没有准备好进一步外推和对多元他者更加慷慨,那他们也就没有准备好,甚至不值得进入真正的全球化中去,用儒家术语来说,也就是进入平天下中去。

第三编

第一节　基督宗教、外推与中国化[①]

一、前言

基督宗教是西方文化中的深层结构，无论是赞成或反对，都必须加以深入地了解。所谓"基督宗教"包含了天主教、东正教、英国圣公会、基督教等以基督信仰为主的宗教教义与组织。在历史上，基督宗教与中国曾有友好的关系，但不幸也有许多误会和悲剧。尤其在进入欧洲近代性的洗礼之后，基督宗教也受到个人主义、理性主义的影响，甚至在欧洲列强扩充与侵略之时，除了传扬宗教信仰之外，在政治社会上，也有不少引人误会的表现，甚至配合列强势力的推进，有违逆宗教本质、为虎作伥的作为，因而伤害到中国人的民族自尊，阻碍了基督宗教与中国文化的结合。迄今，若以利玛窦来华正式算起，基督宗教进入中国虽已超过四个世纪，但仍未能像来自印度的佛教一样，成为中国文化的重要组成因素。

不过，基督宗教在进入近代性之前，已经有了源远流长的历史。若追溯基督徒的原始精神，基本上，原始基督徒所体现的基督宗教，并不是个人主义者，却更重视对他者的仁爱和慷慨以及为他者的牺牲和奉献，至于其所谓"教会"则被视为是一个实现这一价值理想的团体，并透过团体生活来保障这些理想价值的实

---

① 选自沈清松：《沈清松自选集》，济南：山东教育出版社，2004 年版，第 481—502 页。

现。诚如著名的教会史学家佛罗洛夫斯基（Florovsky G.）说的"基督宗教不是一个个人主义的宗教，也不只关心个人的救恩"[1]，自宗教改革之后，配合着近代世界对于个人主体的强调，基督教主张的"因信称义"与"个人直接面对上帝"诚然较有助于个体意识之深化，然而，这并不是在纪元初兴起、在中世纪发展的天主教的基本精神所在。

就基督宗教与中国的关系而言，基督宗教之进入中国，先是在唐代初期景教（聂斯脱理派基督徒）来华，后因宗教迫害而淡出中土。其后，方济各会于 13 世纪来到中国传教，但仅及于一些蒙古精英与信友团体，影响不是很大。天主教来华，除了传教之外并对中西文化交流影响深远的，是利玛窦于 1582 年来华之后的事。利玛窦与其耶稣会同人在华开启了中西文化交流新页，这是天主教来华意义最为深远的里程碑，在我看来，它也促使中国哲学史从此进入第四阶段[2]。

不过，以上这几次的基督宗教来华，都是发生在近代世界形成之前，也就是在强调人的主体性的现代性（modernity）形成之前。对于个人意识的强调与近代性有密切的关系，就基督宗教而言，也与宗教改革和新教的思想有较为密切的关系。如果要谈个

---

[1] Florovsky，G，*Christianity and Culture*（Belmont Mass：Nordland Pub. Co.，1974），p.28.

[2] 本人曾把中国哲学的发展区分为四个时期：第一阶段是先秦时期；第二阶段是从两汉、魏晋南北朝一直到隋唐；第三阶段是宋明哲学时期；第四阶段，始于 16 世纪末叶意大利天主教耶稣会士利玛窦将西方的科学、哲学与宗教带入中国，自此近代中国哲学的最重要课题，是面对西方思想挑战，融合西方思想。近代以来中国哲学的根本特性就是在融合中西，再塑特色。见沈清松：《哲学在台湾之发展（1949—1985）》，台北：《中国论坛》21 卷 1 期，第 10—12 页。

人的自我意识，似乎应将重点放在近代性如何引进中国，基督宗教与近代性以及新教与中华文化等议题上。这些都是值得探讨的议题，但并非本文的重点所在。

就我个人注意所及，由于后现代的挑战，对于现代性加以强烈批判，现代性中的"主体性"（subjectivity）、"表象"（representation）与"理性"（rationality）受到强烈的批判、质疑与否定，于是，由主体转向他者，由表象更变本加厉，转向拟象（simulacre），由美感转向崇高；然而，相对主义猖獗，需借由外推加以克服。就某种意义而言，批判现代性也就是回到前现代。也因此，就当前的议题而言，与其讨论个人意识的兴起，将之视为一绝对正面的因素，不如讨论初期来华的天主教所引进的思想及其在"外推"上的意义。

天主教是一个善于外推的宗教。"外推"的慷慨精神本来含藏在天主教的教义与历史动力之中。就教义而言，天主创造世界是出自它原初的慷慨，自我走出，走向万物。基督降生救世，也是慷慨的自我走出，为他者牺牲性命。万物也应效法天主，不断自我走出，终返无限美好的存在。就历史动力而言，天主教的传教事业本身，由犹大省到希腊、罗马文明，再到西欧，再到世界其他各地，以及中国与亚洲其他各国，这是一个个慷慨的自我走出、不断外推的历程，同时也不断地落实为各文化中的内在成分，成为其中的创造力。天主教是一既迈向他者而又道成肉身，既不断落实为各文化的内在动力，又不断超越各文化的藩篱的宗教。我想，天主教之所以能带给中华文化最重要的精神与动力，是由于注入了迈向他者、慷慨胸襟与外推精神，促成中华文化中的超越与内在、仁爱与正义、外推与建构的动态对比与均衡发展，而不在于个人的自我意识。

　　基督宗教来华，若真想像佛教一样，成为中华文化的积极成分，应可参考前此外推成功的佛教做法。以下先让我讨论"外推"的意义，并且以佛教成功入华为例，当作定位天主教来华外推策略的借鉴。

二、略论"外推"策略与佛教的外推

　　"外推"这一概念原先是由建构实在论（constructive realism）提出，作为进行科际整合的知识论策略，本人也是建构实在论的成员，并将"外推"发展至文化交流与宗教交谈，使它不但适用于"微世界"，也适用于"文化世界"（cultural world）和宗教世界（religious world）。原先，建构实在论对于科际整合的基本论点是：不同的学科或研究方案，由于语言和方法的不同，各自建构了不同的"微世界"，不过，不同的微世界可以透过说彼此可懂的话语，进行沟通。外推的第一个步骤，是"语言外推"。每一个学科或研究方案的发现或命题若含有真理，应可以用另外一个微世界可以懂的语言说出。换言之，一个微世界所坚持的命题（proposition）之内容若为真，则应可以译成另一个微世界可懂的语言。若无法翻译，表示取得该命题的原则与方法有问题，需进一步加以反省与检讨；若可以翻译，便代表它有更大的真理，因为它可以普遍化，并与别的微世界共享。

　　外推的第二步，是"实践的外推"或称社会性的外推，由于科学的活动有其社会文化实践脉络。所谓实践的外推,是指在某一社会组织中所产生的科学理论,应可从该社会文化实践脉络中抽离,置于另一脉络中,若还能运作、发展,表示它含有更多的真理;若行不通,则表示它只适合某一种社会文化实践脉络,无法普遍化。

外推的第三步,是"本体的外推"或称存有学的外推。对此,瓦尔纳教授认为,在外推时,能从一个微世界转换到另一个微世界,便形成了存有学的外推。在此,我有不同的意见:不能说透过语言的外推,便可以从一个微世界到另一个微世界,也不能说单单在不同微世界中走动,就有本体的外推。我所谓本体的外推,是透过接近实在本身的中介,去进入另一微世界。例如,一个心理学家若要研读、讨论社团的社会学报告,若实地去参加某社团,再阅读有关社团的研究,便容易明白。换言之,实地进入社会,将会有助于我们了解社会科学这套语言。我认为,本体的外推包含了经由实在本身的迂回接近另一微世界。换言之,我们对实在本身的经验,可以"滋养"我们的语言。这是我对建构实在论的外推策略的第一点修正。宗教的外推尤其涉及本体的外推,透过自己对终极实在的体验,去了解其他宗教对终极实在的体验。

其次,我认为,外推假定了"语言获取"。一个人从小到大,由于别人先开口向我们讲话,使我们学会语言,并由于获取语言而展开一有意义的世界。长大之后,学习各种学科、知识、技术与文化表达方式,也都是在进行语言获取。当中国开始学习西方科学、哲学与宗教之时，也是在进行一种语言的获取。语言获取丰富了我们的生活、知识与生命的意义。透过先学习他人可懂的语言，才可以进一步运用外推，说别人可懂的语言。

最后，外推也预设了不同学门、不同宗教之间的关系。在我看来，不同学门、文化与宗教具有既差异又互补、既断裂又连续的关系（我称之为"对比"关系）。也因为具有对比关系，才有可能作科际整合、文化交流与宗教交谈；唯在此过程中，必须区别不同学科、文化与宗教之间的差异与互补、连续与断裂，如此才能使外推有方向可寻。

以下且以佛教进入中土为例，来说明其外推策略。佛教是印度来的宗教，但经由一连串的外推策略，终于摆脱原先中国人以佛教为"淫祀"的责难，成为中华文化的宗教成分，与儒、道并称，成为中国本土的宗教。由"淫祀"而成为本土宗教，佛教经由了一番长久的外推历程。虽然佛教讲人生是苦，颇能获得一般人的理解，也愿意接受解脱痛苦的办法，然而终究无法获得中国精英分子的青睐。于是，佛教进行了一连串外推的历程。

首先，佛教的"格义"与翻译，其实也就是我所谓的"语言获取"与"语言外推"的过程。佛教的格义是用道家的语词来讲佛法，例如用"无"来讲"空"，自道生之后并且承认"众生皆可成佛"，接上了儒家"人人皆可为尧舜"的主张；到禅宗时，更极端化为"众生本来是佛"的主张。历代翻译佛经的努力，对于中国哲学、文学、艺术、语言等等，都造成了深远的影响。这些是属于语言外推。

其次，就实践外推而言，佛教也面对中国的政治、经济、社会脉络而自作调整。针对世人对沙门不敬王者的批评，佛教区分一般信众与僧众，认为信众须敬王者与官员，而僧众既为方外人，则不必随俗礼敬。针对世人对于佛教背离家庭伦理，尤其以出家为不孝的指责，佛教翻译甚至造了许多与孝顺有关的经典和故事。对于佛门托钵，不事生产的指责，禅宗建立了丛林经济。以上这些实践的外推，使佛教成功地成为中华文化的构成成分。禅宗甚至主张，在孝养父母、上下相怜、尊卑和睦等行为中就已经是禅了。《六祖坛经》说："心平何劳持戒，行直何用修禅。恩则孝养父母，义则上下相怜，让则尊卑和睦，忍则众恶无谊。……菩提只向心觅，何劳向外求玄。听说依此修行，西方只在目前。"[①]

最后，针对本体的外推，佛教的"缘起性空"，虽无法全然符合儒家和道家对终极实在的看法，但是"空"与道家的"无"和儒家的"诚"，在对于终极实在的体验上仍有其相似性和互补性，而佛教提出的"三教同源"或"三教互补"的说法，也有助于摆脱中国人对于佛教是外来宗教的指控。无论是中国大乘佛教诸宗共持的"缘起性空"之义，或是最后在华盛行的禅宗"明心见性""众生本来是佛"之义，都使佛教在华外推成功之后，将中国人的思想置于"内在性"的框限中。基督宗教应再继续加油，将中华文化提升至他者、外推与慷慨，使原来丰沛的内在性资源发挥更新的动力。

---

① 慧能：《六祖大师法宝坛经》，疑问第三，见《大正藏》卷四八，第352页。

三、西方科学与技术之引进与对他者的开放

天主教进入中国,对中华文化最主要的贡献之一,在于从利玛窦来华起,直到民国时期办理现代大学,都不断输入西方的科学与技术,为中华文化注入崭新的因素。不过,利玛窦来到中国的时代,虽值欧洲随着布鲁诺(Bruno)、开普勒(Kepler)、坎巴涅拉(Campanella)、培根(Bacon)、伽利略(Galoleo)、笛卡儿等人开始近代科学运动之时代,但利氏及其他耶稣会士引入西学于中国,并未在此古老国度中引发同样的科学运动。来华耶稣会士虽然同情伽利略,并且介绍了他的望远镜和一些天文发现,但是他们所携带来华的,仍是亚里士多德与托勒密以地球为中心的宇宙观,而不是开普勒与伽利略以太阳为中心的宇宙观。虽然,基本上无论以地球为中心或以太阳为中心,都不影响星历的计算,但毕竟这并不是近现代的宇宙观。今天看来,无论是托勒密以地球为中心的宇宙观,或开普勒以太阳为中心的宇宙观,都缺乏真正向无限他者开放的视野。反而是 20 世纪发展出来的宇宙观,就宏观而言,有浩瀚无垠而又不断扩充的宇宙;就微观而言,有无限精细、潜能无穷的粒子。这样的宇宙观,更能使人类的心灵朝向无限的他者开放。

耶稣会来华初期,在地理学方面,利玛窦绘制的地图有助于中国人朝向他者开放。原先,中国人自以为居中土之国,然自从见了利玛窦的地图,方知中国只不过是世界众多国家之一,这自然成为中国人向他国他民开放的契机之一。

此外,耶稣会士为中国带来的数学与归纳法为中国士人带来了新的治学之方。中国自古在数学上便有非凡之成就,但只用数学来记录经验资料,却不用来组织理论命题。中国缺乏欧几里得几何学,而后者对于伽利略的物理学却意义深重。利玛窦对于中国科学发展的第一个重要正面贡献便是翻译其师丁先生(Clavius)的欧氏几何讲义为中文。利氏在《几何原本序》中,正确地把几何当作是其他更为实际的科学和技术所根据的基本科学。这种观念有助于在知识论上形成更符合近代知识的立场,假如发展得当,甚至可以达到以全体科学为一演绎体系,而以数学为其根本的科学观。

不幸,此时中国人注重的是数学在现实上的实用性,而忽视其在理论上的理趣。诚然,欧氏几何亦有其缺陷,笛卡儿在其著名的《方法导论》中提出来批评,很快地,欧氏几何便让位于解析几何。利氏在世之时,尚未赶上此一发展。就欧氏几何而言,其推论过程在结构上与亚里士多德形式逻辑的三段论证十分有关联。利玛窦虽曾谈及亚里士多德的实体和附性理论、四因理论,但对于亚氏逻辑,至多只论及范畴论和波菲力树分类法[①]。亚里士多德的逻辑学,可在傅泛际与李之藻所译的《名理探》中见之。该书提及苏格拉底、柏拉图、亚里士多德等人,可以说是中国士人首度认知西方哲学史中重要人名之始。

亚里士多德哲学另一极重要的方面,即其知识论或科学理

---

① 利玛窦:《天主实义》上卷,第4—8、43—44页,台北:"国防研究院"中华大典编印会,1967年版。

论,却几乎完全被利玛窦所忽视。利氏对于人的认识活动,只曾提供人类学的解释,例如士林哲学所定义的:人是理性动物;把人的推理能力或论说能力当作人所特有;人拥有两种能力:知性和意志,前者追求真理,后者追求善等①。利玛窦曾略提及两个重要的知识论学说。其一是亚氏的抽象理论,即谓当人认识之时,是借着从事物的物质面离出形式面而得的概念来认识。其二可称为"表象理论",即谓知识与记忆乃按照表象的秩序所组织的内容。正如海德格尔在《世界观的时代》(Die Zeit des Weltbildes)文中所说的,西方近代科技基本上假设了一种表象的形上学②。利玛窦对以上这两种理论并没有进一步推展,因此亦没能在中国科学思想界产生积极回应。然而,欧洲近代科学的发展曾受到逻辑的研究和知识论的反省很大的助益。别忘了伽利略本人就曾在巴都亚学派(School of Padoua)中当过学生和教师,而该学派在文艺复兴时期正是研究亚里士多德哲学的重镇③。

另一贡献,是利玛窦及其同伴引进许多科学仪器和计算技术,虽然中国人在观察方法上早已很有成就,但利玛窦等所引进的技术更能增加其在观察上的精确度,因而有助于中国科学在经验资料搜集方面的进步。

初期耶稣会士引进的数学、逻辑与科学方法对于乾嘉学派的

---

① 利玛窦:《天主实义》上卷,第4—8、43—44页,台北:"国防研究院"中华大典编印会,1967年版,第31页。
② Heidegger M., "*Die Zeit des Weltbildes*", in *Holzweg* (Frankfurt am Main: V. Klostermann, 1972), pp.69 - 88.
③ KIein, R. *La forme et l'intelligible* (Paris: Gallimard, 1970), pp.327 - 338.

治学之方有深刻的影响,也促使颜李学派重视实学与实践,对整体清代学术,诸如哲学、语言学、考据之学与为学之方的影响甚大。然而,要等到 19 世纪下半叶之后,中国人才在一连串挫折和耻辱中,奋发学习,逐步进入近代科学。如今,科学与技术已然成为中华文化的内在动力之一,基督宗教历代持续引入的西方科技应有相当贡献。不过,无论是耶稣会引进的数学、逻辑、科学方法及其他技术,或后来更为先进的科技方法与新知,基本上都是促成人类工具理性发展与文明内在化的动力。天主教引进了西方科技,的确为中国带来了新的文化因素,但基本上只停留在科技层面,尚未能发展出朝向他者的慷慨、超越与仁爱。

四、伦理中的他者向度

天主教入华初期,像利玛窦等人由于本身人品之高尚、待人处世之诚信,他们的道德风采应颇能吸引当时中国士人。此外,他们也曾著述许多有关伦理道德的文章,广为当时中国文人所喜爱,即使那些不同意天主教宗教思想的人,亦喜诵读此类文字。这类书文,例如利玛窦的《交友论》《畸人十篇》《廿五言》,甚至连著名之《天主实义》,等等,皆含有许多道德义理。在我看来,伦理道德本是实践之事,文本之立仅为阐明实践智慧。然而,行然后知不足,借文本以垂迹,而伦理道德的实践与文本,皆包含着向他者开放的向度。

须知,中国人一向擅长于伦理学和道德哲学,也有悠远之伦理道德传统,以致伦理、道德构成了中国文化之本质因素。由于有此共同基础,利氏的伦理著作吸引了中国人的注意,并获致极高之评价,即使对利氏多所批评之人,如道教、佛教人士,亦不例外。

为什么这些伦理著作对于中国士人会有吸引力呢? 或许在这两种道德观之间有某些相似之处。一般来说,利氏所教导的是一种克己、二元的道德观。他认为尘世只是寄旅,人终将行向天堂;本性与德行有异;若想有德行,必须改过迁善;道德实践之要义,在于去私欲、立德行。利氏提出的灵修方法是省察与悔改。这些教导十分近于当时的佛教徒和新儒家。佛教徒主张克制感官欲望,认清色即是空;宋明儒学则教导人们去人欲、存天理。

值得注意的是,利氏的知识理论是秉承亚里士多德——士林哲学的传统,肯定感官世界的重要性;但利氏的伦理思想却是近于新柏拉图主义式的,主张弃绝感官世界。这种否定感性与人欲的二元倾向,正是当时中国哲学的主张;此时原来先秦哲学对于感性世界较为和谐的看法,已被一种二元论的观点所取代。

从以上两种道德学的相近之处看来,可以说,利玛窦的伦理著作之所以能被当时中国人所接受,是由于佛教和宋明儒学的道德观已经为之铺路。不幸,利氏并没有觉察这点,反而对于佛教、道教多所批评。我们同意法国汉学家谢和耐(Jacques Gernet)对此的评断。他说:"利氏把佛教及和尚们当作主要敌人,但其实当时的道德与利氏的教导最为相合者,正是来自佛教。"①

---

① Gernet J., *Chine et christianisme*, *Action et réaction* (Paris: Gallimard, 1982), p.94.

不过，利氏的批评并不是出自道德观上的差异，而是来自宗教上对于终极他者的信仰。对于利氏而言，一切道德总归于"爱天主在万有之上，并爱人如己"。但对于佛教徒与宋明儒家而言，道德实践最后只指向人格的完美，完成本性之德。或许当时佛教与道教不乏迷信的行为。利氏引进科技，有助于破除迷信。就外推策略而言，利玛窦似乎以迎合于佛教与宋明儒学所预备的伦理基础较为妥当。利玛窦严格批评佛教，其理由不在于文化，而在于宗教。就宗教而言，道教亦有接近天主教义之处，例如，天主教的"三位一体"与道教的"三清"、天主教的"末世论"与道教的"劫难说"、天主教的救世主信仰与道教的李弘信仰等，皆有可以进行比较宗教研究和进行宗教交谈之处。

　　从利玛窦之严厉批评道教与佛教，我们可以在他的外推策略中，甚至在天主教思想中，分辨出宗教与文化、一神论与多神论之间某种无可避免的紧张情势。

　　此外，一切道德观皆假定了某种人观。利玛窦所持的人观不同于中国哲学。大体上，利玛窦与士林哲学传统把人定义为"理性动物"，认为人具有不朽之灵魂，即在肉体死亡之后仍继续生存，并且比较强调人的推理能力。但是，对于中国哲学，人性不能经由任何推论式的概念来予以定义，人之灵妙是超越名言的，而且人的心灵与肉体融而为一，道德与理性圆融和谐，中国哲学强调人的"讲理"（reasonableness），也因而不同于西方哲学的"理性"（rationality）观念。

　　利玛窦的人观是由基督徒的人文主义、亚里士多德哲学和文艺复兴后的西方近代思想三者所构成的,其中已有近代性的影子。第一,按照基督徒的人文主义,利氏强调每一个人皆因其位格而具有的个体性,每一个人最后的希望在于获得救恩,享见天主。对比之下,中国的人文主义强调每一个人最高度的可完美性,忽视其最低限度的个体性,并重视每一个人心灵的内在智慧之实现。第二,利玛窦由于受到亚里士多德哲学的影响,倾向于认为每一个人的"实体"(substantia)才涉及人的本质,至于"关系"则是外在的,来自比较而得的附性(accidens)。与此对比,中国的人文主义认为人与万物、与人,甚至与天的关系,都是内在于人的本质。中国哲学家皆肯定"万物皆内在地息息相关",即使是人与天的关系,亦是建立在这种内在关系完全自觉的体现上。第三,自从西方近代以来,希腊所肯定的能自行生长的自然(phusis)观已被机械的自然观所取代,认为只有人及其历史才是动态的、迈向进步的。西方近代科技文明假定了进步、动态的人必须运用科技进步去征服和控制机械、静态的自然。与此对比之下,在中国哲学中,自然是充满生机、生生不息、创新不已的,人的文化也是一个不断创新的历程。中国哲学认为,人必须以其创建之功来参赞天地的创新历程,并运用人在道德和文化上的努力,来转化自然,实现"观乎人文,以化成天下"的要旨。

在古典文化和中世纪发展出来的天主教,其中以人为主体的看法并不像近代世界那么明确。天主教虽不忽视人是个体,但并不特别强调人的个体性。不过,中世纪的"实体"观念,预备了近现代以人为主体的思想,对此我在《西洋哲学中"人"的概念的演进》一文中已有所阐释①。就来华时的中国哲学而言,此前阳明学的致良知之说,已经肯定了每一个人内在本具的道德认知;此一论题的极端化,则为晚明王学的"满街都是圣人"之说。大体上,这一思想把儒家"人人皆可以为尧舜"之说推至极端,而较近于禅宗所谓"众生本来是佛"的口号。此一思想,连同先前道家的思想,尤其是新道家郭象"自生""独化"的想法,也预备了个人主体意识的来临。就此而言,中国哲学与基督宗教两者皆预备了个体自我意识的来临,但也指向了超越自我意识的大方向。

五、终极实在与终极他者

各大宗教与大部分的哲学皆肯定有终极实在,但后者不一定是一终极他者。例如,佛教以"空"为终极实在,但是"空"并非一终极他者。又如朱熹以"太极"为终极实在,但是他认为"太极就是理",使太极失去终极他者的向度②。对于天主教徒来说,天主的存在与奥秘,便是终极实在,由于其深不可测的奥秘,永远超越任何限定,天主既是终极实在,也是终极他者。对于天主,利玛窦的信仰之诚之深,应能深刻体会天主是"终极他者"的道理。不过,就哲学思想而言,他在《天主实义》一书中提出了一系列天主存在之证明,作为合乎人类理性要求的证明,其中大部分是借自托马斯的五路证明(quinque viae)。利氏的第二证明,乃根据无

---

① 沈清松:《西洋哲学中"人"的概念的演进》,"人生旅途中人文精神的关怀与落实"学术研讨会,台北:辅仁大学,2000 年 4 月 17 日。
② 参见本人《建构体系与感谢他者——纪念朱子辞世八百周年》一文。

生物的运动所作之证明（"物之无魂无知觉者，必不能于本处所自有所移动，而中度数使以度数动，则必借外灵才以助之……"），大体上相应于托马斯的第一路证明。利氏的第三证明，乃根据动物之运动所作之证明（"物虽本有知觉，然无灵性，其或能行灵者之事，必有灵者为引动之"），大体上这是托马斯的第一路证明与第五路证明的混合型。利氏的第四证明，是根据万物需要动力成因的证明（"凡物不能自成，必须外为者以成之"），大致为托马斯的第二路证明。利氏的第五证明，乃根据事物的次序的证明（"物本不灵而有安排，莫不有安排之者"），是相应于托马斯的第四路证明。利氏的第六证明，乃根据物种元始之因的证明（"……推及每类初宗，皆不在于本类能生，必有元始特异之类化生万类者，即吾所称天主是也"），则可视为托马斯第二路证明的另一种陈述方式[1]。

以上这一些理性证明，毕竟是建立在因果律的有效性上的。用因果法则来证明天主的存在，是把一个理性的原理扩张到终极的实在上，因而显示出基督徒的世界观是全盘理性的同时也迈向人类理性的内在封闭性，即使针对"终极他者"，也要将之化为理性规则可以说明或证明的对象。这种理性的世界观很可能供给了欧洲科学发展一个深刻而彻底的支持。利氏将之引入中国，原本可以具有极重大的意义。在利氏之前，佛学中虽然已有因果之说，但佛学中的因果观并无积极的科学因果之意，只用以支持佛学所谓"缘起性空""本无自性"的形上学观点。相反地，基督宗教

---

① 利玛窦：《天主实义》上卷，台北："国防研究院"中华大典编印会，1967 年版，第136 页。

的"天主"观念赋予了一切科学理趣以最彻底的基础。在利氏引入其"天主"观念之后,遭到许多中国思想家的排斥或有意的忽略,只撷取利氏的伦理和科技,此一事实似乎亦暴露出中国哲学在形上学的层次无力提供科学发展以一终极的理性支持。

不过,这一缺陷也反衬出中国哲学家钟爱的另一论题:人与万物、人与人、人与天的内在相关性,一切终极实在都必须立基于这种内在相关性的心灵经验才能达致。就中国哲学言,比较能接受以人的存在为起点的证明。利玛窦似乎也已经注意到这一点,因此,他把依据人的良知良能的证明,摆在其他依据因果律的证明之前。他在第一证明中表示:"吾不待学之能为良能也。今天下万国各有自然之诚情,莫相告谕而皆敬一上尊,被难者吁哀望救如望慈父母焉,为恶者扪心惊惧一敌国焉,则岂非有此达尊能主宰世间人心而能使之自能尊乎。"①

利氏此一论证涉及《孟子·尽心上》所言:"人之所不学而能者,其良能也。所不虑而知者,其良知也。"按人本心内具之良知良能出发,发扬人的内在心性与天的关系,终究可以立命事天。孟子的论证要旨在于:"尽其心者,知其性也。知其性,则知天矣。存其心,养其性,所以事天也。夭寿不贰,修身以俟之,所以立命也。"②孟子的论证被宋明儒家所接受和发展,其要点仍然在于肯定人的存在内在地与天有关联,此种内在关系正显示在人心及其

---

① 利玛窦:《天主实义》上卷,台北:"国防研究院"中华大典编印会,1967 年版,第136 页。
② 《孟子·尽心上》。

良知良能上，若能扩而充之，予以完全实现，则能使人达至完美。利氏虽然注意及此，并赋予此一论证以优先地位，但行文中仍有因果律的思考夹杂其间，利氏也没有把此一论证在义理上的后果，充分予以发挥。

既然利玛窦已经注意到此种内在关系性的论证，为什么仍然不能予以完全发挥，用以结合天主教的思想和中国的思想，使双方文化皆蒙其利呢？从利氏的著作中可以找到一个理由，那就是利玛窦同许多在他之前和他之后的西方哲学家一样，都持着一种建立在"存有、实体、神学"构成的形上学的"天主"观念。

第一，利氏对"存有"和"虚无"的看法仅及于现实存在（ontic）的层次。这一点可以从他对于道家的"无"和佛家的"空"的批判上清楚显示出来。利氏认为"有"比"无"尊贵，"无"不能为万"有"之原因，显见利氏之"有"仅为"在"，利氏之"无"仅为"不在"。就此而言，利氏当然不能明白作为精神的灵虚与自由之意义的"无"，不能以"无"为心灵至境，而后者正是道家和佛学对于"无"或"空"的看法。对他们而言，"无"或"空"是精神性的自由与空灵，不只是单纯的不存在。"无"并非"有"的单纯否定，而是精神的不执着与万物内在最深的"自由"及"可能性"。其实，在基督宗教之中，也有空虚自己和无的思想，应可以彼此交谈，可惜利玛窦并未进行这方面的外推工作。本人《觉悟与救恩——佛教与基督宗教的交谈》一文中曾就基督宗教与佛教相关概念的交谈加以讨论[1]。

---

① 沈清松:《觉悟与救恩——佛教与基督宗教的交谈》。

第二，利氏对朱熹"太极即是理"的批判中清楚地引用亚里士多德的实体（substantia，利氏称为"自立者"）与附性（accidens 利氏称为"依赖者"）的理论。利氏认为，理只是附性，必须依附在某种实体之上，而只有附性则不可能成为万物的原因。天主既为万物的第一因，就一定是实体，而不是附性。天主是第一实体，是最高实体①。

第三，利氏以因果原理证明天主存在，清楚显示，利氏以天主为万有的第一因。这与第一点综合起来正符合海德格尔所谓形上学的"存有·神学构成"。海德格尔说："当形上学从一切存有者本身共同的基础来思考存有者，此时形上学是一种'存有逻辑'之逻辑。当形上学从说明万物原因的最高存有者来思考存有者本身之时，此时的形上学是一种'神学—逻辑'之逻辑。"②存有学思考一切存有者最共同普遍的一面——其存有者性（beingness）。神学则提出最高存有者神，作为说明一切存有者的原因。合而言之，即为形上学的"存有·神学构成"。我在《物理之后》一书中曾指出，亚里士多德的"存有学"转而为"实体学"，再由"实体学"转而为"神学"，我认为更好称之为形上学的"存有·实体·神学构成"③。

无疑地，利玛窦对于"天主"的观念是建立在一种"存有·实

① 利氏对道家的无、佛家的空、宋明儒家的太极等的批评，参见《天主实义》上卷，第12—23页。
② Heidegger M.，*Identity and Difference*，trans. by T. Stambaugh（New York：Harper and Row，1969），pp.70–71.
③ 沈清松：《物理之后》，台北：牛顿出版社，1987年版，第116—130页。

体·神学构成"的形上学上面的。简言之,对于利氏来说,天主是第一存有、第一实体和第一原因。这种"存有·实体·神学"的天主观,和把天主当作给予世界以终极理性和组织的大几何家、大钟表匠的天主观,基本上是十分相配的。两者合起来正好构成一个完全理性的世界图像,有利于科学和理性主义伦理学的发展。但是,比起大部分中国哲学派别所钟爱的内在关系论——认为人性期盼神性智慧之圆满,而天即是人心最内在之动力,又为其终究之目的,则"存有·实体·神学"的天主观显然缺乏了一些鼓舞和温暖的力量。不过,无论如何,全盘理性的天主观和内在关系的天主观,都是朝向内在化发展,而忽视天主也是终极他者。

利玛窦的中国友人杨廷筠、徐光启虽然也继承了利玛窦的天主观,不过他们似乎更为强调天主是造物者与大父母。可见,对中国人而言,较容易从亲子关系来理解人与天主的关系。杨廷筠、徐光启都认为宋明理学所谓的"理",若不是"灵才",或有智慧的主体,便不能造物,而唯有天主才是造物者。在此,他们用到了利玛窦所引进士林哲学中"实体"和"附性"的区别。理只是附性,不是实体,不能造物;唯有灵才才是实体,才能造物。对于人天关系,杨廷筠以天为人的"大父母",更强调人与天的亲子关系,也因此人应"爱天""敬天"。至于人与他人、人与万物,则因为共有大父母而成为兄弟关系。

然而,中国思想中也有某些"终极他者"成分。从徐光启和杨廷筠对于耶稣画像的看法,可以看出他们对于终极他者的开放。

他们一方面认为天主是"无形无声",另一方面又相信耶稣"取得人形"。耶稣会士将天主和耶稣画为人形,供信徒崇拜。然而,杨廷筠和徐光启都强调天主的无形无声或无形可拟。例如,杨廷筠在回答别人对于天主的图像的批评时,尝谓天主原是无形无声,于圣殿中只存经典,直至降生成人,始取得形声,而可表诸图像①。至于徐光启,也在其"耶稣像赞"中说:

立乾坤之主宰

肇人物之根宗

推之于前无始

引之于后无终

弥六合兮靡间

超庶类兮非同

本无形之可拟

乃降生之遗容

显神化以博爱

昭劝惩以大公

位至尊而无上

理微妙而莫穷②

---

① 值得注意的是,杨廷筠音译的天主教重要名词,仍有可商榷之处,例如 Pater(父)作"罢德肋",Filius(子)作"费略",Spiritus sanctus(圣神)作"欺比利多三多"等。参见 N. Standaert,Yang Tingyun,*Confucian and Christian in Late Ming China*,*His Life and Thought*(Leiden:E.J. Brill, 1988),pp.124 - 125。由此可见,当时天主教的语言外推仍是一个问题。
② 参见徐光启:《增订徐文定公集》,上海:慈母堂,1900 年。

略加解读，就徐光启而言，天主之"无形无声""无形可拟"，代表了天主是终极他者；至于耶稣降生成人，则可表诸图像，显降生之遗容。天主的可图像化与不可图像化之间的张力，正显示某种终极他者，存在于早期接受福音的中国天主教徒心中。

在当代儒者当中，真正体会到人的主体性需要一终极他者，以避免人的主体性自我封闭的，是唐君毅先生。基督宗教诉求超越的神，是为了使人不会自我圈限、封闭在自己的主体性当中。当代新儒家唐君毅在论及"归向一神境"时，对于人此一超越自我圈限的需要，甚有体会。他说："使人我各自超越其限制封闭者，而后有此一心灵之呈现与存在……见其超越在上，而又不离人我。……而由此以透视其'无一切天地万物与人及我之一切存在上、德性上之任何限制、任何封闭'。"①

总之，人和无限的神明，无论称其为上帝、天主……其动态关系，使人不会封闭在自我的主体性当中。无论无限之神的名称为何，一切心灵的虔诚，终将在遥远的彼方相遇。就基督宗教而言，人的真理和心灵都是朝向无限的神开放的。人精神上的光照、开悟与启明从不会限制在自身之内，也不会只是借着自身的自力而来，在人性的光明当中，就有着神性光照的参与。也因此圣奥古斯丁说："天主创造人类心灵，使其成为理性和智性的，借之人可以参与神的光明。而天主如此地从神自身来光照了人的心灵，好

---

① 唐君毅：《生命存在与心灵境界》下册，台北：学生书局，1977 年版，第 742 页。需注意，唐君毅以我法二空、众生普度境（佛教）和天德流行、尽性立命境（儒家）为更高境。

使得人的心灵之眼不但可以觉察到真理所展示的一切万物，而且可以觉识到真理本身。"①人的心灵和精神若能向着无限的神而开放，因着来自无限之神的光明，决不应自我封闭，也不会封闭在以人为自我中心的生活当中。

六、结语

从本文的检讨中，我们可以获得的教训是：精义所在，随时发扬；不足之处，下手改善。面对后现代的挑战，基督宗教必须在教义上、伦理上、牧灵上、教会组织上与成德之方上，更为强调原初的慷慨、利他的仁爱、向他者的开放，并透过更为恢宏而不失精密、继承传统又与时俱进的"外推"工作，将自己融入中国文化的脉络中，成为推动中华文化创新的力量之一。

对基督徒而言，无限之神既是超越的，但同时又内在于万民和万物的本性之中。无限之神既是绝对的自由，但同时又仍然与这世界内在相关。另一方面，就人言之，基督徒认为人是有限的，但同时又有迈向无限的动力和使命。无限之神虽是既全知又全能的，但它丝毫不妨碍人的自由。简言之，基督的经验就是在慷慨、仁爱与正义中的创造性张力，这也是基督宗教的本质所在。它与中华文化的相遇，应该可以激发后者于不断迈向他者的慷慨与外推之中，在超越与内在、仁爱与正义、外推与建构之间，进行动态与均衡的发展。当然，这不能只是表现

---

① In *Ps*. 118, *Serm*, 18, 4, quoted from F. Copleston, *A History of Philosophy*, Vol.II (Westminster：The Newman Press, 1960), p.63.

在教义的诠释上,也应表现在灵修与伦理的提升和社会文化的参与上。

第二节　外推精神与基督宗教中国化[①]

在中国历史上,容受外来思想与文化,成为自家的重要组成因素,最典型的例子,便是起源于印度的佛教了。按照文献最早的记录,佛教自公元 2 年来到中土,历经长久外推、内化的过程,终于在魏晋南北朝之时逐渐成为中国大乘佛教,尤其在唐朝之时,八宗并建,达至辉煌时代。相较之下,基督宗教自公元 635 年以景教形式进入中土,被视为"三夷教"之一,也就是三个外国教之意。其后到了 16 世纪末,利玛窦来华,带来西方科学、哲学、文化与天主教,开启了中西文化交流大潮。其后,基督教于 19 世纪来华。至今历经了 14 个世纪,基督宗教仍被视为外国教。到底基督宗教是否有可能成为中华文化的另一构成因素? 这一问题,由于当前全球化过程造成中西文化交流加深,变得愈加值得深思。可以说,在全球化愈形扩张的今日,此一可能性变成对于中国文化的涵容性以及基督宗教的在地化的一大挑战,使我们不得不研讨,基督宗教与儒家的会通问题。本书拟将笔者主要受儒家思想启发的外推策略,放在天主教的中国化脉络中来考虑。首先,我要简介"外推"想法及其相关概念,诸如"内省""相互外推"

[①] 选自沈清松:《返本开新论儒学》,贵阳:孔学堂书局,2017 年版,第 57—73 页。

"多元他者""原初慷慨""相互丰富"等,并以基督宗教为一卓越的外推宗教。然后,从外推策略来检讨第一个千禧年景教来华,第二个千禧年中叶利玛窦开启近代初期天主教与中华文化互动,以及第二个千禧年末叶于斌与罗光所领导的中华新士林哲学。进而,我要提出第三个千禧年的大概特征,指出其将有的由全球化而太空化、全面信息化、俗化与密契化之对比加深等特征,使得人类不断跨界域、寻求深度内省、紧密沟通与密契,并讨论其中基督宗教可实行的本土化外推策略。

一、引言

笔者的外推策略,在实质上是儒家推己及人,善推其所有的方法化、策略化,因而不仅限于作为科际整合的知识论策略,更是宗教交谈、文明互动的方法。我将不同文化、哲学与宗教的交谈与互动,视为一种相互外推的过程。在下文中,我会更清楚地交代相互外推与内省策略的进展。让我先进行一般性的讨论。我认为,哲学家的任务之一,便是在生活世界中抽取越来越可普化的概念,并进行概念建构,以便能指导思想与行动或给予大方向。面对现代与后现代由多元社会所组成的生活世界,我提出"多元他者"概念,而在近二十余年来,在"多元他者"的脉络中,发展了一些哲学概念,诸如"外推""内省""原初慷慨""交谈作为相互外推""相互丰富"等。首先,我用"多元他者"(many others)来代替后现代主义所侈言的"他者"(the other),如德勒兹、列维纳斯、德希达等人所强调。其实,环绕着我们每个人的,并不是抽象的"他者"，而是实实在在的多元他者；至于"他者"则多少隐含某种"自我"和"他者"之间的二元对立。而且"多元他者"有其中国哲学根源，如道家的"万物"、佛家的"众生"，尤其儒家所讲的"五伦"，甚至可增加第六、第七伦等，都是多元他者。儒家所关心的，都是多元他者的修身、成德与共同善的体现。更何况，当前在全球化过程中，我们所遭遇到的都是多元他者。在"多元他者"脉络下，我提出"外推""内省""原初慷慨""相互外推""相互丰富"等概念。简言之，所谓"外推"是跨越自我，迈向多元他者的行动，其中假定了走出自我、朝向他者的原初慷慨；然外推必须与"内省"齐头并进；而所谓交谈便是一种"相互外推"，期望经此可避免相互冲突，达到相互丰富。基本上，这些概念的提出，对应着以下几个层面：

（1）个人修身：从不自私的能欲（desiring desire）出发，开显为可欲（desirable desire）与所欲（desired desire）[①]，本此原初慷慨，发挥仁爱精神，不断进行外推与内省，层层穿透，日新又新，乃至止于至善。

（2）伦理与政治：我主张发挥儒家的仁恕之道，进行外推、慷慨的伦理与政治，以替代西方近代以来强调主体性与相互性的伦理与政治，而且认为唯有经过外推，才能完成主体；唯有先行慷慨，才能真正完成相互性，并透过相互外推，达至相互丰富。

（3）面对今日全球化与文明交谈的挑战。可由儒家所言修

---

① 关于能欲、可欲的性质与关系，参见沈清松：《身体、社会参与和灵修》，台北：《辅仁宗教研究》第 31 期，第 107—141 页。

身、齐家、治国、平天下的过程导出，在今天，平天下就须全球化与文明交谈。全球化的特性，在于不断跨越边界去与不同文明紧密互动，为此我提出外推作为跨越边界的基本策略，并以相互外推作为文明交谈的方法，以便达到相互丰富，避免相互冲突。

　　基本上，我认为基督宗教，无论其为天主教、基督教或东正教，都是一卓越的外推宗教，尤其在开教时期的圣保罗(St. Paul)宗徒是一卓越的外推宗徒的典范，使得基督宗教从犹太人传到外邦人，从犹大省到罗马，到希腊。其后，又发展到整个欧洲，从原先叙利亚、波斯到整个亚洲，到南美洲，到北美洲……到世界各地，不断外推，这是基督宗教史上的实情①。在教义上，天主或上帝创造万物的原初慷慨，以及耶稣(Jesus)为拯救人类而牺牲性命所表现的自我牺牲的慷慨精神，以及"你们要往普天下去，向一切受造物宣传福音"(谷 16：15)的训示，都显示出基督宗教是一个卓越的外推宗教。这种慷慨与外推的精神，正可以带给自汉唐以来，正逐渐内在化、主体化的中华文化以最佳来自他者的福音。然而，自景教传入中国而被称为"三夷教"之一，至今十三四个世纪以来，基督宗教仍被一般中国人视为外国教。对于一个如此卓越的外推宗教，到底问题出在哪里？

　　基本上，外推与相互外推都是出自原初慷慨，而原初慷慨的动力来自"无私的爱"(agape)，并能成就能兼顾为人与为己的

---

① 参见拙作 "Globalization, Spirit of Christianity and Intercultural Dialogues: Towards an Ethics of Original Generosity and Strangification", *Lumen*，No.1，2013，pp.53 - 74。

"仁"。无私的爱是福音的精神,而"仁"加上推而广之的"恕"则是儒家真谛所在。仁本身具有超越藩篱的慷慨力量且兼容相互性,可惜在中国历史过程中偏向僵化的相互性,例如汉代提出的三纲,臣以君为纲、妻以夫为纲、子以父为纲,因而导致其原初慷慨力量逐渐萎缩。基督福音慷慨无私的爱进入中华,是否能为国人接受,以济补之?

让我先说明"外推""内省"与"相互外推"等概念,再来检讨基督宗教,尤其其中最为古老的天主教在华的外推策略。

二、外推、内省与相互外推

"外推"一词具有明显的儒学背景,以及丰富的形上、伦理、宗教意涵,然其策略化、方法化,则和我于 20 世纪 90 年代初期与建构实在论的瓦尔纳教授相遇及而后的合作很有关系。不过,我早在接触建构实在论之前,便已经浸润在儒家的"推""推己及人""善推其所有",甚至佛家相关的"格义"与"回响",与道家的"化"与"广",以及现象学的"同理心"等观念之中。后来当我接触到主张建构实在论的瓦尔纳教授所提议的科际整合的知识论策略时,便立即将其翻译为有儒学背景的"外推",并将之从科际整合的知识论策略,扩大为文化互动与宗教交谈的策略,且指出外推需先有道德上的原初慷慨。此外,我并提出外推必须与"内省"并行。因为,若仅外推而不内省,则会自我异化;若仅内省而不外推,则会倾向自我封闭。所以,我以下先谈外推,继之以内省,依顺序可以分为语言、实践与本体三个步骤。

第一步是要进行"语言的外推"，就是把自己的思想与文化传统中的论述或语言，翻译成其他思想与文化传统可以了解的论述或语言，看它是否能借此获得理解，或因此反而变得荒谬。如果是可理解的，代表此一思想与文化传统有更大的可普化性；如果是后者，则必须进行内省和自我批判，而没有必要采取自卫或其他更激进的护教形式。当然，这其中总会有一些不能翻译的残余或意义的硬核，但这部分残余或硬核不能够作为不进行翻译的借口，反而，其中可翻译、共同分享的可理解性，便足以证明它自身的可普化性并激发更进一步外推的努力。如果人们只在自己的传统中夸耀自家的传统多么伟大，就像一些国粹派所坚持和宣称的那样，这至多只证明了它自身的局限性，而不是它的优越性。

　　在语言层面，我们需进行内省。首先，反省透过不同语言和言说所表达的不同层面的意义。事实上，我们发现各种不同语言中有不同语词都指涉着相同或相似的物体，例如桌、椅、床等类事物；也在同一语言中，发现有不同语词表达同样事物，例如晨星（morning star）、暮星（evening star）皆指涉同一颗金星。进而，反省语言表述的限制，换言之，现实存在中总有隐藏的面向，更何况终极真实本身总是不可言尽或无可言喻的，一如老子所说"道可道，非常道"或庄子所说"不道之道"。

　　外推的第二步，是"实践的外推"。借此我们可以把在某一种文化脉络中产生的思想或文化价值或表达方式，从其原先的文化脉络或实践组织中抽出，移入另一文化或组织脉络中实行，看看它在新的脉络中是否仍然可懂、可接受，甚或行得通，或是不能适应新的脉络，反而变得无效。如果它仍然能起作用，被接受或行得通，这就意味着它有更多实践的有效性与可能性，并在实践上有更高的可普化性。否则，它就应该对自己的局限进行反省和自我批判。

就此而言，在实践层面，我们必须内省：人类的意向有许许多多的客化方式，如吃、喝、走路等等，甚或更形卓越化而产生德行，如"仁"或"爱"，"义"或"正义"或各种各类的"礼"，如过渡礼仪、家庭礼仪、国家礼仪等等。我们必须反省，有如此多种不同价值系统与实践方式，导致非常不一样的伦理与文化类型。最后，我们也必须反省所有可经由各种德行、理想与实践表达的人类价值，终究仍有其限制，不可坚持己见甚或执着。

外推的第三步，是"本体的外推"。借此我们从一个微世界、文化世界或宗教世界出发，经由对于实在本身的直接接触，或经由终极真实开显的迂回而进入另一个微世界、文化世界、宗教世界。尤其当在该文化传统中具有某种宗教向度之时，或者当人们进行宗教间的对话之时，这一阶段的外推就显得特别重要。如果对话者本身没有参与终极真实及其开显的体验，宗教交谈往往会流于肤浅，仅止于表面。我们对于终极真实的体验，如果该真实确实是终极的，就该具有可普化性和可分享性，否则，若只自我封闭地一味坚持自己的真理唯一，至多只能是宗教排他主义的一个借口而已。

在此本体层面，我们也应进行内省。终究来说，终极真实有各种可能的开显面向,且各有其限度;我们须透过各种不同面向来看待终极真实开显的可能性,以及所有开显面向皆有其限度,因为诸开显面向终究仍非终极真实本身。我们必须指出,终极真实终究仍有其隐藏的一面,不可言喻、不可思议、超越名相的面,在彼处人往往会体验到空无、灵魂的黑暗,或无知之云。

进而言之,思想与文化的交谈,应该建立在相互外推的基础上。详言之,在 A 和 B 的交谈中,在语言外推层面,A 应该把自己主张的命题理念/价值/信仰系统转换成 B 的语言或 B 能理解的语言。同时,B 也应把自己主张的命题/观念/价值/信仰系统用 A 的语言表达或转化成 A 能理解的语言。如果翻译不过去,或翻译后转成荒谬,则应自我反省而非怪罪他人。

在实践的外推层面,A 应该把自己主张的命题/真理/文化表达/价值/信仰,从自己的社会、组织、实践脉络中抽出,将它重新放置于 B 的社会、组织、实践脉络中,看是否仍然可行。同时,B 也应该把自己的主张/真理/文化表达/价值/信仰等,从自己的社会、组织、实践的脉络中抽出,并将它重置于 A 的社会、组织、实践脉络中,看是否仍然可行。如果行不通,则应自我反省而非怪罪对方。

最后,在本体外推的层面,A 应致力于经由实在本身的迂回,如对人、对某社会群体、对自然,甚或对于终极真实及其开显面向的亲身体验,进入 B 的微世界、文化世界或宗教世界。同时,B 也应该努力经由实在本身甚或终极真实的迂回,进入 A 的微世界、文化世界或宗教世界。若行不通,则应自我反省。

三、从外推策略择要检讨历代天主教本土化策略

讨论重大问题,必须具备历史意识与认知,否则容易一再犯错。比如说,基督宗教自景教入华已近 14 个世纪,然仍如同佛教初期,还被视为一外国教。其主要原因,一定和它来华的外推策略问题有关,需要进行历史的考察。相较之下,佛教从印度来的"混祀"(非其所祭而祭之的外来宗教),由于运用适当的外推策略,本土化成功,终究转变成儒、释、道三教之一。关于这点,我已有专文处理,此不另赘①。在此专论天主教,然并不作完整的天主教史论述,且旨不在评价其成败,仅选其中一二事例,借以说明外推策略。大体来说,可分以下三个时期,谨择要检讨其外推策略如下:

(一) 第一个时期: 于第一个千禧年中叶来华的景教

关于景教的在华策略之成败,本人已于 "On the Nestorian Introduction of Monotheism into China (635－845): A Preliminary Evaluation of Its Strategies of Strangification"②一文中有更为详细的讨论。大体来说,景教在公元 635 年唐朝初期来华,与祆教、摩尼教并称"三夷教",意即三个外国教;不幸于公元 845 年武宗灭佛时一并被铲除,淡出中土。至元代景教又以也里可温的面

---

① Vincent Shen, "Appropriating the Other and Transforming Consciousness into Wisdom: Some Philosophical Reflections on Chinese Buddhism", *Dao: A Journal of Comparative Philosophy*, No.1, 2003, pp.43－62.
② Vincent Shen, "On the Nestorian Introduction of Monotheism into China (635－845): A Preliminary Evaluation of Its Strategies of Strangification", *Fu Jen Religious Studies*, No.1, 2007, pp.15－41.

貌出现，然多限于色目人，且于神学与文化上无甚建树。检讨起来，景教的外推策略有以下问题。

（1）语言外推策略不当，未经语言获取阶段便径行格义与外推，既未与中华文化核心价值的儒学来进行外推，又无适当的语言秘书协助，缺乏易懂又精准的语言翻译，反而过度或滥用格义。首先采取佛教语言来翻译其经典，例如将天主译为"佛"，称三位一体为"诸佛"，教士为"僧"，而且译语不雅驯，例如《序听迷诗所经》将耶稣译作"移鼠"，圣母玛利亚作"末艳"，圣约翰作"若昏"等。其后，发现唐朝皇室推崇老子，信奉道教，于是改采道教语言传经，因而有《宣元至本经》《志玄安乐经》等经之译，多用道教语词，如"道""玄""玄同""无""灵台"，等等。可见，景教既忽视儒学的重要性，且完全没有语言内省的能力，也没能以福音无私的爱（及呼应与此相应的儒学的仁）的论述，来转化佛教、道教的论述，其在语言上由模仿佛教到转仿道教，并非基于内在反省，而是基于外在环境而做的调整。

（2）就实践外推而言，景教适应中国的伦理与政治规范，在《序听迷诗所经》中，明列三事："一先事天尊，第二事圣上，第三事父母。"其中将圣上明列第二事，并非以十诫为本，乃迁就政治现实之举。此外，景教一方面继承基督宗教利他、慷慨的精神，同情贫弱，进行布施。《大秦景教流行中国碑》提及太宗圣谕景教"济物利人，宜行天下"①。但在另一方面，总是呼应政治者多，也因

① 以上有关《大秦景教流行中国碑》引文，参见翁绍军：《汉语景教文典诠释》，香港：汉语基督教文化研究所，1995 年版，第 43—81 页。又见左伯好郎：《景教碑文研究》，东京：大空社，1996 年版，第 135—173 页。由于所引杂散，不另注明页数。

此敌不过政治上的利用。唐室以老子为祖先，借以提高家族地位，为此信奉道教并进行政教合一，并将景教视为老子西传之余绪，"宗周德丧，青驾西升；巨唐道光，景风东扇"。雄才大略的唐太宗，一方面用景教招徕大唐充斥的外国佣兵、西域商人与使者；另一方面亦用以宣扬国威，甚至将太宗的像画在大秦寺壁上："旋令有司，将帝写真，转模四壁，天姿泛彩，英朗景门，圣迹腾祥，永辉法界。"时当唐朝盛世，中国充斥着许多外族，在政策上，一时之间曾广向多元族群、多元文化开放，也了解到景教有助于招徕外国人，安抚多元族群。是以景教终为政治所利用。对此而言，景教既缺乏无私的爱的转化力量，也缺乏实践层面的内省。

（3）在本体外推方面，景教对于终极真实的称名，往往与道教、佛家相混淆。如《一神论》所谓道、妙道、奥道、无、灵府等，或《宣元至本经》中，既用佛教"空昧"一词以言其真源，又用"无元""无言""无道""无缘""妙有""非有""湛寂然"等道家语词，其结果是混淆本体。在《志玄安乐经》论及对终极实在的体验，亦多用道家的"玄""玄通""柔、下、无、忍"等语词，佛家的"遍照""假名""虚空""大慈大悲"等，以及佛道共享的语词如"虚空"等①。这种本体混淆的情形不仅无助于宗教交谈，且会造成自我了解上的误会，以致景教后来被整合入道教之中。在公元845年灭佛兼及三夷教之后，仅存基督徒化的道教徒。可见，由于语言上的误导与实践上的偏差，景教也缺乏本体的外推，更缺乏本体层面的内省。

---

① 翁绍军：《汉语景教文典诠释》，第177—196页。

（二）第二个时期：利玛窦于第二个千禧年中叶开启近代初期天主教来华

由上可见，景教当时最大的问题在语言的外推不当。由于此，造成实践外推与本体外推上的困境。这点当利玛窦来华时，已注意及之，所以，他们虽自称"景教后学"，但是他们不但勤习华语、熟悉中国儒家经典，而且邀请高等中华士人，如徐光启、杨廷筠、李之藻等人与之合作，协助翻译与达词。于是，思想交流与问题意识更为深入①。

利玛窦于西方文艺复兴、近代思潮初起之时来华，其第一本中文著作《交友论》，提出一个平等交流、相互丰富的典范，开始教会中国本地化的新页。他说："交友之旨无他，在彼善长于我，则我效之；我善长于彼，则我教化之。是学而即教，教而即学，两者互资矣。"②这种平等友善互资论，颇接近我提倡的"相互丰富"的主张。他与其他耶稣会士们担任中西文化的中介者，不但把亚里士多德、圣托马斯(St. Thomas)介绍给中国，而且把《四书》与孔子、《易经》与圣君康熙等，介绍给西欧，开启了中西文化交流的大潮。诚如艾儒略所言："使东海西海群圣之学，一脉融通。"③检讨起来：

（1）在语言层面，早期来华耶稣会士的确在语言外推上做了许多努力。他们不但勤习华语、善用华人高等士人，而且在神哲

---

① 关于利玛窦与中西哲学交流，另请参考拙著：《从利玛窦到海德格尔》，上海：华东师范大学出版社，2016 年版。

② 利玛窦：《交友论》，见李之藻辑：《天学初函》，台北：学生书局，1965 年版，第212—213 页。

③ 艾儒略：《西学凡》，见李之藻辑：《天学初函》，第 59 页。

学术语方面与中华经典，尤其古典儒学经典，相互交谈，例如，在灵魂论上，艾儒略在《性学觕述》里与中国哲学家使用的语词相互对话，他说，传统中国哲学有各种名词来说灵魂：

> 其内神大体，指其灵明之体，本为人之性也。或谓之灵魂，以别于生觉魂也。或谓之"灵心"，以别于肉块之心；或谓之灵神、神体指其灵明而不属形气者。或谓之"良知"，谓之灵才，指本体自然之灵者也。或谓灵台，谓方寸，指其所寓为方寸之心、为灵魂之台也。或谓之真我，明肉躯假藉之宅，而内之灵乃真我也。或谓天君，指天主所赋予我以为一身之君也。或谓元神，以别于元气，二者缔结而成人也。大学谓之明德，指其本体自明，而又能明万理者也。中席谓之未发之中，指其本体诸情之所从出也。孟子谓之大体，指其尊也。总之称各不一，而所指之体唯一①。

从以上种种与中国哲学，尤其儒学，术语上交流的努力，无论其实质与结果如何，都可以看出，早期来华耶稣会士在语言上进行外推，也颇富于内省能力，可谓胜出于景教之上。

然而，利玛窦等人所引进的以亚里士多德的实体论为基础的名言系统，仍然难以与中国学术语言会通。例如，《名理探》所主张的"主词＋系词＋谓词"的语句结构，虽在增广中国语言上有其

---

① 艾儒略：《性学觕述》，见钟鸣旦（Nicolas Standaert）、杜鼎克主编：《耶稣会罗马档案馆明清天主教文献》第 6 册，台北：台北利氏学社，2002 年版，第 106—107 页。

帮助，且后来在第一部中国语法《马氏文通》①的语范上发挥作用，然而，其与中国古典语文的本有趣味，仍然相去甚远，甚至延续至今日的语法研究，以致现行语法研究与修辞研究相悖离。吾意以为，中国语文重视动态脉络主义，强调关系与情感因素，而较不侧重谓词化作用（predication）与语言结构及其逻辑作用，即使在今日有语法的情况，依然如此。

（2）在实践外推方面，天主教的灵魂论虽然给予个人的独特性以神学论证，但仍然难以为主张一心或强调关系的中国人所接受。即使不必像陆象山那样主张一心论，认为"我的心、我朋友的心、千年前生人与千年前圣人之心，皆是一心"；但仍无法深入相信人与人、人与万物、人与天的内在关系，与"尽心知性可至于天"的内在超越进路的中国人心。即使当时引进的压抑式德行论颇能符合于儒释道克己的伦理学，然仍有违背其所推崇的先秦儒家创造的、卓越的德行论。中国人既要能力卓越与关系和谐，亦须克己复礼、压抑私欲，不可偏废。而且，即使其压抑的德行论类似明清之际的中国思想，然而其生命目的，仍然迥异：对基督徒而言，是为克己成德，回归天堂；对中国人而言则是克己复礼、尽性立命。利玛窦等人太过强调压抑的伦理学，其虽以行动体现了文化交流的慷慨，惜并未强调基督徒爱的伦理学，以与儒家仁的伦理学相遇。可见，伦理上的紧张仍在，难以相合。对此，早期来华耶稣会士，似乎仍然缺乏内省。

---

① 为马相伯、马建忠兄弟所合著。

（3）在本体外推方面，利玛窦《天主实义》以托马斯五路证明式的理性方式，证明天主存在，主张一"存有·实体·神学"的终极真实观，是用理性可以证明其存在的神、以几何规划创世的位格神。这大不同于朱熹所言太极是理，或陆象山、王阳明以心为终极真实，揭示非位格、非实体性的终极真实。中国人强调关系，也因此杨廷筠、夏大常等人称天主为"大父母"，更切中国人的想法。如果当时引进的是希腊教父或拉丁教父，他们文采好，关心人内心体验，且心怀对奥妙的惊异，有密契论的深度，或许更能亲近中国的思想家。或许，当时应该在这方面多从事翻译工作。可惜当时耶稣会为了表现他们的思想体系与教育体系的科学性、逻辑性与理性，以及自我认识的重要性，而这已涉及文艺复兴时期重视理性与主体的近代性精神，因而作出的外推抉择，以致在内心体验、心怀奥妙与密契论深度方面，没有多加发挥，殊甚可惜。可见，早期来华耶稣会士，在本体层面，仍缺乏内省。

（三）第三个时期：第二千禧年末叶的当代中国天主教

可惜此一中西文化交流大潮，却因礼仪之争，导致禁教并因而中断。尔后教宗比约十二世（Pius XII）虽于 1939 年解禁，正式许可中国教友及传教士祭孔、敬祖，然而在礼仪之争沉重的打击之后，中国士人鲜少担当起融合天主教与中国思想文化的任务。正式解禁之初，他们仍以引介西方为主。若真要说有所突破性的进展，则要从辅仁大学在台复校，使中华新士林哲学在台湾有了新的进展开始算起。这段新的融合时期，狭义上可称为台湾新士林哲学,然为了考虑同时期海外华人的贡献,以及中国大陆潜在具有未来性的发展,我仍愿意统称为"中华新士林哲学",并视台湾新士林哲学为其中最光辉的一页。

（1）在语言外推方面,于斌枢机(1900—1978)的《三知论》和罗光总主教(1911—2004)的《中国哲学史》《生命哲学》等著作,可以说继承了利玛窦等人对于传统中国哲学和中世纪士林哲学的相互外推、相互丰富的工作。例如,罗光对于天主的"创造力"与万物的"创生力"的辨析,认为其间既有区分又有密切关系,以此不但结合了士林哲学与传统中国哲学的形上学,而且将他们纳入互补,协助彼此的形上义理,使其相互丰富。一方面,天主或上帝无穷的创造力不断创造万物,而创造力本身的无穷动力,可谓"动而愈出",且天主或上帝亦以其创造力参与其所创造的万物的变化历程;另一方面,万物不但各有其创生力,且整体加起来更展现化生不已的历程,使万物朝向至善而变化发展。如此一来,天主或上帝的创造力是动而愈出,不是不动;万物的创生力则是出自天主或上帝的创造力,且朝向至善的天主或上帝而发展,也因此两者不但不落两边,且合为生生不息的前进历程,增益了整体存在界的丰富性。

于斌、罗光及其后继,建立了一个既内在又超越的哲学体系,既结合传统中国哲学,也为超越现代性困局指出坦途,可惜,他们对于现代性及后现代、全球化,乃至引领信息化的新科技,并未以"时代记号"而多加注意与着墨。处于现代多元社会,甚至后现代不断解构的社会,不再可能由于说服上层阶级,便举国奉行。中国已然是一现代的多元文化社会,甚至出现了某些后现代迹象,然在多元中仍有和谐的倾向。天主教要学会精英的语言，也要学会草民的话语。可见，多元的语言外推终不可免。然而天主教在与民间宗教交谈、进行外推，以使天主教更获得本土性方面，甚少尝试；在针对现代性、后现代甚至后殖民论述方面，更为不足。

（2）在实践外推方面，于斌枢机的敬天祭祖颇能延续利玛窦精神，衔接中华文化，尤其儒家慎终追远的传统。为了呼应梵二礼仪本地化的号召①，于斌枢机于1968年提倡祭天敬祖，并于1971年春节在台北师大附中大礼堂举行祭祖典礼，约有一千人参加。1972年在台北主教座堂，再度举行敬天祭祖典礼。其后，罗光校长继承于斌枢机遗志，1979年春，率全校教职员工、学生于辅仁大学中美堂举行祭天敬祖典礼，并继续发扬将天主教文化与中华文化，尤其儒家思想，相互融合的目标。

与梵二一致，于斌枢机对于现代性多采取批判的观点。他对于当时各种文化现象与文化问题皆有深入的观察。于斌枢机指出，当时的西方文化、欧洲文化已然发生问题。于斌枢机谈抽象画，谈披头士，谈学生运动，谈当时文学与艺术之媚俗，也谈及科技发明对于人性的冲击。他也指出自动化假定了人的道德条件②。可见，于斌枢机未视现代性的种种现象为"时代记号"，他也未赶

---

① 梵二重视教会本地化，《礼仪宪章》说，"教会培养发展各民族的精神优长与天赋；在各民族的风俗中，只要不是和迷信错误无法分解者，教会都惠予衡量，并尽可能保存其完整无损"（37号）。《教会传教工作》法令也昭示人们了解、遵循并医治保存祖国的传统文化，并在基督内使之完美，好让基督的信仰及教会的生活，开始深入社会并转移风气（21号）。

② 于斌：《中西文化之比较》，见吴经熊等著：《中西文化论集》，台北："国防研究院"中华大典编印会，1966年版，第396页。

上全球化与信息化的时代,然他针对多元宗教的对话与合作的开放态度,颇富先知性的远见。然而,在学习民间宗教草根性的宗教实践并进行外推,以使天主教进而更本土性方面,甚少尝试。

至于罗光总主教本人,则是以谦虚与仁爱的伦理学与宗教实践,迈向与万物、与人、与天主或上帝的共融,并在其中实践爱的伦理学与谦逊虚己的修养,结合基督宗教与传统儒家精神,或许也提供了一种超越现代性太过强调主体性之困局的契机,可惜于现代性与后现代、后殖民的实践处境,未能有所着墨。

(3) 本体外推方面,由于语言外推上成功地与传统中国哲学结合,以及在实践外推上面进行敬天祭祖,以致在本体外推上似乎有相当的进展,显示在本体外推上的内省能力大为胜出于第二千禧年中叶。不过,于斌枢机虽先知性地开始了与各宗教合作和交谈,可惜后来并没有延续下去。于是,宗教交谈转为学术化,譬如由辅仁大学宗教系在聘任师资与开设课程方面,包含了佛教、道教与民间宗教,非常难能可贵,也表现出天主教的大公精神。不过,在宗教交谈的深度上,比较密契论仍有待加强,以便增加彼此对于自己所信奉的终极真实的认识。既为终极真实,定有隐微难明,超越名相的层面,且定可允许不同开显面向,达成相互类似的理解。此外,在社会运动方面,也需要与各不同宗教合作,共同关心需要关心的人或事。

四、第三个千禧年的特征

若要从局限的现在来谈论整个第三个千禧年,总难免猜天猜地,想象者多,实证者少。为此,我们只能从现有迹象,来顺势预测。然而,有一条线索,则是昭然若揭的。那就是,古典时期十分重要的"超越"观念,如今开始在历史现实中落实了。不但是有一不断跨越疆域的全球化,甚至开始进行太空的探索,而且在新科技的发展下,人人都手持一机,跨越空间的距离,彼此更密切地沟通,走上全面信息化。在科学上,新理论不断否证旧理论,而后又接受新的否证检验,在知识上不断进行超越;在美学上,不再停留于感性的美感,而由超越任何感性成分而转向崇高。最后,精神的超越不断指向与终极真实的密契合一,否则于心难安。

(一) 由全球化转成太空化

由全球化到太空化:自 20 世纪 90 年代便已然甚嚣尘上的全球化,预期在 21 世纪,至多到 22 世纪,便会完成。就目前而言,我对全球化的定义仍然是"一个跨越界域的历史进程,在此过程中,人的欲望、内在关联性与可普性在整个地球上实现出来,并在现今与不久的将来体现为扩张至全世界的市场、跨国界的政治秩序和文化的全球在地化(globalism)"①。在全球化的同时,一方面在地化的历程也不断加深,文化与精神事业将更为多元化,而本地化的工作仍需继续进行;另一方面,太空化势将拉开目前全球化的视野,面对更多的多元性与更严肃的多元协调问题。人类在本千禧年间势必达到真正的太空时代。当年孔子"登泰山而

---

① 沈清松:Michael Hart & Antonio Negri 著 *Empire* 一书书评,台北:《哲学与文化月刊》2004 年 6 月,第 109—112 页。

小天下"，来日势必会有"登太空而小地球"的感慨。话虽如此，既然在全球化时期，文化已显示普世化与地方化的张力，此一张力势必在太空化时期继续发展。值此由全球化往太空化的阶段，儒家所谓"各正性命，保和太和"，更成为处理人际、族际、文化际、宗教际关系的基本原则。

说到太空化，在新的千禧年中，人类在科技上一定会达到太空化的梦想。至于是否能达到太空移民的地步，那要视客观上有否适宜人居的其他星球而定，而主观上则视人类科技是否达到所需水平，这些都仍有待观察。无论如何，展望无垠的太空，诚然是人类未来的可能性之一；然而，我们只有一个地球，爱护地球，保护地球上的生命，仍是居于与太空化相互对比的情势，至于环保工作，无论在太空或在地球，皆属普世化的要求。

（二）信息全面化

从 20 纪末到 21 世纪初，信息化的过程扩张了人们沟通与联系的网络。目前传播科技与电子网络科技的迅速发展，使得信息化已经在某种程度上改变了人的生活与人机关系。自 21 世纪开始，电子网络甚嚣尘上，人人皆有 PHONE，甚至连偏僻的乡野也都人手一机。因特网与物联网改变了人们的生活，网络生活已经变成一种文化。自省与联系，由于信息化而普遍地成为可能。在今天，网络成为人们生活世界的重要成分，人们在其中与远方的朋友相会、买书、订票、买衣服、购物，上课与教学，分享兴趣与观念。换言之，网络再也不只是沟通的工具，而已然演进为一种文化环境。电子世界穿透了日常世界,它再也不是我逃脱现实的一扇门,而是丰富人们彼此沟通、建立关系的身心延伸。由于此一联系网络,即使远方的陌生人也可能成为我们的近人,就教会生活而言,也改变了传统上教区或堂区的划分。

信息势将替代物质,而其中"信息乃由智能者提供"将呼之欲出①。信息全面化所促成的沟通、交流乃至远近的亲密关系,离宇宙的共融甚或存有的共融(Being as Communion)还相去甚远,离圣若望所见的新天新地也仍遥远,除非其中爱的力量增强并且普及,然而,总是给予人以崭新的可能性。这将深刻地改变目前教区的地理区分,也因而影响福传,不再只透过媒介传播基督徒的福音和教会的训导,而且更要将此福音和教导整合到信息文化环境中。这在神学上也有深入的影响,甚至已有某种网络神学出现②。

基本上,对基督宗教而言,整体存在界就是一广义的关系网络,而基督信仰本身所诉说的,就是在此网络中天主或上帝与人沟通的历史。自古以来,天主或上帝以荆棘、以天使、以先知与人沟通,最后更以自己的圣子取得肉身,来到人间与人亲自沟通。同样,儒家主张人与他人,与天地万物皆处在同情相感、彼此相系的关系之中;而且,不管在任何社会中,儒家总是在思考如何使生命意义充实,特别是在如今的信息社会,意义的沟通愈形重要,更应如儒家一般丰渥人生意义。可见,基督宗教与儒家在这未来时

---

① William B. Dembski, *Being as Communion: A Metaphysics of Information* (Burlington: Ashgate, 2014), pp.17 - 23.

② Antonio Spadaro, *Cybertheology: Thinking Christianity in the Era of the Internet* (New York: Fordham University Press, 2015).

代,应可相互合作。

(三) 世俗化与密契化的对比

一方面,自西方近代性兴起以降的世俗化过程会不断加深,诚如泰勒在《世俗时代》(*A Secular Age*)一书中,以精细的历史和哲学分析出的,"几乎每一个人都会承认,尤其在西方,我们是生活在一世俗化的世界"①。

换言之,几乎整个世界,特别是在西方,人们的信仰受到挑战,信仰者都不能如往日一般有单纯的、素朴的信仰了。其实,无论有神论或无神论,只要是作为一种信念,都不只是单纯的、素朴的信仰而已。世俗化持续提供更多元的崭新选择,无论是宗教的、灵修的、反宗教的、虚无主义的,总之,是生命的意义的另一种选择且都有条件,并均属偶然性。可以说,世俗化就是沉溺在有条件的偶然性之中,且不愿离此另求超越。

另一方面,对比于此,当前人类正经验到精神上不断地超越,企求亲近终极真实。在关于知识"真"的经验上,人类于科学上正经验到旧理论不断被否证,而新理论不断胜出,又再度经历否证的过程;在道德"善"的经验上,人们在越来越紧密的联系和越来越多的自由中,其伦理道德处境亦有所改变。在艺术"美"的经验上,人们不断超越感性的美感,而转向崇高的经验。越来越多的人,愈发企求终极真实,根据"人会渴,就证明有水"的模拟,显示

---

① Charles Taylor, *A Secular Age* (Cambridge: Harvard University Press, 2007), p.1.

终极真实并非遥不可及，而是可就在近处、就在心旁。人们心头火热，若不得之，便心生焦虑；若偶得之，便心生喜悦，且越来越趋近深度，越来越接近终极真实。如此下去，密契化的时代终将来临。基督宗教要求，人应不断追求完美，正如耶稣所说，"你们应如天上的父一般完美"。而儒家也邀人，士希贤，贤希圣，圣希天。在面对世俗化的趋势中，基督宗教与儒家皆欲从世俗向终极真实接近，乃至与其有融合入世的互动。在新时代来临之际，应可携手合作，甚至心心相印。

五、今后基督宗教中国化做法刍议

建立在前述外推、内省与交谈作为相互外推的构想，并据此对基督宗教在华历史所作的选择性检讨，以及我对第三个千禧年的投射图像，可以对今后以外推为策略的中国化做法，作以下的建议：

（1）在语言外推方面，先前第二个千禧年中、后叶的语言外推工作，大体上已经奠定了基督宗教与传统中华文化结合的基础，然而面对变动不居、不断混杂的草根性社会、民间宗教，甚至多元社群，天主教仍不太敢于尝试；基督教虽参与了中国政治社会现代化的改革运动，但对中华传统文化外推较少；而东正教则更为保守，甚少外推。至于基督宗教整体在面对现代性与后现代、后殖民的挑战，乃至高科技的崭新经验，则更为外推不足。今后，应致力于一方面陶炼草根性社会与民间宗教中的语言，予以吸纳，转化成基督宗教的语言。另一方面，对于以专业分化为主的现代社会，以及后殖民论述与后现代论述，甚至面对新科技的挑战,亦须经过一批判性反省的过程,提炼出其中合乎基督福音的语言,用以丰富天主教在神学、伦理、牧灵、灵修上的思想与论述。

（2）实践外推方面,可以分为两部分论之。首先,就中国传统文化而言,"敬天""祭祖"的礼仪,既为涉及以儒家为本的中华文化的根本仪式,天主教会应承接于斌与罗光以来的做法,继续进行公开敬天祭祖礼仪;而基督教与东正教对儒家此一慎终追远的传统,亦应给予更大的尊重①。其次,关于民俗与民间宗教部分,应研究合乎福音之旨的礼仪,予以习取并转化。例如,在民间甚为盛行的妈祖巡行、互访、谒祖之行,感动许多人心,慷慨跟随妈祖走一遭。其旨不在于功利,而在与神同行,值得研究,作为外推之参考。其中,亦有由基督宗教的神学、圣人传和礼仪意义进行转化之机。例如,由圣母玛利亚"往见"圣妇依撒伯尔,亦可转出圣像"互访",培养天主教友与圣母同行的意趣。这点亦可从西欧或拉美等地的圣母游行来加以参考,并赋予地方特色。在传统中国文化里,"社会"既有环绕地方神明的集会与生活世界之意,基督宗教若真要地方化、本土化,有必要与这一层面的地方动力结合。

（3）本体外推方面,首先,在牧灵方面,基督宗教应从过去重视"牧"的一面,更加重视"灵"的一面。换言之,除了各教（天主教、基督教、东正教等）在教友组织、教堂管理、有效经营之外,应该更重视灵修的提升。面对新的千禧年的挑战,的确有必要加强其教友与神职人员的灵修实践,将灵修提升至密契的层面,寻求

---

① 关于语言外推与实践外推,天主教教廷应与地方教会通力合作,促成教会本地化。教廷应该更富于弹性、更丰富的地方意识,并允许地方教会更大的自主权。

与天主或上帝亲密来往的经验。

在宗教交谈方面，应加强比较密契论的共同研究、视野提升与相互了解。中国哲学，无论是儒家、道家、佛教，都重视动态关系的本体论，强调人与人、人与物、人与终极真实的内在相关性与相互感通，这应可与基督宗教相互比较、相互交流。尤其是儒家强调的内在相关性与相互感通，也是民间宗教经验的预设。

各大宗教在各种各样的密契经验中，皆有对于终极真实本身不可言喻、不可思议、超越名相层面的经验，也因此可以有"灵魂的暗夜""空"或"无"的体验，似可相互交流，彼此参考。

一方面，对基督宗教而言，基督的降生成人，道成肉身，可以说是肯定了宇宙，肯定了物质世间，也肯定了身体。虽然，信息与智能势将替代物质与身体，然而道成肉身的真理以及新天地的企望，仍是基督宗教的基本教义，也因此，身体终不可轻视。一方面，就基督宗教而言，身体就是圣殿，须敬谨清净以待之，提炼身体的精神意义；而仪式涉及身体的姿势、祈祷与美化，今后应加强礼仪的改革，在其中表现多样与丰富的文化、神学、灵修的意涵。另一方面，对儒家而言，身体的地位不可忽视。郭店竹简《五行篇》，将儒学核心概念"仁"书写成上身下心，以身心合为仁，足为明证。也因此，修身的实践步骤，实际上包含了调身、修心、成德的过程，且同样要以诗书礼加以熏陶。

然而，肯定"世界"当然不只是指现象学所论己身（corps propre）的世界，也不只是指全球化的世界，而是指宇宙论的世界，也就是当前人类正在向它进展的太空，乃至于全宇宙。甚至，如果天外有天，人外有人，我们也应思考，应如何慷慨向他们外推，以及体现交谈作为相互外推，和他们建立仁爱与和平的宇宙，迈向基督宗教所谓"新天新地"，或儒家所谓"天吾父，地吾母……民吾同胞，物吾与也"的崭新境界。

［原载《辅仁宗教研究》第 33 期（2016 年秋），原名《从外推策略看第三千禧年天主教本土化》］

第三节　儒学与基督教的会通[①]

一、引言：一个现象学和实用论的观点

近几年来，在谈论儒学和基督宗教的会通与别异之时，那些来自基督宗教和新儒家的宗教家和学者们，往往集中在一些重要概念上的会通问题，例如"天"和"上帝"或"天主"，"原罪"和"性善"等等，此种做法是将两者的会通设想为两者在概念体系上的会通。然而，我个人认为，在当代现象学的启发之下，可以了解到，真理必须透过当事者实际的体验始得以彰显。换言之，必须在分析与诠释中涉及当事人的"意向性"（intentionality）及其"生活世界"（lifeworld）。此外，按照当代实用主义的看法，真理需要透过行动始能得到证验，或如史密斯（J. E. Smith）所谓的"实用主义原则"，认为信仰和实践是相互依赖的。我并非反对不同传统在重要概念上的会通，但是我认为，单只有概念上的相合性，并

----

① 选自沈清松：《返本开新论儒学》，贵阳：孔学堂书局，2017 年版，第 74—87 页。

不代表真正的会通。诚然,体验与行动若无概念,终将成为盲目的;同样的,概念若无体验与行动,亦终将成为空洞的。也因此,我们除了一些观念的解析、比较、整合之外,特别需要在生活世界的层面,来重新定位此一会通的问题。

我的意思是,特别在面对现代与后现代冲击之下的当今世界,人类的存在处境既承受现代的好处,也备受现代性的折腾,尤其是冷酷的、对事不对人的科技的发展,以及价值理想的崩毁,皆不断地侵蚀着这个后现代的生活世界。就此而言,儒学和基督宗教可以相互合作,汲取彼此在传统之中最好的资源,协助现代人类走过此一后现代冲击下所形成的虚无主义的幽谷,重建一个有意义的生活世界。换言之,经由重新恢复两大传统中的理念、价值与实践的生命力,儒家和基督宗教可以彼此支持,相互合作,促使人类能够发挥现代与后现代的长处,而减除现代性的弊端。

换言之,我觉得除了一般概念分析的进路之外,关于儒家、基督宗教会通之问题,尤其应注意到现象学和实用论的进路,尤其要将儒学和基督宗教所共同面对的生活世界与现代性处境作深入的思考。儒学和基督宗教分别是中西文化当中,两个最重要的概念、价值和实践的泉源,在今天,它们都共同面对了现代性的摧残和挑战。与其在"天、道"与"上帝","性善"与"原罪"的概念上争执不已,不如将共同的焦点集中在如何协助人类应对此一现代性的处境,并且在如此应对之中,重新汲取各自传统内部中最好的观念、价值与实践的源泉,甚至进而将这些观念在共同的实践脉络中加以厘清。

关于现代性的问题,我另有专章讨论,不拟在本节作详尽的论述,我基本上认为"现代性"是一后现代概念,针对西方近现代之所以为近现代的特性,加以批判性的反省。综合起来,西方现代性包含强调人的主体性、表象文化、理性与宰制。我在本书中特别要针对主体性与理性这两个特性来讨论。

正如韦伯所言的:所谓"现代"就是理性化,无论是社会群体,或是个人存在,皆步入理性化的历程,从思想方式、科学研究、技术发展、工业化、经济生活,乃至国家机器,都受此一理性化过程之影响。不过,首先我要指出:理性化本身有其正面的意义。许多针对现代性负面的批评者,往往忽略了理性化虽在结果上有其弊端,但是对于理性化的学习,无论对于个人或是社会,也有其正面的价值。不过,我也赞同海德格尔的讲法,整个现代性基本上是建立在一套主体哲学上面,自从文艺复兴以降,整个近代世界对于人作为认知、价值与权利的主体之侧重,是极为重要的。

换言之,主体性与理性是现代的两个最重要的精神。虽然当代哲学家如海德格尔,或哲学思潮如结构主义或解构主义,对于主体可谓极尽能事地加以攻击,主张"主体是幻觉""作者死亡"之说①。但我仍然认为,对于主体的尊重,仍然是近代最正面的价值之一,也是对于现代可以批判地继承的遗产。虽然对主体过度的侧重,会形成封闭的人文主义,甚至个人自我膨胀甚或集体主义亦为主体主义的扭曲变形等种种弊端,毕竟主体的价值仍是不可磨灭的。只不过,我主张以"形成中的主体"替代绝对化的主体。

---

① 沈清松:《结构主义之解析与评价》,见《现代哲学论衡》,台北:黎明文化公司,1985年版,第257—288页。

至于现代性的弊端,在本书中主要针对三点来加以阐述:其一,人主体的过度膨胀,形成"宰制"(domination)的现象。其二,由于客观化、非人性化过程的加深,造成一种"异化"(alienation)的现象。其三,则是理想价值的幻灭,只集中于追求眼前可见的利益和快乐,生命毫无可奉献的理想,此即"虚无主义"的形成。总而言之,现代人所面对的现代性弊端,归根究底,可以归纳为"宰制""异化"与"虚无主义"三者。也因此,我在本书中拟透过现象学和实用论的看法,扼要地加以讨论,针对于此三项现代性弊端,儒学与基督宗教可以合作与会通之处。这一论述方向,主要是希望动用两大传统中的良善资源,来形塑现代的正面精神,而去除其严重的弊端。以下这些讨论是相当概括性的,仅作为一种尝试性和建议性的思考方向,而不是作为定论。

二、开放的人文主义精神之重现

面对着现代性的第一大弊端"异化",儒家和基督宗教有必要重新发挥其开放的人文主义,来扭转人的异化处境。关于异化现象的讨论,已经汗牛充栋,本人认为,在马克思所面对的初期资本主义的发展阶段,当时的异化,主要是劳动的异化。由于劳动的商品化,人无法透过劳动来自我实现,相反,却屈服于资本主义的商品化机制,以致马克思在《一八四四年手稿》中,提到人对自然、人对自己、人对于人的类本质,人对于他人的异化处境[1]。不过,

---

[1] K. Marx, *The Economic Philosophic Manuscript of* 1844, trans. M. Milligan (New York: International Publishers, 1986), pp.112 - 114.

从慷慨外推到文明对话

在今天,劳动的异化已不再那么尖锐,由于劳工的福利措施以及工厂制度的改善,人们比较不尖锐地感受到劳动的异化。目前的异化,是表现在文化上因而有所谓"文化的异化",也就是文化本身的商品化,使得文化产生的意义非常贫瘠,无法满足人们对于生命意义的需求。文化的生产方式,也无法满足人们精神创造上的需要。相反,人们的文化创造力在消费主义的侵蚀下消磨殆尽,因而往往感到生命的无力和虚无①。

面对以上的异化情境,儒家和基督宗教应该强调它们共有的、开放的人文主义之特性,来重新振奋人的生命的创造力,借以克服劳动和文化的异化。儒家是一个开放的人文主义,如孟子所谓"尽其心者,知其性也,知其性,则知天矣"。或《中庸》所言,"由尽己之性,到尽人之性,到尽物之性,到赞天地之化育与天地参"。儒家开放的人文主义,就表现在这种由内在而超越的精神,向超越开放,"对越在天"的精神上。至于基督宗教,则是一有神论的人文主义,既强调超越界恩宠的下降,贯注于人性;也强调人性的自我提升,以至于完美,甚至如耶稣所言"你们应如天父一样完美"。就其强调人是上帝所造,承受上帝的恩宠,实现上帝的计划而言,是由超越而内在的;而就其强调人应该加强灵修,体现人性,以达至完美,甚至要像天父一样完美而言,则是由内在而达至超越的。

无论如何,作为开放的人文主义,儒家和基督宗教都同样强

---

① 沈清松:《从一八四四到一九八四——后期工业化社会的异化处境》,见《为现代文化把脉》,台中:光启出版社,1986 年版,第 79—88 页。

调：人应该发挥他/她的精神生命的潜能，来转化并掌管自己所面对的周遭世界，无论其为自然世界或是科技世界。就基督宗教而言，按照圣经的记载，上帝在创造了人，也就是男人和女人之后，就祝福了他们，并且告诉他们说："你们要生育繁殖，治理大地，管理海中的鱼、天空的飞鸟、各种在地上爬行的生物。"换言之，人应该管理这有生命的世界，做世界的主人，即使在这之前，他先应当成为自己的主人，能管控自己。当然，在今天，这个赋予生命的世界已经被毫无人性的机器所威胁，人要成为世界的主人，就必须克服电子化、工业化、机器化所造成的种种危机，而维系世界作为一个有生命的世界。换言之，作为一个沛然活跃，遍布生命，并且值得生活的世界。

就儒家而言，《易经》上也说："观乎人文，以化成天下。"换言之，人应该发挥其道德和艺术上的精神力量，来转化自己所处在的生活世界，这就是"人文化成"的意思，也是中国人对"文化"的最根本的看法。无论是对于自然世界，或是任何将会来临、任何形式的科技世界，儒家的基本态度是："正德、利用、厚生"，仍然是一种开放的人文主义的根本态度。换言之，它的要求是：人必须发挥自己的精神力量，来对自然和科技作有效的运用和转化，其目的则是在于丰富人类的生命。有这种态度，人不但可以透过劳动来转化自然，而且可以透过文化来提升精神。

以上这种开放的人文主义所启发的，人类面对自然资源和人的精神潜能的基本态度，可以形成基督宗教和儒家最基本的共识之一。不过，这不能只是在观念上的共识而已，它应该也具现化为共同的行动,例如两个传统都同样地规诫人类不应该一味地开发自然,剥削自然,而是应该将以人性化的态度对待自然,与自然共在,并且透过合乎人性的手段来加以调节与治理。人不应该成为机器的奴隶,而应该成为机器的主人。这点显示,对于使用科技的伦理管制之优先性。基督宗教和儒家的学者,以及在这两传统下所建立的种种教育的机制,都应该朝这个方向而努力,培养正确的自然观、技术观,并且重视技术和工程的伦理,尤其应该透过国际的组织和程序,来注视由科技所引起的种种伦理问题,并积极地加以解决,提振开放的人文精神。

三、人的善性发展与价值创造

面对着现代性的一大弊端,亦即价值的"虚无主义"的形成,儒家和基督宗教应可共同致力于活泼化其立基于人的善性而有的价值创造力。在此所谓价值的虚无主义,是指人类在科技主义的冲击之下,凡事采取价值中立的态度,以致生命值得奉献的价值本身受到忽视;而且,由于物欲的膨胀,使得人们只追求眼前可见的快乐,而失去长久可奉献的理想,因而生命显得贫乏、无意义,此种虚无主义可以说是在现代性彻底化之后所产生的弊端。也因此,在对现代加以质疑和否定的"后现代"思潮中,普遍弥漫着虚无主义。换言之,价值的虚无主义是现代性猖獗的后果,也是出自对于现代性的一种抗议。然而,在这过程当中,受苦的毕竟还是人自己。由于价值的漂白,生命缺乏可奉献的理想。心灵日趋空虚,以致人的生命的存在变成偶然和随意的事件。面对虚无主义所造成的生命的真空,儒家和基督宗教有必要重新发挥立基于人的本然善性而有的价值创造力,再创造出足以昂扬生命的价值理想。

不过,在过去儒家、基督宗教的互动过程当中,曾经发生过一些误会,认为儒家与基督宗教的人性论是无法相合的,主要是因为有些学者认为:儒家主张性善论,而基督宗教则主张原罪说。事实上,基督宗教的人性观,是否会因为原罪说而损及人性本有的善性,这是很值得再商榷的。基本上基督宗教所主张的人性论,仍是人性本善;此处所谓"本"善,是指在"本体"上、在"本初"上为善,乃仍含有丰富潜能之善,但并非全然实现状态的善。至于原罪说的真正意义,是在指出:人本有的善性是受限于其有限性的,而且随时可能会接受来自自我封闭的诱惑。按照《圣经》,人性的善可以从三个层面来加以分析:第一个层面,是存有学的善,指人和其他万物的存在本身,都是善的。按照《圣经》的论述,天主在创造了天、地、星宿、各种生物和人类之后,都称之"善"。《圣经》上说:"天主看了他造的一切,认为样样都很好。"这一点表示:在存有学层面上,一切的受造物原本皆是善的。

就第二个层面来分析,《圣经》上指出上帝是按照自己的肖像来造人的,显然,上帝的肖像本身当然是纯善的:"天主于是照自己的肖像造了人,就是照天主的肖像造了人,造了一男一女。"神的肖像就是人性本善的依据。就《圣经》叙述的先后顺序来看,很显然的,"神的肖像"(Imago Dei)的神学是先于"原罪"的神学的。原罪只不过是神的肖像经由人的自由意志的运作,而后选择了自

　　　从慷慨外推到文明对话

我封闭,因而断绝了原有与上帝、与万物的良好关系之状态。

按照第三层面来看,人所拥有的自由意志本身也是善的,至于自由意志是要选择自我封闭,或者选择向他人、他物或其他的位格开放,则是取决于人负责任的选择。人有可能选择自我开放,也有可能选择自我封闭。而后者才是原罪的根源,至于这个自由意志本身则仍是善的。

总之,就存有学的角度看来,基督信仰眼中的人性,是浸润着本体之善。从这原有的本体之善,可以动态地创造和发展出所有的价值,如"一""真""善""美""仁爱"和"正义",等等。

就儒家思想而言,一般而言,当代的新儒家十分坚持人性本善之说,而批判基督宗教的原罪说。不过,当代新儒家的人性本善之说,往往无法兼顾到人性在经验界的发展所遭遇到的种种限制、诱惑和幽暗的可能性。也因此,晚近有傅佩荣教授提出"人性向善",而非"人性本善",认为人性重在其所"向",也因此可以在经验世界动态地发展。综合两边的说法,我个人认为,"人性向善说"能使儒家思想在经验界当中更为融贯一致,也更能显示出人性由潜能趋实现的动态过程。但是,人性既能向善,甚至择善固执,显然,应该先验地有其善性,才可能进而向善,甚至择善而固执。然而,人性又必须在经验界当中由潜能趋于实现,逐步予以开展。就此而言,向善之说可谓贴切,然向善之说假定了在本体上或存有论上的善,这也是神学上的上帝肖像之说的立意。

简言之,我认为儒家思想所讲的人性,是"先验的"善,然此种先验的善性仅属潜能,必须在经验的世界发展,以至于实现。为此,孟子所言人原有的恻隐之心、羞恶之心、辞让之心、是非之心,仅为四端而已,必须走向实现,才能开展善性。四端之获扩充和实现,有如火之始燃、泉之始涌,最后终能成就仁、义、礼、智四德。由恻隐之心可以扩充实现为仁德,所谓"仁",就是人与人之间、人与自然之间,乃至人与天之间的内在感通。由羞恶之心扩充,则可以成就义德,所谓"义"者,宜也,是因为先有所感通,因而对人对物,生出尊重和分寸。由辞让之心而生出礼,所谓"礼",就是因着尊重和分寸,而发展出的个人和群体生活中的秩序与美感。由是非之心而生出智,所谓"智",则是对于物的知识、对己的自觉,甚至进而知人、知天。由此可见,人先验本有的善性,是可在经验世界当中发展而成就仁、义、礼、智诸项德行的。

然而,儒家所言的先验善性,一旦忽视其创造力的泉源,也有可能会趋于堕落和变质。儒家所言的善性,也有这种堕落和变质的倾向。此一危机,就如同在基督信仰当中"原罪的道理"所显示的:人受诱惑和堕落的可能性。然而,儒家所言人性的此种可能性,主要是经由道家的批判而显豁出来的。正如老子所指出的:"失道而后德,失德而后仁,失仁而后义,失义而后礼。夫礼者,忠信之薄,而乱之首也。"[①]老子上述的批判指出:如果失去了"道"作为宇宙间生生不息的创生力,以及"德",亦即内在于人和万物中的创生力,则儒家的仁、义、礼的系统会逐步走向堕落和变质,进入"失道而后德,失德而后仁,失仁而后义,失义而后礼"的过程,亦

————————

① 《道德经》第三十八章。

即一个不断堕落和变质的过程。而礼，如果失去了前面更根源性的力量和理解的支持，则会变成社会冲突和混乱的根源。老子的批判正明白地指出：儒家所言的人性，有其堕落的可能性[1]。

由以上看来，在《圣经》的传统当中，人性就本体而言是善的，但在其自由意志的抉择当中，有可能因为选择自我封闭而堕落。对儒家的思想而言，人性是先验的善，但是道家的批判正指出，此先验的善也有可能因为针对道和德的封闭或遗忘，而逐层堕落。显然，儒家和基督宗教对于人性的看法，指出人必须随时留意其堕落的可能性，因而应不断地溯源于他/她本有的善性，活泼化其创生力，在不同的时代当中创造出恒久的理想价值。就面对现代世界虚无主义的危机而言，儒家和基督宗教应可互相合作，动员其在人性论上的优良资源，成为人自觉其本有善性，创造理想价值的自身本有凭借，使生命更有值得奉献的理由。

四、以形塑美德破除宰制的弊端

面对现代化的第三大弊端："宰制"，儒家和基督宗教有必要再重新恢复其共同的德行论的伦理学，并且以美德优先于任何义务来处世为人，完成人性。现代世界的宰制性，一方面来自主体的过度膨胀，意欲以个人意志或是集体权力去宰制个人与人群，甚至宰制自然；另一方面，宰制的形式往往透过法治与统治的技术，或更多表面上道德的而实际上是法律上的约束手段来进行。

---

① 沈清松：《老子的人性论初探》，见《中国人性论》，台北：东大图书公司，1990 年版，第 3—5 页。

这两者结合的结果,就是个人或群体的主体性随着权力欲而过度膨胀并进而运用各种法律与道德规范的机制,来进行宰制。这两点都有必要透过德行论的伦理学,来加以克服与转化。主体若能发挥善性,自会发挥仁爱、勇敢、节制、正义等美德,而不至于走向宰制。然而,对于规范性的种种约束,若能真切明了德行优先于规范,自然能够了解规范的真正意义,并不在于约束和束缚,而在于促成本有善性的发展,以致形成美德。

现代世界,就政治统治上而言,倾向于一如康德所言,以"法治国家"(Rechtsstaat)的形式来进行;就个人的修身而言则强调道德义务的遵守。这些都是太过强调义务和规范,也因而在伦理教育和法治教育上,都是主张以义务为绝对优先的义务论。这种情形可以追溯到康德的义务论伦理学和法治国家的观念。康德一方面主张:道德主要在于意志自律地遵从无上命令的义务;而在政治上,康德主张形成一个依法而治的法治国家。至于德行在康德眼中,只能是对于个人欲望的否定,借以遵从义务的要求。可见,对他而言,德行只是为了义务的遂行[1]。这种情形在现代世界中愈发膨胀,可是世界各国,由于现代性的加深,各种经济、政治、社会、新型事务层出不穷,促使法律的制定愈益严密,而各国的伦理教育也都相互配合,侧重遵守义务的教育,使得一般国民已不知德行为何物。以义务为优先的结果,使得没有一个人真

---

① "唯有当行动依据义务而发生,也就是纯粹为了律则之时,始能承认有道德性或道德价值。" I. Kant, *Kritik der praktischern Vernunft* (Frankfurt am Main: Suhrkamp Verlag, 1978), p.203.

正喜爱法律或道德规范,甚至要试图逃避法律或道德规范的约束,犯了法而不被捉到,就沾沾自喜了。对于道德义务的要求,更视之为食古不化。于是,这就形成今日大众公德心与道德教育的一条死路。

从道德规范优先的角度出发,尤其从康德的义务论出发,根据康德对于自律的道德和他律的道德之区分,当代的新儒家对于基督宗教的伦理学又多了一层误解:认为基督宗教所接受的十诫,或是其他道德命令,既然是来自上帝的颁布,因而也是他律的,而不是来自自由意志的制定,也就是自律的。所以,他们认定基督宗教是一种主张他律的伦理学,而非自律的伦理学。相反,新儒家认为,儒家的伦理学则将仁、义、礼、智视为人性自我要求的无上命令,甚至可以"杀身成仁""舍生取义",因而是绝对的、无上的道德要求,完全出自意志的自律。

就以上这点而言,首先我们有必要指出:自律和他律的区分,基本上是立基在义务论优先于德行论的预设之上的。换言之,以无上命令或义务的遵循,作为道德的本质,而以德行为义务遵循之补佐。然而,我们在此要阐明,无论儒家或基督宗教都是以德行的陶成为优先的。德行是人本有善性的实现;至于义务,则是为了实现人性、形塑美德,因而有德行的要求。其次,将基督宗教的伦理学定位为他律伦理,也是对基督宗教伦理学的一种误会。因为就《圣经》的传统而言,十诫的颁布是立基于上帝和人之间的盟约,换言之,人和上帝之间的盟约关系,是优先于法律的关系的。法律的制定,是为了促成这种盟约关系的满全。而关系的满全就是美德,优先于律则的遵守。不过,在旧约当中,人和上帝的关系是混杂着敬畏和爱的。然而,到了新约的时候,这种关系则完全纯化为爱的关系,因此,《福音》中耶稣说:"你们若爱我,就遵守我的命令。"换言之,爱的关系的满全,是优先于命令的订定和遵守的。就此而言,显然,基督宗教的伦理学并不是一种他律的伦理学,而是如同儒家一样,是一种重视良好关系的满全的伦理学,一种仁爱的伦理学。

无论儒家,或是基督信仰,都是强调德行优先于义务,也因此两者都是德行论的伦理学,以美德的陶成为优先,这是这两大实践哲学传统的本质。在这两大传统当中,美德都被视为是人性本有的向善之性的发展和满全。至于规范,则只有当能够有助于陶成并达至美德之时,始成为必要的。因此,从孟子对四端的分析看来,我们也可以看出,所谓仁、义、礼、智是人本有的向善之性中四端的发展与完成。由于有了"仁"的感通,因而生出"义"的道德规范;由于有"义"的道德规范,而生出"礼"的制度和行为准则。所谓"由仁生义,由义生礼",正指出人性的实现优先于道德或法律规范的道理。而儒家所谓的"德治"优先于"法治",其目的并不在于轻视法治,而是在指出德行之优先于义务,德治之优先于法治。至于在基督宗教当中,旧约的精神是对上帝的敬畏,所谓"敬畏上主,是智慧的开端",而法令的遵守则是为了满全这种敬畏的关系。例如在《旧约·申命记》中说:"为敬畏上主,我们的天主,为使我们时时得享幸福,得保生命,就如今日样,我们在上主我们的天主面前,照他所吩咐我们的,谨慎遵行这一切诫命,就是我们的义德。"①换言之,旧约所显示的是人们眼中所见到的上帝,其图像和精神尚非十分纯净,但仍然是因着为实现敬畏上主的义德,因而遵守他的命令。至于新约,则是天主之子亲自来告诉人类天主的模样,亲自指出:"上帝就是爱。"因而人和上帝的关系,就由敬畏转变为爱。所以,耶稣说:"你们若爱我,就遵守我的命令。"很显然的,是从爱的关系的满全,引申出遵守命令的必要性。所以就基督宗教而言,更重要的是人和上帝之间关系的满全此一位格际的关系的满全,是为美德的体现,也因为美德的体现,而有义务的必要性。

可见,美德优先于规范,是儒家和基督宗教的实践哲学之共同基础。此种实践哲学的要义,不在于作为一种理论,而是在于付诸实践。在实践的过程当中,此种德行论的伦理学要求儒家和基督信仰所推动的教育过程。必须特别强调:其一,对于人原有善性的自觉;其二,以陶成有德行之人作为道德教育的主要目标。德行被视为人内在善性的实现,与良好关系的满全。从这个角度来看,人们才会喜爱伦理的生活,而不是逃避伦理的规范。

五、促进民主与减除民主之弊端

除了面对现代性的种种弊端以外,在现代性的发展过程当中,"民主化"也是个必然的趋势。民主化在一些国家当中,甚至变成最高的价值。事实上,现代性有种种的弊端,民主也有不少。

---

① 《旧约·申命记》第六章,第24—25页。

然而，民主的弊端也是可以经由更多、更深入的民主来加以改善，因而民主被证明为是比起其他政治制度有较少的恶的一种政治制度，因此为现代国家所共同追求，可以说是现代化过程当中，一个被十分肯定的正面价值。我也想借此表达我对基督宗教和儒家思想在促进民主方面的一些观念上的资源。

基本上，民主的要义可以归结为三项原则：第一，每个人都是认知、价值与权利的主体，因而尊重每一个人应有的权益，是民主的根本精神。也因为此一原则，才会尊重少数，因为少数之所以值得尊重，是因为他们也是权利和价值的主体。第二，人与人的互动须通过合理而客观的制度，必须肯定制度有其合理性和客观性。法治之所以值得肯定，也在于其合理性与客观性。由于尊重制度的客观性和合理性，因而必须服从多数。第三，制度若有缺陷，则必须修改，但制度之修改不是经由暴力，而是须经由讲理的讨论，像政党政治、议会政治，都是代表现代民主政治中的一种讨论的方式，当然也还有其他可能的讨论方式。

关于第一个原则，对于个人尊严的尊重，在基督宗教而言，主要是立基于所谓"位格"（person）的概念，以人为位格。所谓的"位格"，是以理性为本性的个体。① 理性的能力包含理智和意志。所以不只是人，连天使甚至上帝都是具有位格的。位格既是个体，又是具有普遍性的关系和能力。由基督宗教有关"神的肖像"（Imago Dei）的神学，演进为中世纪哲学对于位格的思想，奠

---

① "Persona est rationalis naturae individua substania"是博埃修斯（Boethius）提出的，见沈清松：《物理之后》，台北：牛顿出版社，1987 年版，第 142—147 页。

　　　　　　　　　　　　　从慷慨外推到文明对话

定了近代自然法学派对于个人所拥有的法权的哲学基础,也因而奠定了整个近代对于个人尊严和人权的重视。

就儒家而言,个人的尊严在于其可完美性,可以成为君子,成为圣人,甚至人人皆可以为尧舜,成为圣君。换言之,儒家重视人最高程度的可完美性,但是对于其较低限度的个体性则较为忽视。也因为缺乏对于个人只要生而为人便具有的权利和价值的尊重,儒家在过去并没有形成真正的民主思想。

不过,今天的民主政治也已产生弊端,使得"尊重个人"往往变成"自私自利"的借口。现代民主政治的弊端丛生,无论一般百姓、政府官员或民意代表,常借着人权或权益的争取,达至自私自利的目的或者在种种群众运动当中,个人反而变成盲目的群众,也毫无个人的尊严可言。作为权利、价值的主体的个人,之所以会如此的堕落,最主要的原因,在于缺乏值得生命奉献的理想,不足以昂扬其生命,贞定其生命的意义。

就此而言,儒家所讲的人的可完美性,甚至可以杀身成仁、舍生取义,为"仁""义"这些理想价值而奉献生命;至于基督宗教,则既重视人最低限度的个体性,也重视人的可完美性,因为人是上帝的肖像,耶稣说:"你们应像天父一样完美。"这种奋发向上、自我提升之精神的发挥,就足以扭转个人,不致成为自私自利,或成为盲目群众的危机。

第二个原则,关于对客观而合理的制度的尊重。在民主国家当中法律和制度之所以得以遵行,是因为其代表了社会生活的客观性和合理性,例如我们之所以遵行警察的指挥,并不是因为他人高马大、携带枪械,而是因为他在岗位上代表了社会生活的客观性和合理性。对于客观性和合理性的尊重,就是所谓的法治精神之所在。这也是一切法治国家的最终基础。

就基督宗教而言,对于客观而合理制度的尊重是立基于对人的幽暗面和堕落的可能性的辨认而加强防范的必要设置。前述的原罪说指出,人有自我封闭的可能性,因而含有堕落的可能性。基督宗教此一洞识,为西方的民主制度在起源上奠定了重要基础,使得客观而合理的制度得到肯定,除了包含有对于宇宙和社会中的法则的洞察之外,最主要的还是立基于对人性的阴暗面和可堕落性、可错误性的一种防范。此外,近代政治制度的形成,主要是以契约说为典范,而霍布斯、洛克和卢梭等人所提出的契约说,其根源是《圣经》上所言"人和上帝的盟约",并由人和上帝的盟约,转化为人与人之间的盟约。在宗教改革之时,新教主张"因信称义"之说,使得人以个体的身份单独地面对上帝在这种信仰的义谛之下,不容易证成教会和社会的存在。也因此,早在霍布斯等人之前,就有 W. Perkins、W.Ames、J. Preston 等思想家,试图撷取《圣经》上所言"盟约"(convenant)的概念,将人与上帝的盟约,转变为人与人的盟约,来作为社会发展的依据①。此一过程的细节,我另有文章处理②,兹不在此赘言。我要指出的是:基督宗教的盟约之说,奠定了契约说的典范,而后者是整个民主制

---

① 沈清松:《卢梭契约论的评析:一个奠基性迷思的转变》,见《民主理论:古典与现代》,台北:"中央研究院"中山人文科学研究所,1995 年版,第 51—72 页。
② 同上。

度成立的根本基础。

基督宗教无论在历史源起上或是教义精神上，都支持着客观而合理制度的形成。然而，在今天的现代世界当中，由于对制度的客观性和合理性的过度强调，制度变成对事不对人的、非位格性的结构，其冷漠的程度往往转变成现代人异化之感的根源。此在第一节中已有所分析。就此而言，基督宗教所讲的仁爱、义德，或是儒家所讲的仁的感通、义的规范，皆有助于此种制度性的异化弊端的改善。儒家与基督宗教所共举的"德行优先于义务"，尤其儒家所讲的"仁的感通"，能够感通于他人，感通于自然，体民忧苦，与民同乐，即使在客观而合理的制度之下，也能更合于人性与人情。基督宗教所讲的仁爱，应该也有同样的作用。换言之，基督宗教对仁爱和义德的重视，对德行优先于义务的重视，应该能够使民主制度中的客观性和合理性更为人性化，也因此使民主的运行更为润滑。

第三个原则，民主的第三要义，在于通过讨论的程序改善制度，而不是运用暴力去推翻制度。因为既然已经到了民主的阶段，就不能再运用暴力，因为民主本身就是以说服代替暴力。在现代政治当中，说服的方式有透过政党的协商、议会的辩论，以及各种公听、舆论、收集民意等等步骤。然而，由于众多利益团体之间，彼此利益冲突的结果，无论是政党政治或议会政治所提供讨论的管道，往往无法达成真正的共识，借以修改制度，反而会形成更大的冲突。在现代哲学思想当中，为处理此种冲突的情况而提出沟通行动理论的德国哲学家哈贝马斯认为，冲突的双方，无论是个人或团体,应该设定沟通的理想条件:① 所提出的命题应是可理解的;② 所提出的命题应包含真理;③ 所提出的命题应是正当的,合于道德和法律的规范;④ 提出命题的态度应是真诚的。简言之,他以可解、真理、正当、真诚为辩论的理想条件①。进一步地,在辩论的程序上,哈贝马斯提出,辩论的过程本身是一个寻找理据和共识的过程。正方提出他的正论题应该以事实和推理来为该命题提出论据;而反方提出反命题,也应该为其寻找事实和推论的支持。在如此互动、寻找论据的过程当中,由于理性的作用,便可达至一个或数个共同可接受的、更广泛或更高层次的命题,并在该命题上形成共识。因此,哈贝马斯所主张的"共识",是一种"论辩的共识"(argumentative consensus)。

然而,在现实政治当中,我们往往发现,冲突的双方愈是论辩,冲突愈大,愈是无法形成共识。所谓的"共识",往往只是策略上的妥协。由此可见,论辩的共识本身有极大的缺陷。面对这种情形,我们转而求助于儒家思想的泉源,儒家所主张的是一种"默会的共识"(tacit consensus)。换言之,儒家主张性善,由于性善而有良知之说:依据良知,每一个人对于某些政策或事务都有一个较为整全的判断。而每一个人若皆能发自良知来进行判断,彼此就会有交集之处,此一交集之处就是彼此默会的共识所在。在现代政治当中,冲突的双方往往只知论辩,然而泯灭良知,也因此无法形成共识。儒家默会的共识,就在于提醒:在公共政策的制

---

① J. Habermas. *The Theory of Communicative Action*, Vol.1, trans. Mc Carthy (Boston: Beacon Press, 1984), pp.305 – 309.

定或群体利益的决策上,应该从良知出发。当然,此一良知如若可以再经由寻找理据和论辩的形式加以发展,则将更可奠定现代民主的讨论程序的效率。

儒家有所谓的"良知",而基督宗教则主张"心"之说,认为良心是在每一个人内心当中细小的声音,呼唤着每一个人合乎道德的要求。良心并不像儒家所言,仅立基于人性;良心既是出自人性,也是出自内在于人的上帝的肖像之本然开显。但无论如何,虽然有某些神学上的差异其实际上的作用却是一样的。如果人们发挥他们的良心来针对公共政策进行判断,绝不至于有截然的对立,而会有相互交集之处,因而可以提供论辩和理据以默会的共识作为基础。

从以上看来,现代民主在三个原则上都已发生了种种弊端,这些弊端也有赖儒家思想和基督宗教共同发挥其观念和实践上的泉源,来解除弊端,作为进一步祛弊扬优的依据。

六、结语

总之,从实用主义和现象学的角度来看基督宗教和儒家思想在面对人在当代世界或现代性的处境之时,都可以汲取其本有的精神生活的共同资源,借以协助人类度一个合乎人性而有尊严的生活。如果能不断地发现和开展他们共同的精神富藏,终究可以对重建现代的生活世界有所帮助。儒家思想和基督宗教,甚至其他悠久而高明的精神传统,皆可以有助于今天的人类走过这段科技主义和虚无主义的黑暗期。他们彼此在概念上表面的差异,也可以因为面对着共同生活世界中的情境，为了吸取所需的观念与精神资源而获得厘清。在实际的行动和生命的体验当中，基督宗教和儒家思想所含有的真理，将可以相逢，一起合作，即使仍各自保存了许多差异，但这些差异只会增加彼此的丰富，而达至相互丰富之境。

（原载《哲学与文化月刊》1991 年第 12 期）

第四节　托马斯自然法与老子天道的对话与会通

本节旨在探讨老子的天道观与托马斯《神学大全》所阐释的自然法及其形上学基础。就哲学上而言，老子的"道"表示能自行开显的终极实在本身；其次表示能生的根源，如"道生一，一生二，二生三，三生万物"一语所示；再次，则表示万物变化所遵循的法则。就此而言，老子往往以"天道""天之道"表之，基本上是天地万物（当然也包括人在内）所遵循的律则。老子的重点在于万物皆遵循的律则。至于人定的法律，老子往往加以严厉批判，如说"法物滋彰，道贼多有"之类。话虽如此，黄老道家以及受道家影响的法家仍然发展出立基于自然律则的人为法理论。

托马斯的自然法，是人按照天主赋予的理性本性而行动的法律，可见，托马斯的自然法重点是人，既包含了实然（to be），也包含了应然（ought to be），两者相关而有别。就存有而言，自然法说的是"人依其本性所追求的是善"；就应然而言，自然法的原理是:"人应行善避恶"。本节首先要比较天道与自然法的终极根源,探问老子非位格的道与托马斯三位一体的天主如何化生或创造万物,由慷慨或智慧与爱产生了秩序与法律。然后,再就天道与自然法本身进行比较。最后,论及两者可会通之处,兼及于道教相关概念。

一、引言

不同哲学体系的比较与会通,是不同文明之间交谈的必要工作。在此过程中,不但可以对自身进行更深切的反省,达至更为深切的自觉,对自己的思想与文化进行必要的改善,而且更能借着学习对方,截长补短,达到相互丰富的效果。基督宗教不但是西方思想与文化的基本构成成分之一,而且是一普世性的宗教。然而,就基督宗教与中国文化的交谈来说,过去自利玛窦来华,在与儒家的交谈方面做了不少工作,然与道家哲学和道教的比较与会通,做得比较少。本节的重点在探讨老子的天道观与托马斯《神学大全》所阐释的自然法,及其形上学基础。无论是老子的天道或托马斯的自然法,都是人必须照着生活的规范。就老子而言,人必须合乎天道而生活,培养内在之德,或按庄子言"依乎天理,因乎自然"。对于托马斯,自然法是人按其理性天性、人人共有共遵、不可从人心消灭的法,即使德行的行动也隶属于自然法。

托马斯在《神学大全》中区分永恒法、自然法与人定法,前辈哲学家吴经熊曾以《中庸》所言"天命之谓性"比诸永恒法,以"率性之谓道"比诸自然法,以"修道之谓教"比诸人定法或实证法,其重点是在比较并会通儒家与托马斯的自然法思想①。托马斯的思想一直被天主教奉为圭臬,若能取与儒家以外的其他中国文化面向,例如道家哲学或道教思想,相互比较会通,应也是颇有意义之事。

无论是老子的天道或托马斯的自然法,都是人必须照着来生活的规范。对于老子而言,人必须合乎天道而生活,培养上德、常德,或如庄子所言"依乎天理,因乎自然"。对于托马斯而言,自然法是人按其理性天性、人人共有共遵、不可从人心消灭的法,即使德行的行动也隶属于自然法。本节首先要比较天道与自然法两者的终极根源,也就是老子的道与托马斯的天主,以及道之生发万物与天主的创造万物,因而有了秩序与法律。然后,再就天道与自然法本身进行比较。最后并论及两者可会通之处,兼及道教相关概念如"承负论"。本节特别关心的论题是:在老子与托马斯思想中,道化生万物的慷慨,以及天主创造万物的爱和无私的赠礼(gift),如何会转成具有规范性的秩序与约束性的法律?

二、天道或自然法的终极根源:道 vs.天主

就存有学基础的必要性而言,要了解老子的"天道"或托马斯的"自然法",先需厘清两者的终极根源。老子提出"道"为一非实

---

① 托马斯所谓永恒法,是指天主掌管无论已经存在或可能存在的万物之理,或可以说就是天主的思想。至于《中庸》所言的天命,则是由天赋予人的任命,也因此其所谓性,只指人性。就此而言,是否天命之性就是永恒法,仍有商榷的余地。

体性终极实在，这在中国古代哲学与宗教思想史上是一件大事。先前殷、周时期信奉上帝与天，视为终极实在。殷人崇拜与其祖先关系密切的"帝"或"上帝"，祭祀上帝并透过占卜向上帝请示。殷商卜辞中有谓"帝若""帝不若""王占曰：吉，帝若"等，证明殷人向上帝祈祷、占卜并得到上帝的响应——允诺或不允诺。周武革命之后，政权转入周代，周初"上帝"与"天"虽仍混用，然周人很快觉察到不能继续在祭祀、占卜中祷于殷人的上帝，为了避免与殷人祖灵牵扯，乃由"上帝"转向意义较为普遍的"天"。然而，无论"上帝"或"天"都是位格性的神明，仍属多神脉络中的至上神，其下还有日月山川诸神，甚至祖先神灵、灶神等。

老子把位格的神视为由"道"衍出，因此提出"道"以替代上帝与天作为终极实在，不再以终极实在为答应人们要求、关心或赋予人们存在的位格神。"道"一词的哲学性意涵有三：

（1）就存有学言，"道"指生生不息的存在活动本身。在道家思想中"道"不是"存有者的存有"，而是一终极实在。"道"不只是人所走的道路或万物遵循的变化规律，也不只是能生发万物的根源，而是这一切的存有学基础，是生生不息的存在活动本身。位格神只是其开显于有界的神明。如此保持了终极实在既能开显又无穷尽的奥蕴。道是终极的存在活动本身，不可道，不可名，是人只能在复命之后体会的浑全之道。

（2）就宇宙生发论而言，道是能生的根源，是生成天地万物的根源力量，例如老子所谓"道生一，一生二，二生三，三生万物"（第四十二章）。此处所谓"生"并无基督宗教神学"从无造有"

(creatio ex nihilo)的"创造"之意,而属"开显"(manifestation)或"化生"(giving birth)之意。由道而开显或化生为天地万物,是由存有学过渡到宇宙论,由存有学的道生发出宇宙论的天地万物。

(3) 就自然规则而言,道是天地变化的规律,例如对立元的构成以及动态的变化,像是有无、动静、阴阳、刚柔等的往复和律动式替换,是宇宙万物变化的规律。老子所谓"天道""天之道"或《易经》与《黄老帛书》所谓"天地之道",类似今日所谓"自然律"。例如老子言"见天道"(第四十七章)、"天道无亲"(第七十九章)、"天之道,其犹张弓欤"(第七十七章)都属于"道"在宇宙论层面的意义,不过,老子所谓自然,强调的是无所造作、自其本然。我们有必要先在存有学上,对于道作为非位格的终极实在略加探讨。

按《老子》王弼本第二十五章所言:

> 有物混成,先天地生,寂兮寥兮,独立而不改,周行而不殆,可以为天下母,吾不知其名,强字之曰道,强为之名曰大,大曰逝,逝曰远,远曰反。[①]

文中"有物混成"一语,郭店竹简作"有状混成",较佳,因为道既然使万物成其为物,道本身应不是一物,至多只能说是"有状",不能说是"有物"。且既属混成,应为所谓"无状之状"(王弼本第

[①] 郭店竹简读为:"有状混成,先天地生。敓穆,独立不交,可以为天下母。未知其名字之曰道,吾强为之名曰大。大曰逝,逝曰远,远曰反。"竹简《老子》甲本,见荆门市博物馆编:《郭店楚墓竹简》,第112页。

十四章）。这话表明道是先于天地、未分化之前的整全之状,就此言,道虽是生生不息的存在活动,并非实体。老子对于道的思考,属于非实体性的形上思想;道是一非实体性、非位格性的终极实在,与托马斯的天主是位格性的第一实体不同。也没有文本明言道是一关系性存在,虽然道与万物的内在关系是老子的基本主张。道,寂静无声,不可听闻,寥廓无形,无法视见,不依赖他物而能自存,而且道大无所界限。① "可以为天下母"一语,应指道可以成为产生天地万物的根源。这混成之状,无以名之,只好勉强称之为"道",并勉为其难名之曰"大",表示人对于道所给予的名称,都不是"实指之名",而仅只是"虚拟之名"。之后提及的性质,诸如"大""逝""远""反"等,也都不是描述的性质,而是强调的性质。既然这些是在"可以为天下母"之后陈述的,可以说是针对道已经开显为种种可能性,以及气所弥漫的空间,其运作浩无边,且不断动态扩充、逝离,而且越离越远,越远越返回。这些说法应指道的开显是一不断循环扩大的历程,由道出发,不断进行扩散,再返回于道本身,呈循环往复、逝而后返之状。

老子认为,道会冲虚而用,透过开显历程,生发天地、神明与万物。他说,"道,冲而用之,或不盈。渊兮似万物之宗。……似或存。吾不知谁之子,象帝之先"。道的存在是在"帝"或"上

---

① 王弼本在"独立"之后作"不改",指恒存而不变迁(unchangeable)之意,然而郭店竹简则作"不亥",按"亥"假借为"垓",指"界限"之意。表示道大无所界限,似较为合理。因为若说道不变迁,十分勉强,因为道虽恒存,却也是一切变化的动力根源,可以说,道是"万变之源"。王弼本和傅奕本作"独立而不改",较难解决道的永恒性与变易性之间的对立问题。然而,竹简本与帛书乙本(帛书甲本于此处缺字)作"独立不垓",则较无此一难题。

帝之先"。相对于《中庸》所言"天命之谓性",老子认为"夫莫之命而常自然"[①],老子将"天"或"天地"视为总括全体万物的场域或整体宇宙,后者所尊奉的自然法则,则称为"天道"或"天之道"。"天""天地""天道""天之道"等皆为道所开显的结果,唯道为终极实在。至于人,则与天地中其他一切万物,同为道所开显生成,并且终须复归于道。

总之,老子首先在存有学上,提出以道为生生不息能自行开显的非实体性终极实在;其次,该终极实在不断自行开显,于是成为能生的根源,由本体论往宇宙论过渡,化生万物;再次,由于道在万物之中,成为万物变化的规律,或称为自然律则,或"天道""天之道",因而成立了宇宙论,并在这样的脉络中予人生以定位。从以上的思想脉络来看,老子的天道观是其整体形上思想的一部分,是道在宇宙或自然中的开显,并借此定位人生。

比较起来,托马斯所论的天主是有位格的至上神,是至高善(Summum Bonum),是万物的第一根源与终极目的。老子虽也以道为万物的根源与终极目的,不过,比较起来,道是一无位格的终极实在,而托马斯的天主则是位格性的终极实在,是最完美的精神性存有,是整个宇宙的创造者,人类及一切万物皆来自它的创造。类似于老子所谓"道可道而非常道",天主也不是一切人为论述所能解释和言喻。换言之,托马斯的天主论,需经否定神学的批判反省。宇宙与人间所有的美善,天主都有,但其所有的美

---

① 在此,郭店竹简《老子》读为:"民莫之命,天自均安。"见郭店竹简,第112页。

善,都不是有限的人间和宇宙的美善,而是最为卓越、无限的至高美善。老子的"道可道,非常道"虽也是某种意义的否定神学,但他强调对于道的勉强命名,也因此并不就道的卓越美善方面多所着墨。

托马斯说天主是一切万物的创造者和完美实现的目的,然他并不把天主与存有(Esse,Being)相等同①。托马斯区别"存有"与"天主",认为存有(Ese)是存有者的存在活动,而存有者则是一切存在活动的主体;至于天主则是独立自存的存在活动本身(Ipsum Esse Subsistens)②。存有并不是独立自存的实体,而天主是独立自存的存在活动。在天主的全能与全知之中有无可穷尽、无可言喻的理想性与可能性,托马斯称之为"可理解相",它们都可能存在,但大多尚未实现,难以言喻,只能称之为"无"。若无"无"充盈于存有者领域中,存有不可能再有进一步的实现。由于神的智慧与大能不可言喻的丰富性,使我们不能把天主和存有等同,因为天主既是存在活动同时也超越存有、超越存在活动。也因此,天主超越了有、无的区分,而且天主是从无中创造(creatio ex nihilo)了万物。

天主是全知、全能、全善的位格的存在,所谓"位格"(person),按照托马斯接受的包爱秋(Boethius,475—524)的定义,是"以理性为本性的个别实体"(a person is an individual substance of a

---

① 有些士林哲学家,像吉尔松(E. Gilson)、马利丹(J. Maritain)等人,倾向于把"神"与"存有"相互等同,而且认为其神学依据是在于托马斯。对此本人不表同意,因为托马斯明白区分"神"与"存有"。

② See St. Thomas, *Summa Theologiae*, I, 29, 2; *Summa Contra Gentiles*, 1. 25.

rational nature）。对于托马斯而言，"位格指称一切本性中最完美者，也就是以理性为本性的独立自存的个体。既然一切最完美应该归于天主，既然他的本质包含一切完美，位格一名也最适合应用于天主。不过不适用于受造物那样，而是以最为卓越的方式适用"①。天主是圣父、圣子、圣神三位一体。圣父是元神（Godhead），是不可言说之根源，一切存在的开端。天主是智慧，也是爱。圣子是天主的理智或思想或知识或智能，圣神则是天主的意志、爱或不求回报的赠与②。天主的理智发出圣言，天主的意志发出爱。或说，圣父透过圣子来及其受造物，圣父与圣子相爱并爱宇宙万物与人，是透过圣神或发出爱③。

就此言，托马斯不是一般的实体论者。因为对他来说，天主既是独立自存的第一实体，也是终极的关系性存在。而且，托马斯从全面自我返回或圆满自觉的观点，来定义天主的独立自存。独立自存是"能以己力返回其本质"，也就是能全面自觉。托马斯是以全面自觉来说独立自存的天主④。从现代哲学角度看，"能

① St. Thomas，*Summa Theologiae*，Prima Pars，Question 29，article 3.
② 我认为在 *Summa Theologiae*，Prima Pars，Question 38 讨论圣神之为赠与（gif）是关于赠礼及慷慨最高超、最深刻、最美的文字，远胜晚近法国哲学家如德里达、列维纳斯等人的讨论。
③ See St. Thomas，*Summa Theologiae*，Prima Pars，Question 34，article 3.
④ 托马斯说："上帝能以自身之力全面自我返回。正如一个形式在透过给予存有之时也完美了质料，可谓倾注自身于质料之上，然而当形式有其自身存有之时，则能返回自身。也因此，那些并非独立自存，而只是某种官能的实现行动的认识能力，并不真正认识自己自身，这在个别感官能力而言正是如此。然而，那些自身独立自存的认识能力，则能认知自身。这就是为什么《论原因》（*Liber de Causis*）中会说：那认识自己的本质者，能返回自己的本质。正因为独立自存正属于上帝，也因此，以此方式来说，上帝真的是能以返回其自身的本质而认识自己。" Ibid.，Article 2，Reply to Objection 1. 本人中译。

以己力自我返回"，表示是个有意识、能自我反省，也在反省中自我返回，也因而于己有其透明性的精神性存在。人在某种程度拥有此一能力，也可以说是在此意义上为一主体。就此言，托马斯可说是近代哲学主体思想的先驱，而在某种意义下，近代哲学所向往的只是将上帝的全面自觉由人的主体性所占有。其实，若说上帝能以己力全面返回自己，是一全面自觉的精神存在，人至多只能局部以己力返回自己。

三、道家论万物的化生：从原初慷慨化成万物的秩序与法

道化生万物并驻存其中，成为万物的变化法则。道之化生万物，可说是出自其无穷的慷慨。道先开显为无限丰富而奥妙的可能性，称为"无"；其中一部分可能性实现为"有"。至于所谓"一"是有之始，再透过不断分殊化和复杂化的历程，开显为林林总总的万物。道既是非位格的，也因此其所谓慷慨，并不是道德性的慷慨之德，而只表示道之化生万物，是出自道本身不自封限于己，而能自我走出，走向万物的外推行动。此一想法可佐证于《恒先》一文[①]：

> 恒先无有，朴、静、虚……自厌不自忍，或作。有或，焉有气。有气，焉有有。有有，焉有始。有始，焉有往者。

在此，所谓"恒"是"道"的另一名，这一文献说的是：道虽先

---

① 《恒先》一文大约在老子之后，孟子之前，该文用"恒"一词代表"道"概念。

于无和有,但在"朴、静、虚"之中,已有向于"作"之动态倾向;而且,"道"自厌不自忍。由于不满意于封限于自己之内,于是起而生发空间,并在空间之中生发了气,有了气之后进而有了个别的存有物及其生灭变化,等等。这一不满意于自我封限,使道或恒展开了化生万物的慷慨外推。

道产生万物的过程,是一因着慷慨无私而生发的过程,由无而有,由一而二而三而万物,是一越来越丰富、越来越分殊、越来越复杂的过程。而且道在产生万物之时,亦慷慨地将自己给予各物,成为其中之德。道之生物是动而愈出的无穷慷慨。郭店竹简《老子》"天地之间,其犹橐钥与? 虚而不屈,动而愈出"。其中[1],"动而愈出"一语显示了道在天地生发万物的慷慨[2]。天地是万物出现的场域,且其中含有动态的虚空,万物可从其中不断出现,可理解为道本身在天地中生物无尽的慷慨。

若说儒家《中庸》主张"天命之谓性",在老子则可以说道生之谓德,德为人与万物所皆具,乃人与万物皆平等本具之动能,也因此此一概念并不独特地凸显人类的主体性。此一想法假定了思想者本身的慷慨,不以人为中心、为主体;也不假定有一创造万物的主宰,因为道由其慷慨外推的存在活动,本然地就会分殊化、复杂化,成为万物,并内在于万物之中,为其动能,丝毫没有由外

---

① 竹简《老子》甲本,见荆门市博物馆编:《郭店楚墓竹简》,第112页。
② 与王弼本、帛书甲乙本、傅奕本等相比较,竹简本此段文字,在前,少了"天地不仁,以万物为刍狗,圣人不仁,以百姓为刍狗",这段话是以天地与圣人对应,并涉及批评儒家之仁在后,则少了对人之多言有所劝诫的"多言数穷,不如守中"一句。前、后两段文字的缺失,使得仅有的文本成为完全的宇宙论述,表述天地之间虚空而动态,万物从中不断涌现。

在某一主体强加或宰制的必要。道无私的畜长、亭毒、覆养万物。"道生之，德畜之，物形之，势成之。是以万物莫不尊道而贵德。道之尊，德之贵也，夫莫之命而常自然。故道生之，德畜之，长之育之，亭之毒之，养之覆之。"（王弼本第五十一章）

由此可见，道是一慷慨自我走出的动力，经由化生历程产生万物与人并借由复归的历程使万物与人也不断自我走出，体现慷慨，返回于道。人唯有顺随此一历程，始得有真正成就可言，亦即以道为本，发展其德，复归于道，成就所谓"玄德""常德""上德"或"孔德"。比如说"孔德之容，唯道是从"（第二十一章）；"上德不德，是以有德……上德无为，而无以为"（第三十八章）；"常德不离，复归于婴儿。……常德乃足，复归于朴"（第二十八章）；"常知稽式，是谓玄德。玄德深矣远矣，与物反矣，然后乃至大顺"（第六十五章）；"生而不有，为而不恃，长而不宰，是谓玄德"（第五十一章）。由这些文本看来，德的实现就在于去除自我中心，去除主体执着，使德本身的展开谦冲成为道的过站。《道德经》中不但启发人应效法道的慷慨，而且还应培养谦冲之德。由于效法道的慷慨，也因此人也可以对他人、他物慷慨，并以慷慨的赠与作为丰富生命的存在方式："既以为人己愈有，既以与人己愈多。天之道，利而不害。圣人之道，为而不争。"（第八十一章）

在此，我们要问：从道的原初慷慨，如何会转出自然法则，甚至人定法呢？原先，老子所言"法"只有"效法"或"范式"之意，并无"法律"之意。例如第二十五章所言"人法地，地法天，天法道，道法自然"，说的是人以大地的自然环境为所效法的范式，大地以宇宙为范,宇宙以道为范,而道的范式,则是自然而然、自其本然。不过,在郭店老子丙简所附《太一生水》文中,进一步提出"返辅"或"相辅"的概念,带出了互动的相互性,在相互性中形成秩序并以秩序作为生发宇宙的归处。这大概可以视为由慷慨而生出秩序此一思路的发展。《太一生水》说:

> 太一生水,水反辅太一,是以成天。天反辅太一,是以成地。天地复相辅也,是以成神明。神明复相辅也,是以成阴阳。阴阳复相辅也,是以成四时。四时复相辅也,是以成沧热。沧热复相辅也,是以成湿燥。湿燥复相辅也,成岁而止。[①]

在此,"太一"代替了"道"之名。太一之首生,不同于《管子》道家四篇与《黄老帛书》中所说的"气",也不是后来区分湿、燥之水,而是某种有利于生发万物的基本介质。道家尚水,因为"上善若水,水善利万物而不争",是种有利于万物成长发展的基质。在此,"水"是一隐喻性说法,表现太一所最先生发的,是形成万物、有利万物成长发展的基质。太一化生万物,召唤与万物的互动,名之为"返辅"或"相辅"。也因此,"水反辅太一",是所生者对于能生者的一种响应,并在回应以后化生成天。天这一次生者,又回应能生者,才化生成地。这一前一后化生的天地,又"天地复相辅也,是以成神明",可见神明显然是多位的。多位神明复相辅,"是以成阴

---

① 荆门市博物馆:《郭店楚墓竹简》,北京:文物出版社,1998 年版,第 125 页。仅录其释文。

阳"。阴阳是并列的,且以并列的身份相辅,属并列者的互动。其后成湿燥,而"湿燥复相辅"。至于"四时复相辅",春夏秋冬是按照顺序,依序而动,循环不已。以上这些都是互动的各种形态①。

就如同托马斯,道家也重视宇宙的秩序化,自神明相辅,经由互动而产生秩序,乃至阴阳、四时、沧热、湿燥,以致"成岁而止"。也就是说,整个宇宙生发的过程,一直到产生抽象的对立状态的结构与动态秩序,与具体的四季与年岁的秩序,才不再继续此一历程,而任秩序自行运作。

从《太一生水》所论的"秩序",到了《黄老帛书》,就转变成为对"法"的重视。《黄老帛书·经法》开宗明义说:"道生法。法者,引得失以绳,而明曲直者也。故执道者,生法而弗敢犯也。法立而弗敢废也。故能自引以绳,然后见知天下而不惑矣。"②此文很明确地指出"道生法",并指出法是判断得失曲直之标准,法的不可或缺,不可侵犯,以及法使认知具有客观性和确定性。

在《黄老帛书》中,"法"一词具有两层意义:其一是广义的法,泛指一切存在及事件的衡量标准,也就是今日所谓"自然律则"。其二是狭义的法,指治世的法律,政治统治使用的法度,也就是"人定法"。

---

① 虽然说"神明"一词在文本脉络中不易精确界定,不过,大体来说应十分接近古希腊哲学里所谓的"睿智(nous)",甚或后来亚里士多德学者所讲"世界魂"。不过,在中国传统中,是把神明当成自然哲学的一部分。而且,既然说"神明相辅",显然是多元的。并且对道家而言,神明是由道所衍生,而且是在天地之后生发。这点颇似老子说的"吾不知谁之子,象帝之先"之意。
② 陈鼓应注译:《黄帝四经今注今译》,台北:商务印书馆,1995年版,第48页。本人认为,由于并无足够证据指认这些黄老帛书便是《汉书·艺文志》所提及的《黄帝四经》,也因此我仍保留地称之为《黄老帛书》。

首先，"法"指万物的法则，这些法则是顺道而生的，所谓"道生法"，便是指依循着道本身的要求，而开显出自然法则来。顺乎道，则谓"理"，逆乎道，则谓"失理"。理既是道在宇宙万物中表现的规则，而宇宙万物是由对立状态构成，则理亦即顺着对立状态之结构与变化的法则。《经法·四度》曰："极而反，盛而衰，天地之道也，人之李（理）也。逆顺同道而异理，审知逆顺，是胃（谓）道纪。"①

不过，在《黄老帛书》里，万物变化的法则的设定，是为了安立社会的法则，也就是说重点在于成立"人定法"，这是"法"的第二义。是故，《经法·道法》曰："天地有恒常，万民有恒事，贵贱有恒立（位），畜臣有恒道，使民有恒度。天地之恒常，四时、晦明、生杀、轷（柔）刚。万民之恒事，男农，女工。贵之恒位，贤不育（肖）不相放（妨）。畜臣之恒道，任能母过其所长。使民之恒度，去私而立公。"②无论天地的法则，百姓的职业，阶级的贵贱，管理属下的方法，运用百姓的法度等等，皆有其恒常性，亦即皆显示法的特性，其中除了天地的法则以外，其他四种皆是属于社会的法则。可见《黄老帛书》更将法则的重点放置在政治、社会层面的人定法，而天地的法则只是为了显示社会法则有其宇宙论基础罢了。由此可见，法的第二义，也就是统治者颁布的人定法，最后是总摄于统治者的治理。

总之，从《黄老帛书》所论"道生法"，可以分析出以下几点：① 以气的分化来说明道经由分殊化、复杂化历程而化成万物，并

---

① 陈鼓应注译：《黄帝四经今注今译》，台北：商务印书馆，1995 年版，第 163 页。
② 同上书，第 48 页。

内在万物之中,成为万物所遵循的法则,于是有第一义的法——天地的法则。② 在天地万物之中,《黄老帛书》以人的社会为主要关切点,并认为人的社会有其法则;社会的法则以天地的法则为基础,并由天地法则衍生,是为第二义的法。③ 在人的社会中,《黄老帛书》以统治者及其作为主要关切点,并认为统治者根据社会法则可以衍生并颁布统治的规范。

四、托马斯论万物的创造:从智慧和爱到万物的秩序与法

从前面对于托马斯天主三位一体来论述"创造",是由圣父生发圣子(理智、智慧与思想),圣父与圣子共发圣神(意志、爱与赠与),于是可以说,天主是在思想与爱中创造了天地。天主以智慧和爱创造宇宙万物。天主乃一既是实体又是关系的终极实在,以其思想和爱,以无私的赠与,创造了万物。位格的天主是完美理性的精神体,对于托马斯而言,理性包含了意志。理智的作用在于思想、智慧和理的秩序,而意志的作用则在于慷慨赠与并指向善的完成。

托马斯强调理性,此乃宇宙秩序的来源。然而,托马斯又不是一个枯燥的理性主义者,他也强调爱和不求回报的赠与。正如老子将万物的化生视为出自道的慷慨,在此也可以将天主创造世界视为是出自原初的慷慨,天主也是出于慷慨,或托马斯所言的智慧、爱和不求回报的赠与。由于天主的智慧中含藏无穷的理,天主在创造万物之时,也赋予万物以秩序。然而,由于所有现实秩序皆不能穷尽天主的智慧和理,也因此所有已经实现的秩序都

倾向于自我超越,迈向更高的秩序。同样地,所有已实现的爱和赠礼,都不能穷尽上帝无穷的爱和慷慨。天主的智慧和爱是宇宙万物,包含人在内不断自我超越的动力根源。天主领万物不断自我走出,走向更高更美的存在秩序,直到有理性、有意志的人类出现,更在精神上不断自我超越。人本应不断自我走出,然而人也会选择自我封闭,甚至不在乎与终极他者或多元他者的关系,自我封闭在自私自利的我之中,这或许就是原罪的意义。基督降生救世,正是此一无条件慷慨的行动,甚至为多元他者牺牲性命,为人类立下万古长存的典范,将人从自我封闭的主体陷阱中救赎而出。万物也应效法天主,不断自我走出,终究返回无限美好的存在。

爱和无私的赠与体现了天主的原初慷慨。然而,创造也是一个不断形成秩序的过程。对于此一秩序,托马斯仅从目的论的角度来讨论,并没有像老子那样提出结构性与动态性的自然律则。在《神学大全》中,托马斯并没有提供自然哲学以应有之地位。托马斯在讨论了天主、创造、天使之后,便进入了对人的讨论,并未留下空间来讨论自然的律则。他的自然哲学,必须在他对亚里士多德的《物理学》所作的评注中去讨论①。由于篇幅所限,在此不论。

从《神学大全》的结构上来说,托马斯对于"法"的讨论,是放在人论之中,特别是在论人的终的、人的情、人的德、人的恶习与

---

① See Cf. St. Thomas Aquinas, *Commentary on Aristotle's Physics*, Translation and Introduction by John Rowan, Notre Dame (Indiana: Dumb OX Books, 1999).

罪之后、思之前。由此可见,托马斯虽然将法主要区分为永恒法、自然法、人定法(此外还有神启法和肉欲法),基本上他所持的是一种人文主义的法学观,其主要关心的是人,尤其关心人如何趋善避恶,成为有德之人。不同于道家思想认为道生万物,且人于万物之中,成为万物之德,使万物各展其德,以返归于道,托马斯认为天主造万物与人,并成为"推动人向善的外在根本"①,以法律调导人以恩宠助佑人,推动人返回天主。

在此脉络下,托马斯将法律定义为:"法律无非是由群体的照管者为了公共善所颁布的理性之命令。"(第 7 页)此一定义重点有三,我们也借以随机与老子比较:

(1)群体的照管者。若以天地万物为总群体,则其总照管者为天主;若在人间,则为某一社会或政治团体的统治者。就此而言,托马斯类似黄老道家,将法律的颁布综摄于统治者的治理,在道教另有位格、行赏的上天,则亦类似天地群体的照管者。

(2)公共善。在宇宙是指全体宇宙万物的公共善,在人间是指某一社会或政治群体的公共善。比较起来,虽然老子说"上善若水,水善利万物而不争",但老子并没有明确的"公共善"的概念,对于老子,每一物因其自然,各有其善,至于道则"善贷且成"。

(3)颁布理性命令。法律为理性命令之产物,对所有现实与可能的宇宙万物,法是来自圣子理性思想中的理,也就是天主的

---

① 托马斯·阿奎那:《神学大全》第六册,台南:碧岳学社/高雄:中华道明会联合出版,2008 年版,第 1 页。为求简便起见,以下凡引自《神学大全》第六册之文字皆直接于其后注明页数,不另作注。

永恒法,至于其在人理性中的分享,则为自然法。人定法则是来自立法者针对该社会群体的公共善所作的理性思考。就此而言,老子并没有明确的观念。他甚至认为:"法物滋彰盗贼多有。"①反对过度颁布太多法律。

针对天主造物的原初慷慨如何转生出秩序与法的问题,或许可以在上述的论述中找到答案。其一,天主本身就是理性的,天主思想中的理会体现为秩序,换言之,理性倾向于秩序而非混沌。其二,天主创造品类分殊的万物,要照管其公共善,避免相互冲突,所以要有秩序,甚至法律。其三,天主的理性和爱会带领人超越任何既有秩序和赠礼,朝向更高的秩序和爱。对于托马斯而言,法律是有关行动的规定,而非有关存在的规定。永恒的法是"天主的上智之理"(第29页)"天主的统治之理"(第31页),是天主的思想本身。托马斯用三种模型来理解永恒法。第一,技术模型:天主与万物的关系,就是技术者施予技术作品的关系。第二,管理模型:天主管理每一受造物的行动和动态。第三,推动者模型:天主用以推动万物达到各自目的的上智之理。永恒法无非就是天主指导万物之行动和动态的上智之理(第26页)。

五、老子思想中的自然律则

道既开显,化生为万物,于是成立宇宙论层面的天道,于是可讨论老子的自然观。"自然"一词在老子可有两层极为相关的意

---

① 王弼本第五十七章,作"法令"。景福本、河上公本作"法物",应指颁布法律的用物,如石、石板、铁块等。

义：首先，"自然"指的是万物的原初或本来样态，也就是万物的本然，或说自然而然。其次，亦可把"天地万物"视为所谓的"自然界"。合而言之，老子的自然观是指任天地万物整体与各自还其本然状态，自然而然，自其本然。这样的自然观，不像西方近代科技思想把自然视为科学所发现的自然律所解释与预测的全体现象，和技术所组合与转换的全体资源。就老子而言，自然是道在万物中发显的本然与自发的律动。道在万物之中成为各物之德，所谓自其本然，亦即按每一物本有之德自发地展开并发展。

由于老子往往以天道喻人事，天道也就是人道的依据，只不过人与万物须一体遵循。换言之，天道也就是人与万物依其本性所应遵循的法。在托马斯言，人依其本性应遵循之法，是自然法。对此，其他没有理性的万物，由于没有理性，虽遵循永恒法，但不称之为自然法。

关于道在万物中如何运动，也就是有关自然法则的探讨，可以"反者，道之动。弱者，道之用"①（王弼本第四十章）一语概括。其中，"反"字既有"反"之意，也有"返回"之意。就其为"相反"而言，是说道的运作是透过有无、阴阳、动静、轻重、美恶、长短、前后等对立元（opposites）来运作。这可分结构与动态两种相关的法则来说。然而，就其为返回之意而言，则是说万物之运动与变化的最终目的是朝向道本身返回。如此一来，我们可以分析出三种密切相关的自然法则：

---

① 在《老子》帛书谓："反也者，道之动也。弱者，道之用也。"或在竹简《老子》则谓"返也者，道僮（动）也。溺（弱）也者，道之甬（用）也"。

第一,结构性的自然法则。由于道是透过有、无两环节,并以分殊化方式生成万物,因而愈分殊愈相反,以至宇宙万物在结构上,皆是由一些对立元结构而成的。例如,美、恶;善、不善;有、无;难、易;长、短;高、下;音、声;前、后(第二章);动、静(第十五章);轻、重;静、躁(第二十六章);阴、阳(第四十二章);祸、福;正、奇(第五十八章);等等。不过,这些对立元彼此皆在差异中有互补、对立中有统一,"万物负阴而抱阳,冲气以为和"(第四十二章)。由此可见,对立元彼此有差异性和互补性,凡看待万物,皆必须兼顾其对立面,正如一个铜板,见其一面,一定还有另外一面。

第二,动态性的自然法则。在变化过程中,当某一状态发展至穷尽,便会朝向其对立面转移,以至出现"祸兮福之所倚,福兮祸之所伏,……正复为奇,善复为妖"(王弼本第五十八章)、"有无相生,难易相成,长短相较,高下相倾,音声相和"(王弼本第二章)、"曲则全,枉则直,洼则盈,敝则新,少则得,多则惑"(王弼本第二十二章)、"重为轻根,静为躁君"(王弼本第二十六章)等种种情况。

第三,目的性的自然法则。万物之运动与变化的最终目的是朝向道本身返回,万物越是变化至极,越将终返于道。郭店竹简《老子》这段文字作"返也者,道僮(动)也",将"反"的歧义性及其丰富性简单化,单纯就其"返回"义而言,表示万物皆朝向道返回而动,这是道在万物之中运作的动力与效果。因为道既以分殊化的程序产生万物,又内在其中运作,带领万物返回自身。在竹简《老子》以外,其余各版本皆有"道生一,一生二,二生三,三生万物"一段文字,明确交代由道生出万物,也就是由道论至宇宙论的步骤可以明白见出存在根源即是变化目的的思想。

关于"弱者道之用",说的是人面对自然律则的基本态度和精神修养使道及其律则得以发用,而后不再增加另一律则。老子所谓强弱是按照主体性的凸显与否而定的。"强"是指主体的强烈凸显;"弱"则是指不强调主体的意志,自然而动,顺应物势。换言之,"弱者道之用"说的是万物在柔弱而不凸显自己是存在主体之时,才能使所对之物中含藏的道揭露出来,显露该物的本性,使物各付物,如其所如,这是道在万物中的运作方式。就人而言,人面对自然律则的态度,必须以被动的方式遵循天道,按照天道的要求而作为,不坚持个人意志,不强调宰制的欲望,总之,不强调人的主体性,使自己成为道的过站,并随道流转,也就是随着道的自发韵律而发展。人由于把握到以上这些自然律则,在行为上便有"道术"可循。老子重视的是依循自然法则,运用道术,而不强调人定法。对于人定法,老子往往加以严厉批判,如说"法物滋彰,道贼多有"之类。话虽如此,其后的黄老道家仍然发展出立基于自然律则的人定法理论①。

关于人定法,黄老道家主张"道生法",并且由自然律则衍生人定法。不过,人定的法律或实证法,最后仍然统摄于统治者的治理,称之为"法度"。《经法·君正》所谓:"法度者,正(政)之至

---

① 道术的基本原理在于:① 若欲保存某种性质的事态,应先从容纳其对立面开始。② 若欲达到某种性质的状态,应从与此一性质相对立的状态开始着手,如"将欲歙之,必固张之;将欲强之,必固弱之;将欲废之,必固兴之;将欲夺之,必固与之"。③ 在一切事情上应了解、接受并敦促,一切终须返归于道。万物皆生发于道并返归于道,因而皆以道为源起和归处。

也,而以法度治者,不可乱也。而生法度者,不可乱也。精公无私而赏罚信,所以治也。"①可见,人定法的作用是为了维系社会秩序,坚持社会规范的精简性(精)、公共性(公)、无私性与客观必然性(信),不致使人们因彼此利益冲突而产生动乱。话虽如此,最后还是要归结于统治者顺应天地法则来施行法治。《经法》(论)曰:"人主者,天地之稽也,号令之所出也,为民之命也。不天天则失其神,不重地则失其根,不顺(四时之度)而民疾……(事)得于内而举得于外。八正不失,则与天地总矣。"而且,统治者运用法治则方可以统一天下。《道原》曰:"得道之本,握少以知多。得事之要,操正以政(正)畸(奇)。前知大古,后能精明。抱道执度,天下可一也。"指出统治者如果具有道的修养,又能运用法的统治,则天下终究可以统一。换言之,统治者是道和法两者最为具体的衔接者和综合者。

六、托马斯所言自然法的意义与内容

托马斯对于一般法律的人文关怀,敦促人避恶以成德的观点,也形塑了他对自然法的看法。他认为,法律区分为永恒法、自然法和人定法,此外还加上神启法和肉欲法,并花甚多篇幅讨论《旧约》与《新约》中的神启法问题(第 98—108 页)。永恒法是天主掌管万物之理,或说就是天主的思想。至于自然法,则是"有理性的受造物所分享之永恒法"(第 11 页)。自然法也有一颁布的

---

① 陈鼓应注译:《黄帝四经今注今译》,台北:商务印书馆,1995 年版。

过程:"自然法的颁布,即在于天主将这些法律置于人的心中,使人自然知道其存在。"(第7页)托马斯既然强调自然法是置于人心,而非置于万物之中,因为自然法是人的理性对于永恒法之分享,在人以外没有理性的其他万物,虽然它们也分享了永恒法,但由于它们没有理性,所以不称为法律。托马斯说:"法律是属于理性的东西。无灵物不是以理性分有永恒之法,故不称之为法。"(第11页)就此而言,托马斯所谓的自然法,指的是人所尊奉之法,而不是动物、植物乃至无生物等自然物所尊奉之法。如此说来,自然法的"自然",其实说的是人理性的本性,而不是宇宙万物构成的自然。"自然"一词在近代以后区分为两层意义:其一为人性之自然或人的本性(human nature),其二为物体之自然或物的本性(corporeal nature)。近代自然法学派如普芬多夫(Samuel Pufendorf,1632—1694)、多马修斯(Christian Thomasius,1655—1728)等人皆承接此一区分,其所言者其实是人性的自然,也就是人的本性。就此看来,托马斯的 legis naturalis 比较适合的译法,应是"人性法"或"本性法"。如此说来,托马斯的自然法似乎比较对应于儒家"天命之谓性"一语对于人性的思考,而不对应道家对于道在万物、万物皆具之"德"的想法。

然而,托马斯的法律观虽表现了人文主义的想法,但是他仍认为万物按其倾向都受天主的思想的规范和度量,也就是说他们都分享了永恒法。托马斯说:"既然凡受天主之上智管辖者,接受永恒法之规范和度量,显然一切东西都多少分享永恒之法,即由于永恒之法的影响,每个东西都各倾向于其专有的行动和目的。"

（第10页）按照天主的创造，万物各有其性，也各有其专有的行动和目的，这类似于老子所言，道生万物之后，也仍内在于万物之中，成为其德。老子主张的"万物各有其德"，可比拟于托马斯所言"万物各分享了永恒法"。虽然由于动、植、矿物并未有理性，也因此并不称之为自然法。

　　自然法既是立基于人的本性，应视为出自人的内在。就此而言，托马斯也是一内在论者。然依托马斯对于法律本质的看法，法是行为的外在原则在此说是"外在的"，是说法令产生的根源并不是来自人自身，"严格地说，谁也不能给自己的行动订立法律"（第33页）。在宇宙论的层面，就法的根源而论，并无康德所谓的自律或理性为自己立法。但在人为法的层面，则可以有之，托马斯说："人可以给属于自己权下的具理性的东西立法，因为他能以命令或宣告的方式，在这些东西的心灵上印上规则，以为行动之根本。"（第33页）永恒法之在于自然物和人都是出自天主，然就其运作言也可以说是内在的，因为它们是印记在人内心与万物之中。"对自然物的内部行动之根本的印入，就相当于对人的法律之颁布。因为法律之颁布，便是将人性行为之指导根本印在人的心上。"（第34页）更精确地说，是印记在人的良知（synderesis）之中。既然印记于人心，就其针对人的行动而非针对法的存在言，便可视为人的行动的内在原理，而非出自外在的束缚，也因此并非完全意义下的"他律"。托马斯认为，人之被法律所束缚，指的是"不心甘情愿屈于法律之下的人，有如屈于一重担之下。是由于怕法律所威胁之处罚，不是因了爱慕正义而避免行恶的人"（第

36页)。"按这意义属神的人不在法律的权下,因为由于圣神在他们心中灌输的爱德,使他们自愿实行法律所命令者。"(第36页)可见,因爱德而自愿同意,也可谓出自内心同意而在行动上合乎法的规范。在这意义下,托马斯也可以说有其法的自律观,是属同意性的自律,而非立法性的自律。

自然法既然是印记或灌注于人心,使人知道什么是善、什么是恶,而能行善避恶,转而陶成德行。按托马斯神学,人分享了圣子或圣言的理性的基础,有知识,有智能;人也分享了圣神的爱或无条件赠礼,也因此能慷慨自我走出,为他人他物的善而行动,也就是爱天主、爱人。就其人性论而言,人的意志自然倾向于善。人的意志所向的是他人、他物之善,而且只有当他人、他物之善得以完成之时,才能完成一己之善,也就是经由无私的慷慨和外推的。

迂回,因而完成一己之善。至于恶,则是善的缺乏,凡是不能促进人本有形式的完成,不能促进他人和他物形式的完成,也因此不是指向他人他物之善,而自我封闭在己之内,甚至低下于人本有形式,为人的动物性所决定者,是为恶。托马斯说:"因为善具有目的的意义,而恶具有相反的意义,故人本性倾向者,理性自然便认为是善,是应该追求的。与之相反者是恶,是应该避的。根据各种本性倾向的次序,而有自然法之次序。"(第41页,本人将"自然"改为"本性")

既然托马斯的自然法有其"神学·存有学"与人性论的基础,并因此构成人的法律规范,那么他的自然法就兼具了"存有"与

"应然"，两者密切相关，互相连续，而层次有别。按照存有（to be）而言，人性的基本倾向，而且人都知道这一点，就是朝向善。因此，存有学与人性论意义的自然法就是：人性皆是朝向善的。按照应然（ought to be）而言，规范性的自然法的第一原理是："人皆应该行善避恶。"

由于存有与应然两者密切相关而层次有别，且自然法的存有与规范是连续的，便可以在以上第一原理的基础上，发展出其他的自然法原理。按照存有的层级，从最大的共同善到较为专属的共同善，有以下原则：

第一，按照人与其他一切实体共同有的向善倾向，每一实体皆按其本性皆会求保存其存在。按此倾向，凡是可以保存生命并阻止其相反者，皆属自然法。意思是说，人应该尽量保存其生命。这可称为"保存的原则"。既然所有生命皆倾向于自我保存，也因此有"不应伤害他人""不可杀人"等道德规范。

第二，按照人与其他动物共有之向善天性，有专属于人的特殊倾向，如男女之结合、子女之教育等。就此而言，人皆应传衍后代并发展其后代。这可称为传衍与发展的原则。

第三，人有根据其专有的理性而专属其本性的向善倾向，例如人有认识天主的真理的本性倾向，倾向于社会生活等。凡与此倾向相关者，皆属自然法。换言之，在此有社会性的原则，以及认识根源真理的原则。

此外，还有一些其他次要的指令，以及这些指令与上述原则的个别诠释，可因时空、文化的转变而有所差异。

七、结语：天道与自然法可会通之处

根据前述的论述，我们可以提出以下几点结论：

第一，老子与托马斯两人都认为宇宙万物的生化或创造，是出于终极实在本身的慷慨或无条件的赠与，虽然他们对于终极实在的看法不同，前者主张一非位格、非实体性的终极实在，而后者主张位格性、实体兼关系的终极实在。在慷慨的基础上进行化生或创造，两者的精神是一致的，而在义理上也是可以相互会通的。托马斯所谓的无条件的赠与是以有理性的智慧先行，至于老子的慷慨中理性的角色虽然并不明显，然却仍充满了对在慷慨中始能表现无穷创造力的肯定，以及人必须学习并体现道的慷慨，以至于"既以为人己愈有，既以与人己愈多"（王弼本第八十一章）的要求。

第二，托马斯所言的自然法虽然只适用于有理性的人类，然而由于自然法是人的理性对于永恒法的分享，而永恒法则是天主以其思想中的理，治理已经存在和可能存在的宇宙万物，就此而言，自然法也有与自然法则相续之处。至于托马斯的自然律则应如何分析与明说，其与老子的自然律则应如何比较与会通，则属另一值得研究的议题。

老子的天道虽然范律万物，然而，人仍须依从天道作为其行为规范，而且可从天道推演出道术，当作人的行动的技术原则。更何况，老子所谓"天道无亲，常与善人"说出了自然律则虽然涉及整体万物，有其必然性，而不偏心于人类或某些特权之人，然而仍恒常归向人的善及其实现。这一点在基本上与托马斯的自然法以人性向善，并应该行善避恶的基本原则，也是一致的。

第三，关于前述托马斯的三层自然法原则，例如保存生命的原则、传衍发展后代的原则以及认识根源真理的原则，基本上都应是老子所能接受的。只不过，老子会强调在结构原理与动态原理上，生与死、保生命与不自生是有相关性的，而阴与阳的平等互动则是传衍与发展时必须注意的原则。老子会坚持对于根源真理认识的必要性，也不会否认人的社会性，虽然说，他会认为道才是根源，并且在社会性方面，主张"以家观家，以乡观乡，以邦观邦，以天下观天下"，也就是说在任家成其为家，任乡成其为乡，任邦成其为邦，任天下成其为天下之时，来观见家、乡、邦、天下的本质，并且"修之于家""修之于乡""修之于邦""修之于天下"，等等（以上见《老子》王弼本第五十四章），也就是物各付物、观修并进的情况下发展人的社会性。

第四，托马斯虽在宇宙层面、环境层面、人的社会层面……都关心"公共善"，然而，就其人性论与道德哲学而言，其针对行善避恶的自由决定，强调的重点是在个人理性的判断与自由意志的抉择，并且在判断、决定与行动之后由个人承担责任。然而，老子的自然法则并不特别侧重个人的判断、抉择与个人责任，而主张自然无为、顺道而动。如此不重视个人的自由决定与责任承担，其后逐渐发展成为某种集体责任说，尤其后来在道教里面，加上"群体累积"的观念，以及"上天赏罚"（其中有将道及其开显给位格神化的倾向）的信仰，发展为道教中的"承负说"。

简言之，老子的天道观，经由黄老道家的中介①，到了道教，提出承负说。所谓"承负说"是由《太平经》提出，约可分为两种承负，一种是报应式的承负，一种是宇宙论的承负。所谓"承"，是指后代承受前人行动的后果或宇宙的后起状态承受前此历程的后果。所谓"负"，是指前人有亏欠于后人，或宇宙的前起状态有亏欠于后起状态。

（1）报应式的承负说，是说前人行动的负面后果，由后人来承受，因而前人亏欠于后人②。这一理论往往被用来说明德福不一致的世间情况，譬如说行善而反得恶报，或行恶反得善报之类③。这其中承负的累积，也适合环保议题的思考，因为往往由一点点累积，如汽车排烟、工厂污染、过度开垦等等，造成生态失衡、环境恶化，由后代来承受。

（2）宇宙论的承负说，认为由于天地人的互动，会形成并累积了可欲之财，因而培养了贪欲，更因为贪欲的累积，遂生出奸邪，造成破坏，乃至毁灭，复归于虚无。这种宇宙论式的承负说，

---

① 例如，《黄老帛书》称说："天有环（还）刑，反受其央（殃）""有宗将兴，如伐于口。有宗将坏，如伐于山。贞良而亡，先人徐央（殃）；商（狙）（獗）而桎（梏），先人之连（烈）"等。

② 如《太平经》卷三十九《解师策书诀第五十》中云："承者为前，负者为后；承者，乃谓先人本承天心而行，小失之，不自知，日用积久，相聚为多，今后生人反无辜蒙其过谪，连传其灾故前为承，后为负。负者，流灾亦不由一人之治，比连不平，前后更相负，故名之为负。负者，乃先人负于后生者也；病更相承负也，言灾害未当能善绝也。"王明编：《太平经合校》上册，北京：中华书局，1960 年版，第 70 页。

③ 例如《太平经·解承负诀》说："凡人之行，或有力行善，反常得恶，或有力行恶，反得善，因自言为贤者非也。力行善反得恶者，是承负先人之过，流灾前后积来害此人也。其行恶反得善者，是先人深有积蓄大功，来流及此人也。"《太平经合校》上册，第 22 页。

用以说明天道盈亏、天地循环的过程,以及善行与恶行在宇宙论脉络中扮演的角色[①]。

承负说从报应与宇宙两个层面来劝善恶,避免恶的累积,以行善积德,促成正面的善的累积。道教如此的信仰,一方面设定了一赏善罚恶的上天或上帝,是位格神明;另一方面,则肯定了人作为道德主体的地位及其重要性,透过人的行善积德,甚至可以如《太平经》所说:"为皇天解承负之仇,为后土解承负之殃,为帝王解承负之厄,为百姓解承负之过,为万二千物解承负之责。"[②]

以上两点都可以和托马斯的思想相沟通,不但是因为其中位格的神的信仰,而且也因为其中赋予行善成德的人的枢纽地位。从道教承负说,我们可以得知,当成为一种宗教信仰时,天道的思想是可以和有神论的、位格的终极实在相配合的。这表示天道的思想并不排斥位格的神明论,虽然就道教言,仍是在多神论的脉络下,并不符合托马斯一神论的思想。

然而,无论是道教或是天主教,对于位格神的信仰反而更支持并鼓舞人的行善修德,并重视人的道德努力的核心地位。在中国宗教史上,景教曾与道教有过很深的渊源[③]。也因此在神学

---

① 如《太平经》中云:"元气恍惚自然,共凝成一,名为天也;分而生阴而成地,名为二也;因为上天下地,阴阳相合施生人,名为三也。三统共生,长养凡物名为财,财共生欲,欲共生邪,邪共生奸,奸共生猾,猾共生害而不止则乱败,败而不止不可复理,因穷还反其本,故名为承负。"《太平经合校》上册,第 305 页。

② 《太平经合校》上册,第 57 页。

③ See Vincent Shen, "On the Nestorian Introduction Christian Monotheism into China (635 - 845): A Preliminary Evaluation of Its Strategies of Strangification", in *Fu Jen International Religious Studies*, Taipei: Fu Jen Catholic University, pp.15 - 42.

上、哲学上与宗教学上的比较与会通,值得继续进行,尤其是道教的位格神与天主教的位格神的比较,当是另一个有趣的研究议题,本节不另赘述,就暂止于此一开放性的结论。

第五节　中西自然观的哲学省思
——兼论科技所需的人文精神①

平心而论,20 世纪的哲学思想实在是太过以人为中心了,无论是西方当代哲学,从现象学、存在主义、结构主义、论数学、批判理论,到后现代主义,或是中国当代哲学的新儒家都是太过环绕着人的问题打转。虽然人不能不关心人自己,也因此出现各种形式的人文主义或人类的主流思想;然而,人若只关心自己,终究使得人的问题成为难以突破的瓶颈。自从 20 世纪下半叶,世人逐渐注意到环保的问题,学习如何与自然相处便成为大问题。加上天文物理学方面的发展,也使世人再度发现了浩瀚的宇宙,激起对宇宙的好奇,并使人重新在宇宙中来定位人。也因此,值此世纪之交,开放的人文主义再度成为世人的希望。

整体来说,当前哲学所面对的有三大急迫的问题:其一,科技发展所带动的普世化(universalization)或全球化(globalization)现象,其中所蕴藏的内在逻辑与外在影响问题;其二,由环保运动、生态问题与天文学的长足发展所引发的人与自然相处,人的

① 选自沈清松:《沈清松自选集》,济南:山东教育出版社,2004 年版,第 194—220 页。

重返自然,以及如何在自然中定位人的问题;其三,由于历史意识的觉醒所唤起的多元文化情境。

本节所主要讨论的,是如何面对自然与科技,重新将人予以定位,提出一个开放的人文主义观点。自然与科技两者必须连起来思考,因为自然今天之所以成为问题,多半与人的科技有关,而理想的科技发展也与自然的永续发展息息相关,可以说自然与科技是相互界定、相互了解的。至于如何从开放的人文主义观点来思考多元文化情境,虽亦十分重要,但由于篇幅所限,不另赘述。

一、对西方近现代自然观的检视

时至今日,人文精神不再是从人本位、人自主的角度界定的。在今天看来,人文精神应是根据人在与他者的关系中的发展来界定的,所谓"他者"包含了自然、他人与超越界。① 因此,所谓开放的人文主义,就是朝向自然、他人与超越界开放,并在与他者的关系中追求自身卓越与相互和谐的人文立场。我认为,肯定他者总要比只见自己,更具人文精神。譬如,伦理应是人文精神重要的成分,然而,人的心中若无他者,只有自己,便无伦理可言。就本文的主题而言,自然可谓人最原初的他者。然而,在西方近现代科技中,人自以为是主体,而以自然为客体加以宰制,也因此造成

---

① 在我看来,"他者"包含他者、自然与超越界(理想与神明),其中他人与神是有位格的他者(L'autrui)"他者"概念在 E. Levinas 所著 *Totalité et infni* 一书中最获发挥,其中认为神是"绝对的他者"。德希达晚年思想亦颇发挥"他者"概念,但两人皆仅触及他人与上帝,未能发挥自然亦为人的他者之意。

了对自然的大肆破坏，甚至危及人类自身的生存。今后，一个整全而深刻的人文主义，有必要向自然开放，并对"自然"概念重新加以建构。眼看当前人类环保意识高涨，宇宙关怀日增，在21世纪哲学将会变得更为重要。

话虽如此，在20世纪，除了怀特海曾在《过程与实在》一书中提出一套宏大的宇宙论体系之外，一般而言，自然哲学是被忽略的。与所谓"科技优先"所造成的后果有关，也是由于20世纪的哲学思潮太过集中在对人的关怀上，以至忽视了自然，且只把全副注意力集中在人自己身上，反而使得人本身没有出路。平心而论，人只有先走出自己，才能返回自己，并为自己找到出路。

由于科学主义、科技优先与封闭的人文主义的意识形态，造成了今天生态环境的破坏，其中隐含了不当的自然观。今天整个自然环境的破坏，是来自西方近现代科学与技术所假定的自然观。到底西方近代以来的自然观是什么？这是我们有必要加以检讨的。

整体来说，西方近代科学里所界定的自然，包含了由各门自然科学所研究的大气圈、水圈、岩石圈等维生体系与生物圈所构成的"环境"以及整体"宇宙"。换言之，包含了由物理学、化学、生物学、地球科学……直到天文学所研究的自然。整体来说，这一"自然"可以归结为：自然科学发现的自然法则所足以解释和预测的全体现象。西方近代科学所关心的，是一个我们可以用自然法则客观地解释，进而预测的现象整体。换言之，科学家认为自己可以透过客观的方式描述自然，发现它的法则，并用法则来解释现象的发生；在解释以后，就可以进一步预测其未来的发展①。在这样的情形下，自然科学自认为它所做的工作是对自然现象进行客观的描述（description）、解释（explain）与预测（prediction），至于每一门科学之所描述、解释并预测的，都只是某一特定领域的现象，并在其中提出具有区域有效性（local validity）的知识。如此一来，"自然"其实不是一个单纯概念，而是一个集合概念，是不同领域的自然科学所描述的现象与所发现的法则的总和。"自然"也就是在不同科学领域根据不同的方法和理论来描述、解释和预测所得的知识与法则的总和，无论它是否已被我们知觉到。也许我们还没知觉到，不过科学将来还是可以知觉到它，进而描述它并发现它的法则。这样一个想法早在康德哲学里面便已出现。康德在他的第一批判——《纯粹理性批判》（*Kritik der reinen Vernunft*）中，提出"世界"和"自然"两概念的区分。"世界"这个概念是一个数学性的概念，指称世界中的种种现象在数量上的总和。至于"自然"则是个动力学的概念，指上述的全体现象被一些力学规则所决定。换言之，力学的法则把这些现象连接起来，使之成为一个整体②。

---

① 解释与预测其实是属于类似的思维结构，因为解释是针对已经发生的现象，根据因果法则来说明后件如何接受前件的规定而产生。至于根据因果法则，从目前出现的前件来指陈未来将有后件的出现，则是预测。可见解释与预测在思进上的结构是一模一样的，只不过前者是针对已发生的现象，并根据它的原因来说明该现象的产生；后者则是根据当前已经出现的前件，视之为原因，看它将会决定后件在未来的什么时间中出现。基本上，预测与解释都是根据自然法则所做的认知行为。

② "我们有两个语词，世界和自然，有时混用。前者指称一切现象数学的概念以及其综合的整体……同一世界当其被视为力学的整体时则称为自然。"Kant，*Critique of Pure Reason*，A429、B447.

换言之，"自然"这个集合概念，是由许多现象整体集合而成，但是现象彼此之间又是由自然法则所决定并联系起来，成为一个动态的整体。康德还在其《纯粹理性批判》中的先验论以及《物理学的形上基础》中表示，牛顿物理学中的"不灭"，是先验地来自"关系范畴"中的"实体—偶性"范畴，而"惯性定律"则是先验地决定于"因果范畴"，至于"有用必有反作用律"，则是先验地决定于关系范畴中的"相互性范畴"。康德的意思是，自然科学中的法则仍是出自人的建构。姑且不论其先验论的正确性，我们可以简单地说，"自然"是因着法则而可以解释与预测的整体。总之，西方近代的自然观，基本上是一种决定论、机械论、化约主义的自然观。

首先，它是决定论的，因为人只要知道法则，并知道某体系在某一时间的状态，就可以完全地决定它在另一个时间里的状态。譬如我们可以算出月蚀、日蚀的精确时间，也就是算出月亮、太阳这些体系在什么时候会出现怎样的状态，甚至可以算出在地球上不同地点所能看到的全蚀、偏蚀与其呈现角度。其实，在整体自然之中时时刻刻都发生甚多现象，像日蚀、月蚀等只是环绕着人所需要知道、所处在的地方与规划而呈现的现象，并不一定是自然本身的整体呈现，且其呈现也不一定是按照科学所建构的法则呈现。但是，西方近代科技的自然观认定，自然是可以根据法则来决定的。

其次，它也是机械论的，将自然视为一个复杂的机器，而不是生命。这种思考模式将世界甚至其中的生命都视为是一复杂的机器，包含人在内，也是机器。像法国拉美特利（La Mettrie，

1709—1751)在《人是机器》(*L'Homme machine*)一书中就提出
这样的观念,认为人也只不过是个机器而已。如此一来,是用精
巧的机器来设想人和整个宇宙。基本上,决定论是科学的产物;
机械论则较属技术的产物。但由于科学与技术是密切相关的,所
以决定论便与机械论连接起来。海德格尔也曾指出,整个近代科
学是指向技术的实现,决定论与机械论是其中最主要的预设。

最后,它也是化约主义(reductionism)的,把自然界的复杂
与丰富,都化约为最基层的存在及其规则,如物理规则。例如,把
心灵化约为心理的,再把心理的化约为生理的,再把生理的化约
为化学的,再把化学的化约为物理的,如此逐层化约,一直到以一
个层面的规律和语言来解释全体存在[①]。

在西方近现代的自然观方面,除了上述自然科学的考量之
外,还得加上技术的考量。就近代科技而言,自然就是人可以用
技术步骤加以重新组合与转换的全体资源。换言之,"自然"变成
是人所使用的资源,是随时可以"上架"(Ge-stell)来不断取用的
资源[②]。大体上,人运用科技所制造的产品,都是对自然资源不
同形式的组合与转换而已,也因此造成环保上的问题,造成对自

---

① 这种情形一直到20世纪的逻辑实证论皆是如此,其中典型的代表是卡尔纳普。Cf.
　　R. Carnap, *Der Legische Aufbau der Welt* (Berlin － Schlachtensee：Weltkreis
　　Verlag, 1928). English Translation by R. A. George, *The Logical Structure of
　　the World and Pseudo problems in Philosophy* (Berkeley and Los Angeles：University
　　of California Press, 1967).
② "上架"是我对海德格尔 Ge-stell 一词的翻译。海德格尔认为"近现代科技的本质
　　显示在我们所谓的上架(Ge-sell)中",c. f. Martin Heidegger, *The Question
　　Concerning Technology and Other Essays*, translated by W. Lovitt (New York：
　　Harper and Row, 1977), p.23.

然的破坏。最后说来,其最根本的原因在于潜藏在其中的决定论式的、机械论式的、化约主义的自然观。总之,就近现代西方科技而言,自然就是自然科学所发现的自然法则可加以解释与预测的全体现象,以及经由技术步骤可加以组合与转换的全体资源。这是西方近代以来位居主流的自然观,也是肇因当前环境问题的罪魁祸首。

二、朝向新自然观的调整

所幸,20世纪的自然观有了一些重大调整。我们可以在海森堡(W. Heisenberg)的思想中发现此一调整的趋向。由于量子力学的出现,带来了自然观的改变,海森堡在其著作,如《物理与哲学》和《物理学家的自然观》中明白表达了他的自然观。众所皆知,量子力学提出了测不准原理,对此,海森堡说:

> 那些成为自牛顿以来的古典物理学基础的许多观念在运用时必须有所限制。我们可以像牛顿力学一样的谈及电子的速度和位置,并去观察和量度它们,但我们不能同时在任意要求的高正确度下固定这两个量。事实上量度这两个量的误差的乘积决不会小于普朗克常数乘以该粒子的质量。在其他的实验情境中也可以找出类似的关系式。这就是通常所谓的不确定原理或不确定关系。[①]

---

① W. Heisenberg, *Physics and Philosophy* (New York: Harper & Brothers, 1958), pp.42–43. 中译本见刘君灿译:《物理与哲学》,台北:幼狮公司,1977年版,第33页。

换言之，在次原子层次，当测量电子之时，如果可以测量其位置，就无法测量其速度；当测量其速度时，就无法确定其位置。如此一来，就发生了测不准的情形。电子之所以测不准，是因为测量本身已经是人介入的结果。是由于人在测量电子的运动速度与位置时，造成次原子层次的混沌。

对于测不准原理，学界曾提出许多解释。其中一个是形上学的解释，认为测不准是一种非决定论，主张"自然"本身就有自由。所谓非决定论的意思，是说"自然"本身也有自由。所以，像西方近代科学主张决定论，即使到了 20 世纪，爱因斯坦的相对论和统一场论，都是认为上帝不玩骰子，自然中的一切都有规则可循。然而，测不准定律的形上学解释，主张上帝也玩骰子，因而"自然"本身也含藏自由，人没有办法完全测知各种因素，显示全体自然并非在一定法则的决定之下，它仍有非决定的部分。换言之，上帝也在玩骰子。

对于这样一个形上学解释，我认为并不是十分妥当。之所以测不准，是因为人带着技术介入而产生的，所以，测不准定律所显示的非决定论，基本上是属于知识论的非决定论（epistemological indeterminism），而不是形而上学的非决定论（metaphysical indeterminism）。单只透过认知上的测不准，没有办法证明自然中有"自由"。只能说在人的认知条件下，人这个认知主体是其所建构的认知体系的一部分。换言之，人是他所建构的科学体系的一部分，不能把人排除在科学体系之外。人是他所形成的自然观的一部分，这一点与原先西方近代的自然观有很大的差异。

西方近代的自然观直接影响到今天的生态环境，基本上认为人所建立的科学知识是完全客观的，人只是一个客观的观察者；自然的历程是按照科学家所认定的科学规则来进行，人对此历程丝毫无影响；无论我们对它有知或无知，它依然如此。这样的想法是认为自然科学优先于自然，进而以自然科学发现的法则来规定自然；换言之，自然科学与技术优先于自然，而且此一优先是来自一个完全客观的观察者。就像牛顿观察自然现象，他自认为是立于自然现象之外，客观地加以观察，并进行一非常大的抽象作用。譬如，看到一只苹果掉到地上，想到的是两个球体之间的引力关系。科学家自认为是在客观地观察自然现象，并且认为其所发现的自然法则是完全客观研究的结果。这就是在康德哲学中所谓"存有是判断的客观性所在"一语所显示的意思①。

但是，海森堡所提议的是：其实并没有"客观的"自然科学，而是观察者建构了他的认知体系与自然图像。所以，我们所谈论的是人所建构的自然观，而不是自然本身；并且，人是自己所建构的体系的一部分，也因此才会有"测不准"出现，这其中涉及一个根本的概念转变，就是从"科学是在进行客观描述"，转变成"科学是在进行建构"的观念。那些自认为是在进行描述的科学家，其实只是用他们的方法、工具和语言加上自己主体的介入，在从事对象的建构而已。换言之，我们并不描述自然的现象及其客观法则，而是透过科学理论与技术工具来建构一套对自然的看法或图

① 沈清松：《物理之后——形上学的发展》，台北：牛顿出版社，1987年版，第202—203页。

像。所以，海森堡这一看法支持了建构论。基本上，他的看法也可以视为一种建构论的主张。此前的科学哲学，一直到逻辑实证论，都还主张描述论①。然而，今天的科学哲学，大体上是属于某种建构论。不同的科学体系都是用不同的概念在作建构。然而，实在本身（reality itself）并不等于建构的实在（constructed reality），我们透过语言与理论所建构的实在图像，并不等于实在本身。用海森堡的话来说，我们的自然观并不等于自然本身。

海森堡这样的想法，虽然已经作了重大扭转，从描述论转变成建构论，但仍不能因此让自然显示它自己，让自然具有优先性。因为他仍认为，人所建立的科学观念和技术，都有如蜘蛛网一般，蜘蛛透过它织的网，捕捉食物，但仍居于自己所编织的网之中。同样的，人是自己用科学和技术所建构的知识体系中的一部分。这样说来，人也摆脱不了科学与技术，人还需要科学与技术，而且必须身居其中，只不过整个现代科技的发展，使得人越来越面对的是他自己所建造的东西。他说："现代人面对的只是他自己。"换言之，现代人每天面对的是他自己建构之物，再也见不到自然本身②。不过，这样的一个看法尚未能使自然具有优先性，因为，就像蜘蛛与它的网，或是蜗牛与它的壳的关系一样，毕竟人还是需要科技这个壳、这个网，才能与自然世界接触。虽然人自己也住在网中，不过，他愈来愈看到的，是自己所建造的网和自己。这

---

① 不过，卡尔纳普已有某些建构论的想法。
② 海森堡著、刘君灿译：《物理学家的自然观》，台北：牛顿出版社，1987年版，第26—27页。

样一来,"自然"本身仍然没有优先性。

当代德国科学家兼哲学家魏塞克(C. F. von Weisacker),著有《自然的统一性》(*Die Einheit der Natur*)一书,他提出一个根本的观念,认为"自然先于人,人先于自然科学",指出人是在自然史中出现,而自然科学是在人类历史中出现。换言之,先在自然里出现维生体系,再在维生体系里面出现生物圈,在生物圈中有人类兴起,经历好长一段历史发展,人才建立自然科学以便理解自然。基本上,就存在的角度来看,应该是自然优先于人,而人优先于他的科学。至于就知识的角度,人的自然图像,是在人所建构的科学中勾勒的。仅就人建构的自然图像来说,才会有自然科学先于自然的看法。

前述西方近代以来的自然观之所以会导致今天环境污染、生态失衡的后果,主要是因为,按照此一自然观,人在建构对世界的认知过程中,逐渐把他所建构的自然科学及其有效而成功的技术,视为是一套客观之物,并对自然进行肆无忌惮的物制。其实,最后说来,科学与技术的客观性并没有任何特别的保障,至多只有一些成功的实效,并没有任何彻底的理由来说明它们的客观性。话虽如此,科技的成功与实效仍被视为是社会客观性的保障。本来,客观性涉及真理的呈显,至少涉及事物的结构的呈显及其运作,但最后说来,并未有任何如实的呈显。然而,由于成功的实效,自然科学与技术仍被视为是客观的,更使得它既优先于自然,也优先于人。其实,就存在而言,当然是自然优先于人,而人优先于自然科学。

现在,人应关心的是,如何建立一个以自然为优先的自然观。在当代哲学中,可以看到怀特海有这样的想法。除此以外,也可以在中国哲学里寻找其自然观,作为建构一套新的自然观的支柱。

怀特海是以"创新"(Creativity)为终极范畴(Category of the Ultimate)①,而所谓"创新",所指的是整个宇宙不断产生新颖集结,由多到一又由一到多,由变化趋存有又由存有趋变化的历程。对怀特海而言,整个宇宙是在不断创进的历程之中。所以,他所谓的"自然"并不限于我们周遭的环境,而是指向宇宙整体的存在,甚至最遥远星云里最小的一颗星,都包含其中。由于整个宇宙都是创新的历程,所以会不断地变化,不断地产生新的组合,显示新的结构。总之,自然是一个创世的历程(a process of creative advance)②。

在自然创进的历程中,自然的每一物都彼此相互"摄受"(prehension),也就是既有主动的摄取,也有被动的接受。所谓"摄受"的意思,不能只从生物的角度去看,而是一种存在的活动。至于人的意识,也是摄受一脉发展的结果,到达某种能够自觉的程度。所以,在自然里面有人,而人在自然里进行认知活动。人不应该把自己的认知视为决定自然图像的唯一因素;反而应该把自然中所产生的人,以及人所产生的认知,视为是整体自然中某一部分存在者对于自然进行的了解。换言之,人是整个自然的一

---

① A. N. Whitehead, *Process and Reality. An Essay in Cosmology* (Corrected Edition, New York: The Free Press, 1978), p.21.
② A. N. Whitehead, *Concept of Nature* (Cambridge: Cambridge University Press, 1971), p.178.

部分,但这部分会进行认知的活动。不可以把人的认知孤立起来,相反,人是在自然中,作为自然的一分子来认识自然。并且,认识的过程不只是在解释自然,相反,认知本身就是一种行动,会造成自然内部的改变。

怀特海的想法有两个重点:第一,关于自然本身,"自然"是一个不断变化创进的历程,显示自然也是有机体,其中每一部分彼此都是息息相关的。中国哲学的自然观,也可以看到类似的想法,两者都是属于"有机论"的自然观。第二,在人与自然的关系方面,是以自然为优先,人仅是自然中的一部分。但这一部分与自然有密切的关系,因为人是自然借以达成自我认识的力量所在;而且此一认识过程也会造成自然本身的改变。怀特海对于西方近代自然观的调整,对今天所需要的自然概念,提供了一个比较适当而完整的想法。不过,它还需要在人与自然的关系方面加以修正。由于怀特海完全是诉诸宇宙论的想法,是从大宇长宙来看人,难免对人有些冷漠,对人本身,以及人与自然之间关系的体验,不够重视,殊甚可惜。就人与自然的亲切体验而言,有必要诉诸中国哲学的自然观。

三、中国哲学的自然观

不以人为中心来看待自然,却又显示人与自然的亲密关系,可以说是道家哲学自然观的基本特色。道家哲学对此有套完整的思想,基本上可从吾人对老子所谓"人法地,地法天,天法道,道法自然"一段话的诠释获得理解。

就今天的理解而言,所谓"人法地",其中的"地"就是指环境,地就是大地。"大地"这个概念指的是狭义的自然环境,其中包括阳光、水圈、大气圈、岩石圈等所形成的维生体系及在其中兴起的生物圈。所谓"人法地"就是说:人应该效法或遵从自然环境的法则,也就是认识生物圈和维生体系的法则,并根据这些法则来生存,而不是去加以破坏。

其次,"地法天"一语中的"天",是指广义的自然,指整体宇宙以及其中的法则。换言之,在我们环境中的维生体系与生物圈,只不过是整体宇宙中一个非常渺小的角落而已,必须完全遵循整体宇宙的法则,因为宇宙的法则也规定并影响大地。天体的运行,不论是太阳系、银河系或是整个宇宙的运行,连同在我们不知道的地方产生的力量、运动或撞击,对于大地都有影响。所以,"地法天"一语,在今天看来,就是表明大地环境不是唯一的判准,因为大地环境最后也还要遵从宇宙的规则,以整体宇宙为法。在此,"法"的意思不完全只指自然律的意思,而可以用比较宽松的方式来了解,而不是指机械论式、决定论式、刻板的法则。总之,是必须肯定宇宙有某种法则、某种规则性。所谓"法"的意思,是指人必须效法这样一个规则性,并且以之为法,与它和平共处。

至于"天法道"一语,就把整体宇宙和存有学的层面联合起来了。这话的意思是说,整体宇宙的运行是来自"道"生生不息的存在活动。所谓"道"就是生生不息的存在活动。天之所效法、所依循的规则,是来自道。按照老子的看法,道在自我分化和复杂化的过程中,产生了宇宙万物。所以"天"是以"道"为法。

最后，"道法自然"一语所表示的，并不是在"道"上面又设立另一个"自然"的概念。"道"既然是生生不息的存在活动，应该是由道生发一切，主宰一切。所以在此"自然"一词，应该是"自其本然"之意。"道"是"自其本然"，是表示"道"的法则来自它自身。

此外，我们归纳中国哲学的自然观，可以得到三项特性。中国哲学所主张的是整体论、有机论和历程论的自然观。首先，"整体论"的看法肯定万物虽纷纭杂乱，却形成一个整体。最明显的说法是庄子所谓"天地与我并生，万物与我为一"，以及"道通为一"的说法。由此可见，道家认为万物因着道的贯通而成为一个整体。此外，儒家亦认为，人可发挥同情相感的力量，感通万物，而与万物为一体。儒家讲究"仁心仁德"，认为人可发挥同情相感的力量，感通万物，因而感受到浑然与物同体。"仁"就是感通，是人见到他人他物，就会有感觉、能沟通的一种力量。也因此程明道说："仁者浑然与物同体。"王阳明亦说："大人者，以天地万物为一体者也。"

其次，由于整体论的看法而出现有机论的看法，认为各种自然现象普遍存在着内在联系，会彼此相互影响，像天文、气象、地理、动植物、人类，等等，都是相互影响的。例如，《黄帝内经》中认为节气变化、饮食味道和人的生理机能都会密切联系。如《黄帝内经·五运行大论》曰，"南方生热，热生火，火生苦，苦生心，心生血，血生脾。其在天为热，在地为火，在体为脉，在气为息，在藏为心……热伤气，寒胜热，咸胜苦"①，意谓夏天火德当位，气候炎

_____

① 《黄帝内经》，见《二十二子》第十二册，台北：先知出版社影印本，1976 年版，第708—710 页。

热,因此其味为苦;配人体器官,为脉,为气息,为心脏(皆属木德)。天气过于炎热,便会影响血脉和心脏,至于吃苦味食品过多也会有损健康。

另一个例子是方以智针对宇宙所提出的类似系统理论的看法。他在《时论合编·系辞上》中认为:"统在细中,有统统,有统细,有细统,有细细。差别不明,则无以开物成务,西动疑辨惑者无从征焉。"这一说法将宇宙视为一个统一体,"统"指整体,"细"指部分,"统统"指宇宙最大的系统,"细细"则指宇宙中最小的层次。统中有细,细中有统,彼此既有差别,又相互联系,形成一个有机的整体。

再就历程论而言,中国哲学不将自然视为由许多实体及其彼此的外在关系所构成,而是视自然为一生生不息、变化不已的过程,且此一过程本身乃一种相互转化、循环不已的历程。《易传》曰:"一阴一阳之谓道,继之者善也,成之者性也。"这段话正表明了阴阳互动,循环推移,继善成性的历程。邵雍在《观物外篇》中说:"阴生阳,阳生阴,阴复生阳,阳复生阴,是以循环而无穷。"更指出宇宙历程是循环无穷的。方以智更进而提出以"轮转"为物质变化之原则。他在《东西均三徵》中表示,"物物皆自轮","举有形无形,无不轮者,无所逃于往来相推,则何逃于轮哉"。进一步以"轮转"的模式讲明了宇宙循环无穷的历程。

在中国哲学中,无论儒家或道家,都主张在自然之中弥漫着生生不息的创造力,人应从中汲取以为自己创造活动的根源。《易经》谓:"大哉乾元,万物资始,乃统天。云行雨施,品物流行。"

这段话指出乾元是促成云行雨施、品物流行的伟大创造力。中国哲人都体会到，人应感受自然创造力。从其中获得灵感，借以振作自己的生命，积健为雄，发而为人的创作活动。《乐记》说："天高地下，万物散殊，流而不息，合同而化，而乐与焉。"认为音乐的创作是来自人能体会在天高地下万物散殊之中川流不息的创造力，并把人的心灵与之合同而化，在个人的生命合流于自然生命之时，才产生了音乐。音乐如此，诗亦如此。《诗纬·含神雾》曰："诗者天地之心。"可见无论音乐或诗或人的其他创造活动，皆应以人之生命合于宇宙的生命，始能展露所秉承创造力的泉源，展现同样的机趣。

在如此的自然观之下，人的创作需讲究"生意盎然"，旨在结合天地之间创造不息的生命。董源尝谓"外师造化，中得心源"，其中所谓"外师造化"就是意指效法自然生生不息的创造力，至于"中得心源"则是意指人应体会并发挥内心创造力的泉源。李白言"揽彼造化力，恃为我神通"，是说人要以自然之力为我神通，在自然的创造力中觅得无穷泉源，个人的创造力才永不衰竭，永无畏惧。

人过去面对的是自然世界，现在则面对了科技世界，但无论是什么样的世界，皆需经过人精神创造的转化使成为宜人的生活世界。然而，一个可游可居的宜人生活世界，对于中华文化而言，总是一个人的精神可与自然亲切互动的世界。诚如刘勰所言，"山香水匝，树杂云合，目既往还，心亦吐纳。春日迟迟，秋风飒飒。情往似赠，兴来如答"，中华文化中人与自然的亲切互动，正是"情往似赠，兴来如答"的微妙关系，人也应当在这种与自然亲切微妙的互动历程中,营造人间的居住与存在。

在如此的自然观指导下,中国哲学所构想的科技,应是"知性""尽性"的科技。人应认知并开显万物的本性,并术善尽万物之性。《孟子》曰:"尽其心者,知其性也;知其性,则知天矣。"《中庸》说:"惟天下至诚,为能尽其性;能尽其性,则能尽人之性;能尽人之性,则能尽物之性;能尽物之性,则可以赞天地之化育;可以赞天地之化育,则可以与天地参矣。"用今天的话来诠释,科学的目的在于尽物之性,人文、社会与自然科学的目的,分别是在认知自我、人群与万物之本性并予以全面发展,至于技术的目的则是在以最充实的方式发挥自我、他人与万物的本性,而不在加以宰制或剥削。

按照以上的原则,科技应该不是宰制性的科技,而应是尽性的科技和参赞的科技。简言之,所谓"尽物之性"是为让每一物发挥自己的能量与本性,而不是为了控制其能量,以便复期为我所用;人若要用物,也是以合乎物的本性的方式来予以发挥。其次,科技虽然终不免对自然进行建构,但应以"参赞式"的方式来建构,而非以宰制性的方式建构。人应以"参赞式建构"(participative construction)替代西方近现代科技的"宰制性建构"(dominative construction),才能真正地尽物之性。

四、人的行动与自然历程之关系

人的行动与自然的历程有密切之关系。自然有其内在的属性,基本上,自然的历程是朝向越来越以个体为核心来与环境互动的存在状态发展。自然本身就是目的,以个体为核心来与环境互动,此一意义下的自主性,是自然的目的性发展的结果。自然与人最大的差别并不在于意识的门槛。其实,自然中存在着甚多有意识之物,譬如动物虽然没有自我意识,但已经有了意识。自然与人之间的差别在于能否反省,也就是有否自我意识。自我意识是一种双向的活动,既能向外,又能自我返回。反省基本上是一种心灵能力,这种能力可以指向外在的对象,并在指向的过程当中又会自我返回,形成双向透明的过程。换言之,反省在指向与返回的过程上都是透明的。

自我意识事先需指向他人他物,而后折返自我,这样一个心灵能力的内在透明的双重指向方式,可称为反省。反省标示出人与自然的差异。自然历程的最高发展是达到内在目的性,仍属于内在原则(principle of immanence),仍未达到自我走出的地步,更不会经由自我走出而又自我折返,并在走出和返回之际,兼具透明性。这是人的行动与自然历程不同的地方。由于人有反省能力,出现了许多的可能性,且指向无穷。

人与自然,一方面有差异性与断裂性,另一方面也有相通性与连续性。人与自然最主要的差异在于人能反省。但是,由于反省所张开的可能性空间,显示出人的能力及其活动具有超越性,这既是一种内在的能力,然此能力又指向超越。人的心灵能力,无论是想象、认知、道德等等,其意向性都有一指向无穷的动力。

例如,想象是一种在心灵里面呈现一个不在的对象的能力,对象虽然不在,却可以经由想象,以宛若临在的方式呈现之。心灵可以透过想象把不在的对象转为心像的临在，这是想象力最基本的性质。此外，想象同时也是一种把概念、理念这些纯粹抽象的东西转化成具体形象的能力。对人而言，想象的能力十分重要，不但对于具体的事物，可以在其不在的时候想象它在，而且对于理念性的东西，也可以把它从纯粹抽象的可能性层面带回到具体形象。如此一来，想象力就提供了一种模式，好能衔接抽象和具体，成为在与不在、抽象与具体的中介。

想象的重要性既然在于可能性的具体实现，也因此在后现代的文化思潮中，最重要的就是想象力的文化。对于人而言想象是人最基本的超越能力。经由想象对人的感性作了转化使得人的心灵上有一个自由空间，才会使不在的对象得以呈现，而可能性也可以容纳进来，成为具象。如此一来使我们心灵的能力开展出具体的可能性，而不限制于一个定在。在后现代文化中，想象之所以扮演重要角色，其目的不是要执着于某一心象，而是人想透过想象寻找其他的可能性。想象力的作用就是开展出可能性并使可能性成为具象。就其指向可能性而言，想象力本身是无穷的。想象就是人的一种无限性，借之人能开展出种种可能性，理念也可以借之接受具象的诠释。就此而言，创造力就是透过想象将抽象的理念或概念转成具象的诠释过程。人的心灵从想象力开始已经走向某种无限性。

又如，在理智的认知作用中，我们在完成认知、形成判断时，也有一种指向无限的动力活跃在其中。在形成判断的时候，人的理智的能力已经指向了无限性。例如，当我说"某年某月某日下雨"时,虽是一个很简单的事实陈述,可是当这一事实经由理智的判断而成为真,其真值就不仅限于某年某月某日。在作这样的判断时,理智的动力也是指向无穷。这是先我的托马斯主义(Transcendental Thomism)对康德哲学重新诠释而得的洞见。康德指出,人若要形成科学知识,一定要用到智性的范畴,也要有理性指向整体的能力作为指导,譬如面向世界的理念、灵魂的理念、上帝的理念,其实就是种无穷的整体的能力。这使得我们在判断时,其意义不仅限于某地或某特定的时间。即使只是一个事实的判断,只要是真的判断,就会超越特定时空的框限。

又如,在道德行为中,人对于道德义务与道德价值的坚持可以超越特定的时空限制,有时还会超过个人的生命,如儒家的"杀身成仁,舍生取义",表示为仁义的奉献也可以胜过个人有限的生命,如此一来也就显示道德意向指向无限的价值。虽然人的行为是特定的,是某种定在,但是道德意向却是无穷而普遍的。例如拯救将落于井中的孺子,其中救人的意向是指向珍惜生命可贵与仁心的普遍价值。

虽然如此,在人的身体里面,人与自然仍有连续性,而且人的行为也会形成类似于第二自然的东西。从想象开始到道德的认知与实践,大概可以显示出人的意向是指向无穷与普遍。不过,意向虽然是无限的,然其实现则是有穷的。虽然意向是指向无限,想象、认知与意志三者都有朝向无限的意向,可是就其实现而言,想象的实现不外乎是某一种心象与形象;认知的实现不外乎是某一种判断或命题;道德的实现则不外乎某一种道德行为。所以，意向虽是无限，其体现则是有穷，必须要加以物质化，也就是体现为形象、判断、知识、行为、作品、理论等。如此一来，我们又回到人与自然的连续性问题。说白一点，所谓"体现"就是取得身体，取得某种形式的具体性或物质性。这些被体现、被物质化的东西转而成为人的第二自然。

譬如说，自然现象由于具有物质性的身体，所以得以呈现在天地之间，至于人的思想取得文字，写成书册，人的艺术灵感发而为绘画或音乐，人的雄才大略化为典章制度，就和所有其他自然现象一样，也呈现在我们面前，成为现象。可见不只自然是现象，人文也是现象。人的思想、灵感与意向虽然稍纵即逝，一闪即过，却因第二自然而获得体现，否则不能成为现象。读者在读书，观赏者在欣赏画、听音乐时，也可以说是在文字、绘画、音乐这些有限的体现中去体会无穷的意向与存在的可能性，并在其中进行诠释。所谓"体质有限，势用无穷"，是说所有人的思想、认知、灵感、道德所产生的作品、行动虽然都是有限的，但其所体现的意向与所含的存在可能性则是无穷的。

总之，人文精神的产物与自然的连续性首先表现在体现的必要性；其次则表现在体现之物的不透明性，也因此读者或欣赏者在读或欣赏作品之时，总不免会有声音、图像的隔阂或文字障碍。譬如思想一旦成为文字，文字本身就会有某种不透明性。人必须透过有限的实现去体察无穷的意向，然而作品的不透明性也会造成文字障碍。物质化或体现的必要性，反而造成不透明性。虽然反省的特性就在于透明，可是由于物质化的不透明性，作品与行迹才需要不断重新解读。重读与诠释的必要是来自体现的不透明性。

五、科技发展所需要的人文精神

谈到第二自然,就使我们特别注意科技。科技世界是最为地道的第二自然(second nature par excellence)。今天科技的发展非常迅速,在资讯方面,更是如此。时至今日,全球资讯发展日新月异。此外,像生物科技、工程科技、农业科技等各方面,也都有长足的进步。这些都使得人类对于建立在科技进步上的"新社会"即将翩然来临,带着许多的期盼。科技日益形成人类生活的新环境,无论是居住环境、工作环境、休闲环境,等等,其中很多事物都是由科技造成的第二自然。科技可以说给人类带来了一个崭新的未来,在其中有个新的乌托邦正在兴起。

可是,我们也发现,如果这个新社会、新希望没有人文精神的支持,那么,它也很可能带来新的魔咒。我本人曾写过一本书,名叫《解除世界魔咒》[①],专门研究科技对文化产生的冲击。在过去,宗教和神话往往成为某种魔咒。近代西方科技的出现,解除了宗教的魔咒。但是,如果人类没有足够的人文精神,我们会再担心,科技本身也可能变成新的魔咒。尤其现在科技各方面的发展,造成经济方面恶性竞争的失控、环境的污染、生态的失衡、人类生活的机械化、人际关系的疏离,等等。可见,即使科技越精确、越有效,人也有可能越不快乐。

---

① 沈清松:《解除世界魔咒——科技对文化的冲击与展望》,台北:时报文化出版事业公司,1984年版;修订版,台北:商务印书馆,1998年版。

今后,如果人类不在人文精神方面多加提升,我担心所谓新社会的来临并不会如我们所期望的那么好。科技诚然正塑造一个新的社会,但这个新社会一方面需要科技的进步和人的需要相配合,另一方面人也要在其中灌注人文精神,才能够把科技世界建构成一个合乎人性尊严的世界。

由于资讯科技的快速发展,使人的思想的体现由"书"转到"网络"。数位化的结果,不但超越了像国界这类人为的界限,而且人几乎可以在电磁波(或光速)的速度之下,获取所需资讯。电脑带来了新的文化整合因素,逐渐把传真、电视、音响、家电,甚至音乐表演艺术等等,经由数位化的程序综合起来,超越了近代以来个体化、分散化的文化,逐渐再重新纳入一个新的文化整合历程。

法国哲学家利奥塔在《后现代状态》(*La Condition postmoderne*)①一书中指出一个严重的现象:资讯(infomation)和陶成(formation)的分离。在这种分离的位况之下,我们所获取的知识与我们的人格之间的关系成为资讯随时可以取用,但却无关人格的陶成。今天人面对由心陶成的作用非常难以发挥,因为只要键入一词,所需要的就会出现,而且很快处理完毕。人可以随时叫出所要的资料,可是它们和人格之间的关系并不密切。即使输入在电脑里面的是佛经或诗词,使用者也是以研究的态度对之,至于经由涵泳陶冶人格的成分,就大为减少了。大概没有

---

① J. F. Lyotard, *La Condition post-moderne* (Paris: Edition de Minuit, 1979).李氏另有一书《向儿童解释后现代》(*Le Post-moderne expliqué aux enfants*),Paris: Galilée, 1986。

人会面对着电脑，摇头晃脑，涵泳诗词或佛经吧。这是一个严重的问题。

在意义流失、陶成与资讯分离的过程中，需要激发更多人文的力量。其中，想象力是一个很重要的因素。尤其模拟真实的科技，更要求人运用更多的想象力。创造的历程本身需要有更多的想象力。不过，人虽可以运用电脑来想象，但电脑本身并不会想象。它所出现的影像，都是靠人想象出来的，或是人输入的影像因素的排列组合。资讯科技需要人发挥更大的想象力，人可以借着电脑发挥人所有的想象力，建构各种图像，各种模拟真实。

其次，电脑也缺乏对于意义的了解力，需要我们人去敲推资讯的意义。对于意义的了解是我们测试电脑时最大的困难：一个5岁的儿童可以懂的故事，电脑却不能懂。譬如小红帽的故事，一个5岁的小孩就可以懂，但是电脑却没办法懂。若要它懂，必须输入太复杂的东西。例如，"小红帽是一个女孩子的外号""小红帽和外婆之间的关系""起司、果汁是可以吃的东西""生病的时候吃些东西对身体有帮助"，等等。要输入的内容太多，但仍然不能让电脑明白其中的道理。可见，对于意义的了解是人脑和电脑很重要的差别之一。

再有，就是同情心和爱的精神。美国哲学家韦斯（Paul Weiss）曾说，将来电脑和人脑难以区别，唯一能用以区别电脑机器人和人的，就是能爱或是不能爱①。他说，如果一个电脑机器人哪一

① Paul Weiss, *Love in a Machine Age*, *in Dimensions of Mind*, edited by Sidney Hook（New York: New York University Press, 1960）, pp.177－180.

天也能爱了，我们就可以说他是人。反过来说，凡是不能爱的，就不是人。我想这点更重要的意思是表示，资讯科技需要人发挥更大的爱心，才能够把人文精神表现出来。

除了刚才提及的创意的想象、意义的了解和爱之外，最重要的是一种深度反省的能力。现在的电脑科技，运用很多图像，传递很多资料，对此，我们通常是以有控制的直觉应付。一方面是直觉，因为提供资讯最好的方式，就是越是直觉的，越是在刹那之间可以掌握。就此而言，能令人直觉地掌握的图形式资讯是最快速的了。另一方面是有控制的，因为电脑其实是经由逻辑控制的方式，让人直觉地取得资料。这种有控制的直觉在人的心灵和脑皮层产生的作用，还是比较表面的，不能真正深入人的内心。

在这种情形下，人更需要深入的反省。主要有两点：其一，把某一资讯和我已经获得的知识、我整体的生命经验联系起来。换言之，反省包含一种整体化的功能，把资讯纳入一个整体脉络，把它和我的心灵，甚至和我的家庭、社会联系起来，这时候，我才能对这资讯作一个正确的使用和判断。我们不要因为科技发展，造成爱心的减弱，或整体反省能力的收缩。其二，还须自我探索。在农业社会的文明中，人们往往对于自我的探索更为深入。像道家的致虚守静，佛家的参植如坐，印度人的瑜伽修行，这些自省的工夫都是在农业社会里兴起的。在今天，深入自省仍然很有必要，虽没有必要练到多么高深的地步，像瑜伽修行者据说可以达到观见自己内脏的地步，但至少对于自己内心的探索是必要的。

就如同科技含藏着极为复杂的程序与机制，同样，在人身体内部也有很复杂的过程在进行。对于身体、欲望、语言和心灵之间的关系,也常需要不断自我反省,进而加以综合。所谓深入的反省,除了包含整体的思考以外,也包含对自我的探索和不断地再综合。

六、结语

前述在自然与科技脉络中既连续又断裂、既关联又自由的人文精神,可以说为一个崭新的存有论作了最佳例证。终究来说,一个开放的人文主义应该放在动态关系的存有论脉络中予以定位。简言之,关系的存有论表示一切存在者皆在动态变迁的关系中指向意义、形成意义,也正因为此动态关系,所以人人物物皆在既连续又断裂、既关联又自由的关系网络中存在与发展。

基本上,当代哲学已经摆脱从亚里士多德以来的实体(substance)存有论,无论是怀特海提出的"事件"(event)概念[①]或海德格尔提出的"同现"(ereignis)概念[②],都是用事件的存有论(ontology of event)[③]批判并替代了实体的存有论。然而,在今天看来,事件的存有论也只是过渡的想法而已。进一步,更将由事件的存有论转向关系的存有论。开放的人文主义不宜放在原先实体的存有论或事件的存有论的脉络中开展,而应放在关系的

① A. N. whitehead. *An Enquiry Concerning the Principles of Natural Knowledge* (Cambridge: Cambridge University Press, 1919), pp.60 - 63.
② M. Heidegger, Identität und Differenz, p.19, Pfüllingen: Max Niemeger, 1972.
③ 晚近在 Alain Badiou, *L'Etre et l'événement* (Paris: Edition du Seuil, 1988)中有新发挥。

存有论脉络中奠基与发展。

　　基本上，中国哲学所昭示的正是关系的存有论。不过，肯定关系，也就是肯定"他者"（the other）的不可化约性，以及关系者共同的存在处境。有不可化约的他者，无论是他人、自然或神明及彼此的相互牵系，自由创造，共同发展，这才是关系的存有论之要旨。虽然在动态关系中一定仍有"关系者"，但此所谓"关系者"并非一成不变的实体，也不是刹那生灭的事件，而是由不断变迁、迈向意义的关系网所界定的。一方面关系本身是唯变所适，另一方面在关系中也仍有自由创造，而生生不息的存在活动就在此一对比张力中展开与完成。在关系中有自由，在自由中有关系，也因此，虽在关系网络中相互牵系，仍可有各自的自由与目的。

　　就此而言，开放的人文主义所看待的人与自然、科技的关系，就宛如庄子在《养生主》中所揭露的生命实践的过程，其卓越者，甚至可达艺术化境。基本上，自然、技术与社会都是极其复杂之整体，有如庖丁所解之牛。然而，在生命实践过程中，由于人是处身于关系的存在网络中，也因此可以"依乎天理"，"因其固然"。正因为关系中仍有自由，所以终究可"以无厚入有间，恢恢乎其于游刃，必有余地"①。甚至而进技于道，由技术层面提升到人的存在意义的开显与完成。可见，此一开放的人文主义的视野，也预示了今后人与自然、科技关系的远景，就在于生命的实践在自由中顾念关系，在关系中常葆自由。

---

① 《庄子集释》，郭象注，成玄英疏，台北：世界书局影印本，1988 年版，第 56—57 页。

参考文献

1. Apel，K. O.，*Understanding and Explanation*，*translated Massachusetts.* MIT Press，1984.

2. Chomsky，N.，*Cartesian Linguistics: A Chapter in the History of Rationalist Thought*，3rd edition，Cambridge：Cambridge University Press，2009.

3. Freud，S. *The Interpretation of Dreams*，translated by James Strachey；edited by James Strachey，assisted by Alan Tyson，London：Penguin Books，1991.

4. Gadamer H. G. Truth and Method，2nd Revised Edition，translation revised by J. Weinsheimer and D. Marshall，New York：The Continuum Company，1994.

5. Habermas，J.，*The Theory of Communicative Act*，translated by Thomas McCarthy，Vol.I，Vol.II，Boston：Beacon Press，1984 – 1989.

6. Habermas，J.，*Knowledge and Human Interests*，translated by J. J. Shapiro，Boston：Beacon Press，1971.

7. Heidegger，M.，*Being and Time*，translated by J. Macquarrie & E. Robinson，New York：SCM Press Ltd. 1962.

8. Jong，C.，*The Red Book*，edited and translated by Sonu Shambadani，Mark Kyburz，and John Peck，New York：W. W. Norton & Co.，2009.

9. Merleau-Ponty, M., *Notes de travail*, Paris: Gallimard, 1964.

10. Piaget, J., *Genetic epistemology*, translated by Eleanor Duckworth, New York: Columbia University Press, 1970.

11. Von Wright, G. H., *Explanation and Understanding*, New York: Cornell University Press, 1971.

12. 朱熹:《四书章句集注》,北京:中华书局,1983 年版。

13. 沈清松:《中国哲学文本的诠释与英译——以〈齐物论〉为例》,见香港中文大学:《中国哲学与文化》第二辑,第 41—74 页。

14. 沈清松:《在批判、质疑与否定之后——后现代的正面价值与视野》,见(台北)《哲学与文化》2000 年第 8 期。

15. 沈清松:《从内在超越到界域跨越——隐喻、叙事与存在》,见(台北)《哲学与文化》2006 年第 389 期。

16. 陈良佐:《从生态学的交会带(ecotone)、边缘效应(edge effect)试论史前中原核心文明的形成》,见臧振华编:《中国考古学与历史学之整合研究》,台北:"中央研究院"历史语言研究所,1997 年版。

17. 郭庆藩:《庄子集释》,台北:世界书局影本,1985 年版。

18. 屈守元、常思春主编:《韩愈全集校注》,成都:四川大学出版社,1996 年版。

19. 牟宗三:《认识心之批判》,香港:友联出版社,1956 年版。

20. 于斌:《于斌总主教哲学言论集》,台北:新动力杂志出版社,1961 年版。

21. 吴经熊:《辅仁之精神》,载《哲学论集》,台北:辅仁大学出版社,1973 年版。

22. 吴经熊等:《中西文化论集》,台北:"国防研究院"中华大典编印会,1966 年版。

23. 李霜青编:《于斌枢机三知论原流》,台北:"中国大众"康宁互助会,1988 年版。

24. 罗光:《罗光全集》第 66 册,台北:辅仁大学出版社,1996 年版。

25. http//lokuang.blogspot.com /2010/08/blog-post.html.

26. 李震:《宇宙论》,台北:商务印书馆,1994 年版。

27. 李震:《哲学的宇宙观》,台北:学生书局,1990 年版。

28. 李震:《人与上帝》卷一、二、三、四、五,台北:辅仁大学出版社,1986、1988、1990、1994、1995 年版。

29. 李震:《由存在到永恒》,台北:商务印书馆,1995 年版。

30. 李震:《永恒的追寻》,台南:闻道出版社,1970 年版。

31. 李震:《灵心语丝》,台北:辅仁大学出版社,1981 年版。

32. 李震:《杜斯妥也夫斯基的精神世界》,台北:辅仁大学出版社,1975 年版。

33. 李震:《由存在到永恒》二版,台北:商务印书馆,1995 年版。

人名索引

从慷慨外推到文明对话

名词索引

从慷慨外推到文明对话

编后记

　　沈清松先生是享誉国际的哲学家,生前一向强调对"他者"的尊重,重视文明间的对话。这不但体现在他的著述中,也体现在他的行动里。他积极推动、参与海内外的文明对话和学术交流,仅武汉大学就到访过七次,在充当桥梁与信使以及关爱后辈学人的成长方面,无不尽心尽力。

　　早在20世纪90年代,沈先生就开始提倡跨文化哲学,多年来出版了《跨文化哲学论》《从利玛窦到海德格尔》《返本开新论儒学》等相关著作,形成了关于跨文化哲学的系统理论。本书将沈先生在这一话题下的重要文章进行重新编排,从宏观到微观,力图展现其关于跨文化哲学的基本理论和研究特色。

　　第一编我们选取了沈先生在宏观视野下论述跨文化哲学的五篇文章。沈先生在全球性的多元文化时代,提出了跨文化哲学的建构策略。他认为,可以用外推的方式,使不同哲学传统在互动中提炼出可普化因素,跨文化哲学亦是当前中国哲学发展所必须具有的向度。第二编选取的文章则是沈先生具体实践跨文化哲学的设想,主要论述了中国哲学如何在国际脉络中进行具体的外推。他主张从"灵根自植"模式转向"和谐外推"模式,走向多元他者,对世界的文化拼盘作出贡献。他以当代中华新士林哲学为例,论述了中国哲学走出主体封限的危机、进行相互外推的尝试。而儒家伦理实践重视德行的陶成和人群中良好关系的满全,体现出由相互性迈向普遍性的历程,"仁"是人自我走出的内在动力,"恕"的利他主义即是外推,"絜矩之道"包含了相互性原则,这有助于我们提出一套全球化背景下可普遍化的伦理架构。第三编所收录的文章是沈先生对中西哲学会通的具体阐述。他对基督教中国化的历程作了检讨,论述了其外推策略的得与失,并对儒学与基督教的会通提出了建议,认为两者可以彼此支持,共同减除现代性的弊端。同时,沈先生还通过对老子的天道观与托马斯自然法的对比,讨论了道教与天主教的对话与会通。此外,沈先生通过对中西自然观的哲学省思,提出可以借助中国哲学的自然观,形成开放的人文主义视野,共同面对现代化历程中自然与科技关系问题的挑战。

    沈先生的研究立足于解决全球化背景下人类共同面临的困境,致力于中国哲学与世界哲学的平等对话与交流,可谓独具特色。他对中西哲学都有深入的研究,信仰天主教,又具有飘散海外的生命体验,这使他的跨文化哲学研究显著地具有开放与包容的特质。他反对按地理方位区分文化类型的惯常做法,力图打破其中暗含的差别之心、宰制之意，相信通过怀抱平等之心的对话、学习，不同文化间可以"追求中道，相互丰润"。相信沈先生的这种开放心灵也能通过本书传达给读者。

编　者

2024 年 8 月